Gunavathi Ramasamy
R Shiddharthy

Redes avançadas: VANET

Gunavathi Ramasamy
R Shiddharthy

Redes avançadas: VANET

Protocolo de difusão baseado em clusters com comunicação fiável selectiva em VANET

ScienciaScripts

Imprint
Any brand names and product names mentioned in this book are subject to trademark, brand or patent protection and are trademarks or registered trademarks of their respective holders. The use of brand names, product names, common names, trade names, product descriptions etc. even without a particular marking in this work is in no way to be construed to mean that such names may be regarded as unrestricted in respect of trademark and brand protection legislation and could thus be used by anyone.

Cover image: www.ingimage.com

This book is a translation from the original published under ISBN 978-620-7-45895-0.

Publisher:
Sciencia Scripts
is a trademark of
Dodo Books Indian Ocean Ltd. and OmniScriptum S.R.L publishing group

120 High Road, East Finchley, London, N2 9ED, United Kingdom
Str. Armeneasca 28/1, office 1, Chisinau MD-2012, Republic of Moldova, Europe
Printed at: see last page
ISBN: 978-620-8-30310-5

Conteúdo

RESUMO

A rede sem fios está a aumentar rapidamente nas redes avançadas. As redes avançadas permitem que os seres humanos tenham uma vida confortável e segura. Uma rede sem fios com descentralização estabelece uma rede sem fios ad-hoc. A comunicação através de redes sem fios ad-hoc é classificada em redes móveis ad-hoc (MANET), redes veiculares ad-hoc (VANET) e redes voadoras ad-hoc (FANET). As MANET consideram o telemóvel como um nó da rede, as VANET consideram os veículos como um nó e as FANET incluem nós voadores.

A VANET é uma rede de comunicação ponto-a-ponto com veículos como nós de origem e destino. A VANET é um subconjunto da MANET que possui comunicações veículo-veículo (V2V) e veículo-estrada (V2R). É composta por três componentes principais: a unidade de bordo (OBU), a unidade do lado da estrada (RSU) e a autoridade de confiança (TA). O sistema de transporte inteligente (ITS) é a aplicação mais importante da VANET. Explora serviços de valor acrescentado como a segurança dos veículos, o pagamento automático de portagens, a gestão do tráfego, a navegação melhorada e os serviços baseados na localização.

As VANET são redes bem conectadas que se baseiam na transmissão por difusão, em que os veículos se comunicam entre si por medidas de segurança. Além disso, proporcionam uma elevada densidade de tráfego de veículos em comunicações sem fios de baixo custo. Subsequentemente, nas VANET, um dos principais problemas é a tempestade de difusão, que provoca colisões frequentes e contenção na transmissão de dados entre nós vizinhos na rede. Além disso, em relação ao mesmo evento, os nós retransmitem as mensagens, pelo que a redundância de dados conduz a inundações. Por conseguinte, o atraso na transmissão ocorre e degrada o desempenho. A fim de evitar a tempestade de difusão, o número de transmissões de pacotes deve ser mínimo. Deve ser desenvolvida uma abordagem para criar uma aplicação prática de rede que evite as tempestades de difusão com elevado desempenho. A investigação proposta centra-se nos seguintes aspectos:

i. Analisar a eficácia e as limitações das mensagens de difusão nos algoritmos existentes.
ii. Propor um protocolo para a formação de clusters para difundir as mensagens e evitar dados redundantes na comunicação VANET.
iii. Um método identifica para evitar o atraso de transmissão e controlar a transmissão de retransmissão de dados redundantes em veículos em movimento.
iv. Minimizar a retransmissão de mensagens na via de comunicação e reduzir a sobrecarga da rede.
v. Formar um cluster melhorado para controlar a tempestade de difusão.

Esta investigação explora um mecanismo de seleção de cabeças de agrupamento eficiente e fiável para transmitir informações de colisão em VANET. Um novo chefe de agrupamento é eleito para transmitir a mensagem para o próximo agrupamento e regula a transmissão através de uma mensagem de resposta. Em segundo lugar, é desenvolvida uma via de comunicação para encaminhar os pacotes para um determinado veículo, nomeadamente o Conjunto de Veículos Ligados (CSV) e o Conjunto de Veículos Eliminados (ECV). Este conjunto de veículos oferece difusão com agrupamento efetivo. Após o conjunto de veículos, é eleito um chefe de agrupamento alternativo para controlar e minimizar a tempestade de difusão.

No protocolo Cluster-Based Efficient Broadcasting (CBE-B), é feita uma revisão sobre os vários problemas das VANET e proposto um protocolo para minimizar a tempestade de difusão, entre as limitações. O protocolo criaria clusters com apenas alguns veículos, evitando o atraso de propagação. Em cada cluster, um Cluster Head (CH) é eleito com base em parâmetros como a possibilidade de retransmissão, a velocidade do veículo e a ordem das mensagens. Este CH é responsável pela retransmissão das mensagens. Identifica o nó a retransmitir através de uma mensagem de reconhecimento dos nós. O seu desempenho é superior ao dos protocolos existentes na redução da tempestade de difusão.

É proposto um protocolo de comunicação fiável selectiva (SRC) para reduzir as tempestades de difusão em VANET. A fiabilidade do veículo é verificada através da categorização como Conjunto de Veículos Ligados (CSV) e Conjunto de Veículos Eliminados (ESV). Quando o veículo atinge uma distância inferior ao limiar, esses veículos são reconsiderados para se juntarem como CSV. Caso contrário, o veículo permanecerá no ESV. Com a classificação dos veículos, a mensagem de difusão é transmitida para o CSV e a difusão é interrompida para o ESV. Isto leva a uma melhor formação de clusters e a uma comunicação fiável na VANET e diminui a tempestade de difusão. Embora o desempenho seja aceitável, por vezes o CH pode morrer, o que prejudica a consistência da rede.

Na Seleção Melhorada de Cabeças de Aglomerado (ICHS), um mecanismo eficiente e fiável de seleção de cabeças de aglomerado é enquadrado para melhorar a comunicação de mensagens. O mecanismo melhorado de seleção de cabeças de agrupamento é proposto para evitar eficazmente as tempestades de difusão. O agrupamento é feito com uma seleção óptima dos membros do agrupamento com base no mecanismo de encaminhamento entre agrupamentos. Embora o cluster tenha um desempenho superior, ocasionalmente, o CH pode morrer e a comunicação entre os nós membros é interrompida. Assim, há uma necessidade imediata de seleção do CH para ultrapassar esta situação. Por conseguinte, é implementada uma seleção alternativa do CH para antecipar a comunicação do cluster e minimizar a tempestade de difusão. Isto melhora a eficiência do protocolo e supera todos os parâmetros propostos.

O desempenho das abordagens propostas é avaliado com os esquemas existentes e avaliado individualmente. Em segundo lugar, os parâmetros foram combinados e avaliados para verificar o desempenho dos protocolos de encaminhamento baseados em clusters. Os parâmetros são Throughput, Packet Delivery Ratio, Packet Drop Ratio e End to End delay. As métricas revelam um aumento da taxa de transferência e do rácio de entrega de pacotes e transmitem o pacote com um rácio de entrega mínimo. Também consome menos atraso médio de transmissão. A comparação é feita com os protocolos existentes, como o Content Discovery Protocol (CDP) e o Rainfall Optimisation Algorithm-based Clustering with Blockchain-based data transmission (ROAC-B).

Este trabalho de investigação analisa o mecanismo eficiente e fiável para evitar as tempestades de difusão. A transmissão de mensagens enfrentaria o problema da tempestade de difusão na comunicação veicular, tendo em conta a velocidade e a localização do veículo. A difusão de uma mensagem deve ser melhorada com a transmissão proeminente de pacotes. A retransmissão e a redundância das mensagens devem ser reduzidas ao mínimo numa via de comunicação. O desempenho da comunicação é medido através do rácio de entrega de pacotes e da taxa de transferência.

O trabalho proposto implementa um protocolo de difusão eficaz baseado em clusters para reduzir o número de transmissões de pacotes e alinhar as posições dos veículos. A seguir, o esquema de agrupamento é avaliado para evitar tempestades de difusão. Em segundo lugar, o esquema de trajetória de comunicação proposto erradica as tempestades de difusão. Criaria uma via de comunicação fiável e eficaz com menos atrasos de propagação.

Por último, a difusão de mensagens é efectuada com cabeças de agrupamento com desempenho dinâmico. Assim, a difusão da mensagem com menos retransmissão e atraso de propagação é conseguida com os protocolos. Espera-se que os protocolos propostos tenham um desempenho melhor do que os outros protocolos existentes.

CAPÍTULO 1

INTRODUÇÃO

1.1 PRÓLOGO

Devido à crescente utilização da Internet, a realidade do Wi-Fi está cada vez mais próxima. Para ter uma cobertura constante, é necessário um elevado número de routers para a Internet sem fios. Este aumento conduz a complicações e a custos mais elevados. O número de veículos em funcionamento a nível mundial ultrapassou o impressionante valor de 1,5 mil milhões de unidades em 2021. Os investigadores norte-americanos estimaram que a frota mundial atingirá os 2 mil milhões de veículos a motor em 2040, sendo 50% automóveis, de acordo com o relatório do DOT dos EUA. Uma rede rodoviária tão vasta trouxe conforto aos novos condutores. Existem duas variações de redes sem fios: redes sem fios para veículos e redes sem fios móveis. As redes com gateways fixos e com fios são designadas por infra-estruturas. As aplicações desta rede são designadas por redes locais sem fios (WLAN). Esta rede não tem encaminhadores fixos; todos os nós podem mover-se e ligar-se dinamicamente numa abordagem arbitrária. Os nós das redes de veículos ad-hoc funcionam como encaminhadores que descobrem e preservam as rotas para outro nó da rede.

Nos últimos anos, a comunidade de investigação e a comunidade automóvel começaram a trabalhar em comunicações inter-veiculares eficientes e seguras devido à explosão do interesse pelas redes ad hoc veiculares (VANET) **(Kumar & Verma, 2015)**. Os investigadores esforçam-se por fornecer um sistema de transporte inteligente (ITS) com confortos internos e externos para os seus passageiros **(Verma et al., 2013)**. Cada veículo tem vários sensores precisos para recolher informações sobre o meio envolvente **(Zhu et al., 2013)**. Ajuda os clientes a coordenar e a comunicar para proporcionar uma navegação segura com inteligência para o conforto.

1.2 ARQUITECTURA VANET

As VANET são redes ad hoc veiculares em que os veículos ou as estações de base (BS) são os nós que comunicam através da infraestrutura disponível e formam uma rede. A arquitetura das VANET é apresentada na Figura 1.1. Os veículos podem comunicar entre si através das comunicações veículo-veículo (V2V) e ligar-se à infraestrutura veículo-veículo (V2I) para obter alguns serviços essenciais. As RSU colocadas ao longo das estradas permitem a comunicação entre veículos. As RSU fornecem suporte de conetividade aos veículos que passam. A VANET fornece ao utilizador acesso à Internet, informações sobre lugares de estacionamento, informações sobre lugares livres, o centro comercial mais próximo e comércio móvel. A difusão de dados em VANET depende de três arquitecturas **(Kakkasageri e Sunilkumar, 2013)**. Uma possibilidade é que todos os veículos comuniquem entre si através de RSU. Assemelha-se às redes locais sem fios (WLAN). A segunda possibilidade é que os veículos comuniquem diretamente sem RSU. É classificada como arquitetura Ad-hoc. A terceira possibilidade é que alguns veículos possam comunicar diretamente enquanto outros necessitam de RSU. É designada por arquitetura híbrida. Existem três tipos de comunicação utilizados nas VANET. São eles

1. Comunicação Veículo-a-Veículo ou Comunicação Inter-Veículo
2. Comunicação veículo-infraestrutura ou veículo-rodoviária e
3. Comunicação inter-rodoviária.

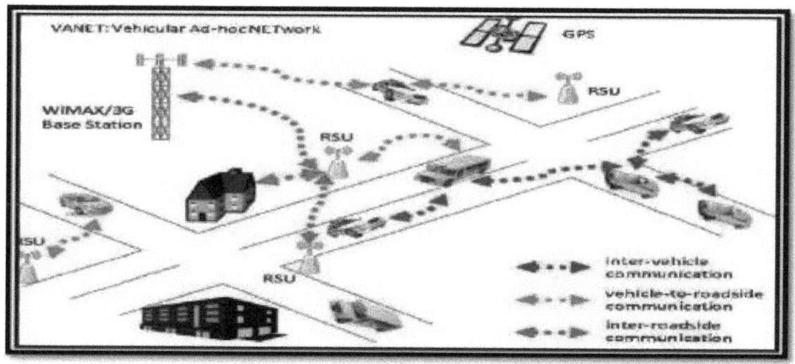

(Fonte: Corser, 2013)

Figura 1.1: Arquitetura da VANET

Devido à natureza móvel dos veículos, as redes veiculares têm as seguintes caraterísticas **(Hosmani e Basavaraj, 2017; Singh e Sunil, 2014)**.

- **Densidade variável:** Os nós das VANET têm uma velocidade elevada. Os veículos deslocam-se mais rapidamente, o que leva a alterações frequentes na topologia da rede. Os veículos são voláteis. Devido à elevada mobilidade dos veículos, as falhas de transmissão resultam em retransmissões. Por conseguinte, num curto espaço de tempo, a densidade da rede varia de densa (por exemplo, engarrafamentos) a esparsa (por exemplo, tráfego livre).

- **Conectividade intermitente:** A natureza dinâmica das VANETs leva a uma conetividade intermitente entre veículos. Devido à elevada velocidade dos veículos, o tempo de conetividade varia de alguns segundos a minutos.
- **Localidade dos dados:** Os dados produzidos pelos veículos são relevantes para a região geográfica da rede rodoviária. Cada veículo tem um dispositivo de Sistema de Posicionamento Global (GPS) para determinar a sua localização.
- **Padrão previsível**: À medida que os veículos se deslocam, o trajeto é previsível. As aplicações podem utilizar a direção e a velocidade para enviar mensagens para os veículos alvo.
- **Sem restrições de potência:** Uma vez que os nós são os veículos na VANET, ganham energia a partir do reabastecimento, pelo que os veículos não têm restrições de energia. Devido à grande mobilidade dos veículos, as mudanças de topologia ocorrem a um ritmo elevado. Estas alterações de topologia devem ser processadas através de diferentes protocolos de encaminhamento.
- **Troca frequente de informações:** Os nós da VANET trocam mais mensagens para se tornarem parte da rede, trocando o mínimo de informações - esta troca de informações liga veículo a veículo e RSU ativa.
- **Difusão:** Como os dados adquiridos serão úteis para a maioria dos veículos, as mensagens são difundidas (por exemplo, uma mensagem sobre um engarrafamento).
- **Topologia dinâmica da rede:** Os nós da rede VANET são dinâmicos **(Anahita Naghshegaret et al., 2008)** e deslocam-se com diferentes padrões de mobilidade, o que leva a falhas frequentes nos caminhos de transmissão. Deslocam-se em qualquer direção de forma independente. A topologia da rede muda de forma dinâmica e imprevisível, o que leva a mais falhas nos caminhos. Consiste principalmente em ligações bidireccionais para a transmissão.
- **Baixa largura de banda:** A rede VANET tem uma capacidade inferior à da rede tradicional com fios. O débito da comunicação sem fios tem um alcance de transmissão

inferior ao das redes com fios. Este menor alcance de transmissão deve-se a factores de impacto ambiental, como o acesso múltiplo, o ruído no meio aéreo, os problemas de desvanecimento e a interferência de outros canais.

- **Energia da bateria:** Um nó VANET funciona com pequenas baterias e outros meios de energia esgotáveis que se esgotam rapidamente devido à sua natureza dinâmica e elevada mobilidade. Por isso, a conservação de energia é essencial durante o funcionamento da rede VANET.
- **Natureza distributiva:** O controlo da gestão da rede VANET é distribuído. Assim, a VANET não tem qualquer controlo centralizado para funcionar. Os nós envolvidos na rede devem cooperar com outros nós para implementar funções de encaminhamento.
- **Falhas frequentes nas comunicações:** A natureza de meio partilhado das ligações sem fios pode levar a falhas de comunicação frequentes, resultando em perda de pacotes e instabilidade de retransmissão.
- **Fraqueza da proteção física:** Os nós móveis são pequenos e portáteis. Nos últimos anos, os dispositivos móveis têm vindo a tornar-se cada vez mais pequenos, o que faz com que qualquer adversário possa causar danos físicos, roubar ou utilizar indevidamente, falhando toda a comunicação. Os nós VANET são mais susceptíveis de sofrer ameaças à segurança física do que os nós de cabo fixo.
- **Esperar que as propriedades respondam a alterações frequentes:** Espera-se que algumas propriedades estejam implicitamente disponíveis para a rede, o que ajuda a responder a alterações dinâmicas **(Raza Naeem et al., 2018),** alterações de topologia, encaminhamento e comportamento dos nós.
- **Disponibilidade:** Os nós devem ser capazes de funcionar com base nos parâmetros de configuração e de os manter ao longo de todo o processo, mesmo em caso de falha dos nós, para garantir o êxito das comunicações.
- **Decisões dinâmicas e óptimas:** Os nós devem selecionar parâmetros de configuração que maximizem o seu potencial sob as alterações dinâmicas da rede em diferentes estados.
- **Confidencialidade:** Os dados enviados para a rede devem ser lidos pelos receptores autorizados da rede, que pretendem manter a fiabilidade da ligação durante toda a comunicação da rede.
- **Escalabilidade:** A rede deve estar preparada para aumentar significativamente o número de nós e preservar a qualidade dos serviços definidos, mesmo com um aumento da escalabilidade.
- **Modelos de mobilidade em VANET:** As redes VANET não podem ser testadas num ambiente realista devido à indisponibilidade de bancos de ensaio. Em tempo real, os veículos deslocam-se mais rapidamente e o governo reservou uma banda de alta frequência especificamente para os veículos comunicarem mesmo a altas velocidades de deslocação. Assim, a rede VANET deve ser testada apenas em simulação.

A questão mais crítica a considerar na criação de um ambiente de simulação em VANET é a conceção correta do padrão de movimento dos veículos. Um componente essencial das simulações VANET é o padrão de mobilidade dos veículos, também designado por modelo de mobilidade. Os modelos de mobilidade identificam a localização dos veículos na topologia proposta para uma rede. Esta mobilidade tem impacto no desempenho da rede, ou seja, na conetividade e no débito da rede. Existem vários modelos de mobilidade na simulação de VANET. Cada um deles tem um padrão de movimento único para os veículos. Os modelos de mobilidade utilizados em simuladores sem fios populares, como o NS-3, ignoram as restrições do mundo real, como a configuração das ruas e os sinais de trânsito.

Consequentemente, é pouco provável que os resultados da simulação reflictam o desempenho do protocolo no mundo real. Por exemplo, o modelo de pontos de passagem aleatórios (RWM) amplamente utilizado **(Djenouri et al., 2008)** assume que os nós se movem num campo aberto sem obstruções. Em contrapartida, o traçado das estradas, as intersecções com sinais de trânsito, os edifícios e outros obstáculos em ambientes urbanos condicionam o movimento dos veículos. As deficiências do RWM são amplamente reconhecidas, e a investigação recente tem-se centrado na modelação de padrões de mobilidade "realistas" especificamente orientados para as VANET.

Através da comunicação VANET, um condutor tem conhecimento das condições de tráfego numa área geográfica, nomeadamente ultrapassando o alcance da visão humana ou dos sensores do automóvel. Quando um veículo tem conhecimento de um engarrafamento ou de qualquer outro perigo de emergência na estrada, pode utilizar a VANET para transmitir a informação a outros veículos. Com base nas informações recebidas através de um meio sem fios, os sistemas de assistência ao condutor ou as unidades de bordo (OBU) podem avisar o condutor para escolher um caminho alternativo para o destino. Além disso, as informações recebidas das RSU nas estações de serviço podem ser trocadas, permitindo ao condutor obter informações actualizadas sobre a viagem, como preços do combustível, ofertas e notícias turísticas. Em comparação com as redes móveis existentes, a VANET é uma rede sem infra-estruturas. Do mesmo modo, a VANET proporciona menos atrasos e informações mais pormenorizadas aos nós próximos do que os sistemas de rádio públicos existentes. **(Vignesh Ramamoorthy & Gunavathi, 2019)**

1.3 PROTOCOLO DE ENCAMINHAMENTO AD HOC VEICULAR

Em avanços recentes, a ligação em rede no sector informático será implementada com tecnologias de rádio em tempo real. Para os dispositivos móveis, é necessária uma comutação dinâmica e uma auto-organização. Os protocolos de encaminhamento decidem o caminho de propagação de um pacote de dados de um veículo de origem para um veículo de destino. O encaminhamento ajuda a prever um caminho alternativo **(Paul e Mohammed, 2012)** a percorrer na rede. A capacidade de cada nó da VANET de sair e entrar no ambiente que lhe apetece conduz a uma topologia VANET imprevisível e em constante mudança **(Kumar & Dave, 2011).**

Várias caraterísticas e desafios são discutidos na secção anterior. As ligações convencionais existentes são ineficientes e ineficazes. O encaminhamento em VANET é classificado em cinco categorias, nomeadamente

1. Roteamento baseado em topologia.
2. Encaminhamento baseado na posição.
3. Encaminhamento baseado em difusão.
4. Roteamento Geocast e
5. Roteamento baseado em cluster

Roteamento baseado em topologia

O encaminhamento baseado na topologia é classificado em proactivo, reativo e híbrido. Exige que cada nó mantenha actualizada a informação de encaminhamento para todos os outros nós ou para os nós localizados numa região específica da rede. O protocolo de encaminhamento proactivo das VANET é apresentado na Figura 1.2. Os tipos de protocolos de encaminhamento proactivos são o protocolo OLSR (Optimal Link State Routing), o SRP (Stable Routing Protocol) e o PMCS (Proactive Member Centric routing protocol using several Strategies) **(Maratha et al., 2017).**

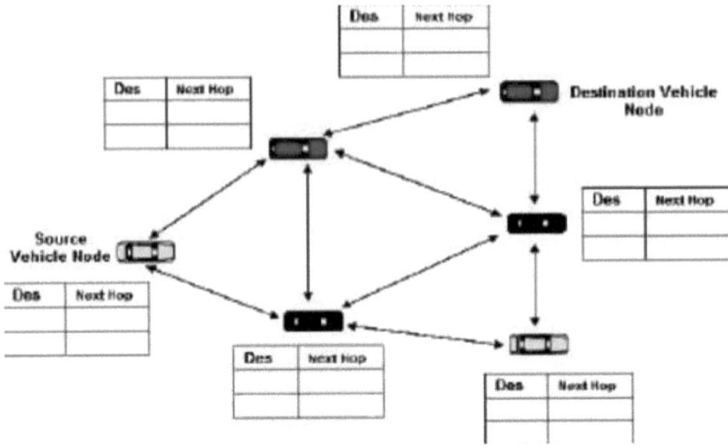

(Fonte: www.researchgate.net)

Figura 1.2: Protocolo de encaminhamento proactivo de VANET

Roteamento baseado em posição

O encaminhamento baseado na posição utiliza informações de posicionamento geográfico para selecionar o próximo salto de encaminhamento **(Fazio et al., 2015)** na rede. O pacote é enviado sem o conhecimento do mapa para o vizinho de um salto mais próximo do destino. A Figura 1.3 mostra que isto é vantajoso, uma vez que não é necessário criar ou manter uma rota global do nó de origem para o nó de destino.

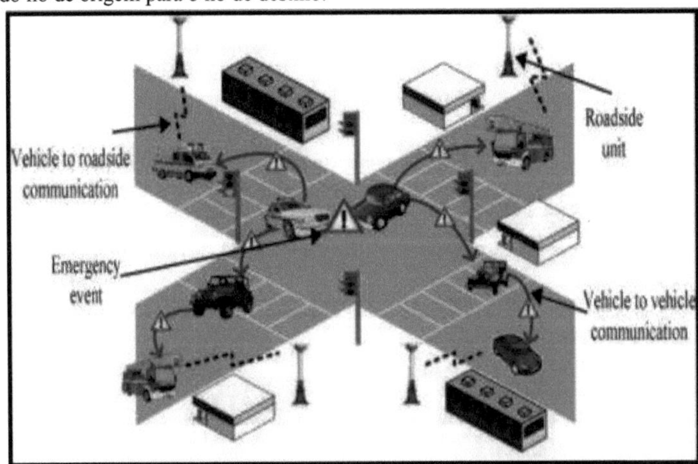

(Fonte: www.ijesrt.com)

Figura 1.3: Protocolo de encaminhamento VANET baseado na posição

Os protocolos de encaminhamento baseados na posição têm utilizado uma vasta gama de mecanismos de encaminhamento, nomeadamente o encaminhamento guloso, o encaminhamento baseado na trajetória, o encaminhamento oportunista, o encaminhamento baseado na contenção e o encaminhamento híbrido.

Roteamento baseado em Broadcast

Quando um veículo está fora do alcance de transmissão, a mensagem pode ser transmitida através de difusão **(Feng et al., 2016)**. Ele garante a entrega dos pacotes, mas a largura de banda é desperdiçada e os nós recebem cópias duplicadas na rede **(Fazio et al., 2016)**. A Figura 1.4 mostra o protocolo de encaminhamento por difusão em VANET.

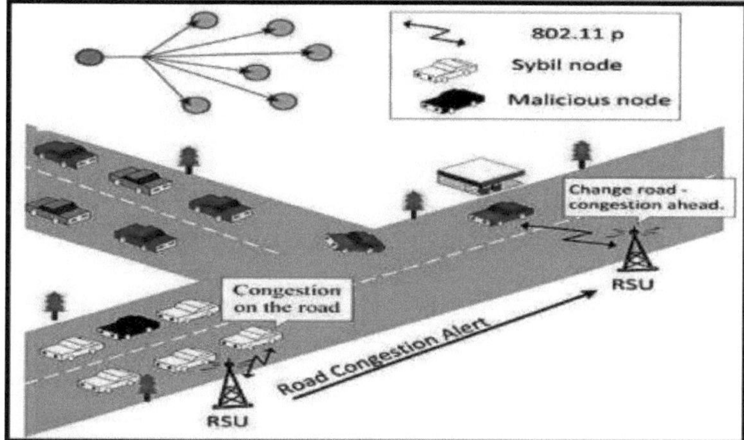

(Fonte: Tripp-Barba et al., 2017)

Figura 1.4: Protocolo de encaminhamento VANET baseado em Broad Casting

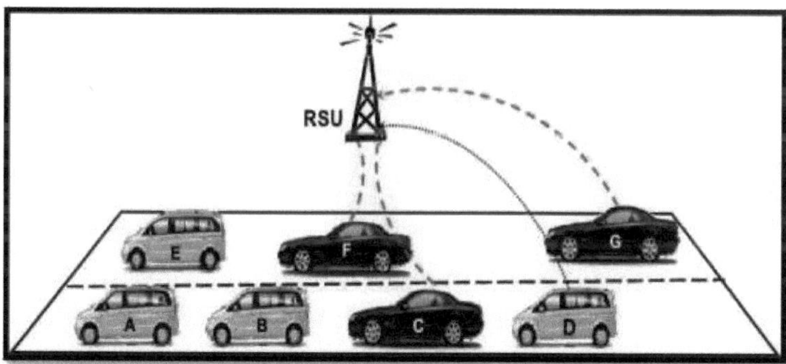

(Fonte: www.researchgate.net)

Figura 1.5: Protocolo de encaminhamento de VANET baseado em geocast

Roteamento Geocast

No encaminhamento Geocast, os pacotes são entregues pela fonte a todos os outros nós dentro de uma região geográfica específica designada por Zona de Relevância (ZOR). Os veículos fora da ZOR não são alertados para evitar uma reação rápida. As figuras 1.5 explicam o princípio de funcionamento do protocolo de encaminhamento VANET baseado em Geocast. O encaminhamento geocast é um serviço multicast numa região geográfica específica **(Zhang et al., 2016)**. Define uma zona de encaminhamento para onde dirige a inundação de pacotes. Reduz a sobrecarga de mensagens e o congestionamento da rede causados pela inundação de pacotes.

Roteamento baseado em cluster

Nos protocolos de encaminhamento baseados em clusters, os veículos próximos uns dos outros formam clusters **(Abboud et al., 2016)**. Cada cluster tem um chefe responsável pelas funções de gestão intra-cluster e inter-cluster **(Hussain et al., 2015; Hosmani et al., 2017)**. Os nós intra-cluster comunicam através de ligações diretas, enquanto a comunicação inter-cluster é efectuada através dos chefes de cluster **(Mittal et al., 2016)**. Figura 1.6 É apresentado o protocolo de encaminhamento VANET baseado em clusters.

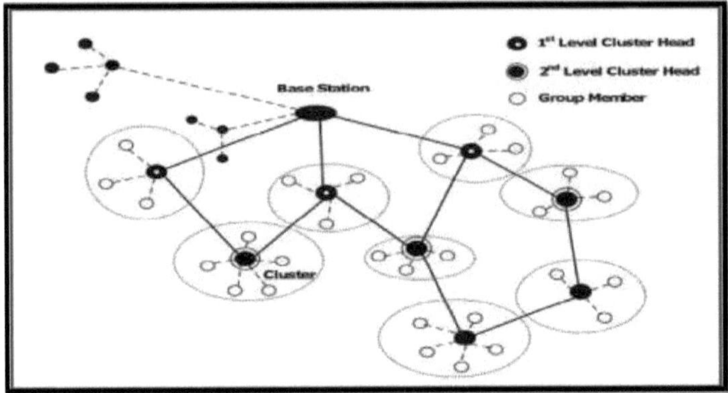

(Fonte: www.semanticscholar.org)

Figura 1.6: Protocolo de encaminhamento de VANET baseado em clusters

Clustering na arquitetura VANET

Considere-se uma rede de 10 veículos, cinco em cada faixa de rodagem, a funcionar com uma topologia plana. Os veículos podem ser tratados e geridos numa arquitetura de topologia plana. No entanto, assumir 1000 veículos na rede com mais congestionamentos adaptados à topologia plana conduzirá a um cenário de congestionamento devido a alguns pedidos e respostas de cada nó. Cada nó pretende transmitir algo que resultará em 1000 transmissões paralelas processadas pela RSU. A arquitetura de clusters adaptada ajudará o utilizador a gerir a rede neste cenário. A rede inteira é dividida em clusters mais pequenos, o que resulta num menor número de pedidos e respostas. São nomeados alguns chefes de agrupamento e os membros próximos são adicionados ao agrupamento se for utilizada a estrutura de agrupamento. Esta estrutura libertará a rede de várias transmissões ao restringir o agrupamento. Se surgir uma transmissão a partir do agrupamento, esta chegará ao chefe do agrupamento e, posteriormente, será levada ao chefe do agrupamento seguinte e entregue ao destino pretendido. **(Gayathridevi & Gunavathi, 2015)**

Devido à natureza dinâmica das VANET, o encaminhamento para o destino, a velocidade do veículo, a gestão das direcções e o Handoff dos veículos tornaram-se uma investigação fundamental nas redes veiculares. No entanto, a manutenção de uma ligação entre os nós não é acessível devido à elevada mobilidade dos nós. O objetivo do agrupamento é dividir uma rede em agrupamentos mais pequenos com caraterísticas semelhantes. Existem duas formas de comunicar entre a VANET e a infraestrutura de base, a RSU. Em primeiro lugar, o veículo utiliza a RSU para se ligar à Internet. Em segundo lugar, o veículo forma os clusters e efectua a comunicação intra-cluster para trocar informações. Os dois métodos acima referidos são as formas de organizar as redes veiculares. O primeiro é um método plano em que cada nó é tratado de forma igual.

O segundo método deve funcionar em diferentes níveis porque fornece uma estrutura de clusters à rede. Deste ponto de vista, a estrutura hierárquica da rede é assim obtida. Um veículo em cada nível assume responsabilidades diferentes. Um cluster na rede veicular é um subconjunto de nós fisicamente conectados que estão próximos uns dos outros pela distância com padrões de movimento e velocidade semelhantes. Assim, a distância e a velocidade dos veículos são as duas caraterísticas significativas dos nós. Em cada agrupamento, há dois papéis importantes a desempenhar. O primeiro, o chefe do cluster, cuida dos membros próximos uns dos outros. O segundo é o membro do cluster, que trabalha sob o comando de um chefe de cluster. Se um nó quiser comunicar dentro de um cluster, pode contactá-lo sem a intervenção do chefe do cluster. A Figura 1.7 explica o diagrama de fluxo do processo de clusterização na VANET. Ao mesmo tempo, a comunicação inter-cluster só pode ser efectuada com a ajuda de um chefe de cluster. Há duas fases importantes na formação dos clusters.

1. Processo de formação de clusters
2. Processo de manutenção de clusters

Processo de formação de clusters

A formação de clusters é um processo que forma um cluster e seleciona os seus chefes de cluster com base em condições previsíveis.

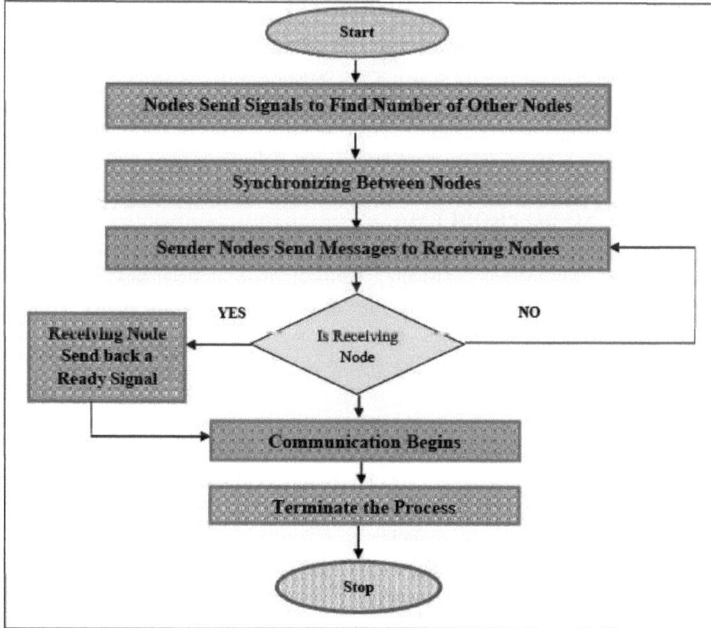

Figura 1.7: Diagrama de fluxo do processo de agrupamento na VANET

(Fonte: https ://image .slidesharecdn.com)

Processo de manutenção de clusters

Após a formação do cluster, esta fase adiciona e remove os membros do cluster e também se encarrega da reeleição do chefe de cluster se este quiser abandonar o cluster. Ambas as fases funcionam em conjunto. As fases de formação fornecem um cluster com base na topologia atual e previsível da rede. Além disso, as fases de manutenção tratam do impacto devido a alterações imprevisíveis.

Criticidade da rede

As redes veiculares são dinâmicas e de movimento rápido. A caraterística crítica das redes veiculares é a sua mobilidade dinâmica. Por este motivo, os algoritmos de agrupamento tradicionais, adequados às redes Adhoc móveis, não conseguem agrupar os veículos. A criticalidade da rede é um parâmetro que será decidido com base nas alterações dinâmicas da rede. As alterações na rede foram analisadas com base no cálculo da criticalidade da rede para apoiar as alterações na rede. A métrica de agrupamento **(Li Jiayi et al., 2021)** deve ser escolhida com base na rede-alvo. A métrica que considera a mobilidade rápida é um dos critérios a selecionar para o processo de formação de agregados. É necessário um algoritmo de agrupamento robusto para agrupar os veículos com base na criticidade da rede. Assim, um algoritmo de agrupamento robusto pode agrupar os veículos com base na topologia atual e nas alterações previstas na rede que irão ocorrer. Um algoritmo robusto formará uma estrutura de agrupamento óptima e dinâmica. Há duas questões a ter em conta para tornar o algoritmo de agrupamento robusto. A primeira questão é agrupar o veículo num agrupamento. A segunda é identificar qual a métrica de formação de agrupamentos que é efectuada. Estes dois factores têm um grande impacto no processo de formação de agrupamentos. Uma métrica específica que possa resistir à elevada mobilidade é designada por métrica robusta. Essa métrica terá impacto nas caraterísticas do nó e no desempenho do processo de agrupamento.

Necessidade de uma estrutura de clusters

A rede com uma topologia plana é fácil de gerir com menos veículos. No entanto, num cenário em que a rede é constituída por milhares de veículos, não será, resultando em congestionamento. Assim, o agrupamento é uma solução preferida para gerir os veículos.

1.4 IDENTIFICAÇÃO DO PROBLEMA

Atualmente, são realizados muitos trabalhos em VANET utilizando técnicas de difusão em diversas situações. No sistema existente, verificaram-se deficiências nas métricas de desempenho, tais como uma diminuição da taxa de entrega, um aumento da taxa de reencaminhamento, uma diminuição da taxa de retransmissão e um aumento do atraso e da perda de pacotes ao implementar um mecanismo de difusão em VANET. Para ultrapassar estes inconvenientes, são propostos alguns sistemas novos. A técnica de difusão está adequadamente integrada no protocolo de seleção de nós avançados. No entanto, lida com questões como o aumento da redundância, a colisão, o congestionamento, a degradação do desempenho e o problema da tempestade de difusão na VANET.

Cinco factores afectam a mobilidade nas VANET. Alguns factores afectam as VANET, influenciam a sua modelação da mobilidade e devem ser considerados ao analisar o desempenho da simulação da rede resultante. O principal constrangimento é a presença de ruas que restringem o movimento de veículos a trajectos bem definidos. Este movimento de veículos torna a topologia da área crucial, porque o mesmo modelo de mobilidade tem padrões de mobilidade diferentes que conduzem a desempenhos de simulação drasticamente diferentes. Por exemplo, uma topologia com quarteirões pequenos resultaria num desempenho muito diferente de outra topologia cujos quarteirões são tão grandes que o alcance de transmissão do nó se torna insuficiente para um bom desempenho da rede.

- Traçados de ruas
- Mecanismo de controlo do tráfego
- Movimento independente do veículo
- A velocidade média do veículo e
- Tamanho do bloco

As VANET são redes bem ligadas que se baseiam na transmissão por difusão, em que os veículos comunicam entre si por razões de segurança. Além disso, proporcionam uma elevada densidade de tráfego de veículos em comunicações sem fios de baixo custo. Subsequentemente, nas VANET, um dos problemas significativos é a tempestade de difusão, que provoca colisões frequentes e contenção na transmissão de dados entre nós vizinhos na rede. Além disso, os nós retransmitem as mensagens relativas ao mesmo evento; assim, a redundância de dados conduz a inundações. Por conseguinte, ocorre um atraso na transmissão, o que prejudica o desempenho. Para evitar a tempestade de difusão, o número de transmissões de pacotes deve ser mínimo. Deve ser desenvolvida uma abordagem para criar uma aplicação prática de rede que evite as tempestades de difusão com elevado desempenho.
Nos últimos anos, a difusão em redes veiculares tem sido um domínio específico de investigação. Foram propostas várias soluções para este problema, cada uma das quais aborda uma questão específica e deixa de lado os outros parâmetros. Portanto, uma solução para todos os problemas de broadcast storm deve ser proposta. O problema da tempestade de difusão **(Feukeu et al., 2017)** conduz a redundância de difusão, contenção severa, colisões de pacotes, ineficiência da largura de banda e do poder de processamento e bloqueio de serviços devido a uma maior contenção na largura de banda do canal. Nas VANET, a radiodifusão transmite mensagens de emergência e de segurança aos veículos, como mostra a Figura 1.8.

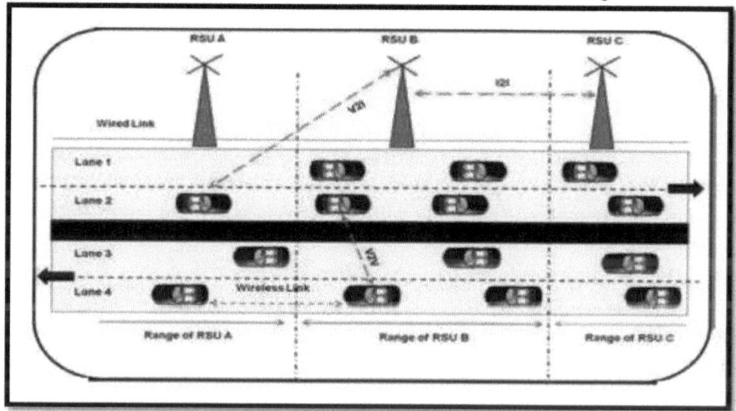

(Fonte: www. researchgate.com)

Figura 1.8: Difusão em VANET

A mensagem deve existir na rede durante um período mais alargado. Assim, os nós que atravessam a RSU terão conhecimento dessa mensagem. A densidade do tráfego e a frequência com que a RSU transmite as mensagens aos veículos são elevadas, o que resulta num problema de tempestade de difusão. Esta transmissão frequente de mensagens conduz a um desperdício de recursos e de capacidade de processamento, de largura de banda e a um aumento do atraso no acesso ao meio. O problema crítico nesta situação é a indisponibilidade do serviço. Por exemplo, uma mensagem de segurança é transmitida para a rede através da RSU. A RSU transmite essa mensagem aos veículos. Devido ao aumento do congestionamento na rede, esta fica congestionada, o que resulta em problemas de broadcast storm. Neste cruzamento, uma mensagem de emergência precisa de ser entregue imediatamente. No entanto, a rede está congestionada e a mensagem não pode ser comunicada aos resultados do veículo em caso de indisponibilidade de serviço. Este é um problema grave que deve ser tido em conta.

1.5 OBJECTIVOS

Os objectivos seguintes são enquadrados para a realização desta investigação:

i. É identificado um método **(CBE-B)** para evitar atrasos na transmissão e controlar a difusão da retransmissão de dados redundantes em veículos em movimento.

ii. Propor um método **(SRC)** para minimizar a retransmissão de mensagens no trajeto de comunicação. Desta forma, reduz-se a sobrecarga da rede.

iii. É proposto um protocolo de agrupamento melhorado **(ICHS)** para regular a tempestade de difusão.

1.6 ORGANIZAÇÃO DA TESE

A tese está estruturada do seguinte modo

Chapter 1 Descreve a arquitetura VANET, os protocolos de encaminhamento Ad Hoc veicular, a identificação do problema e os objectivos deste trabalho.

Chapter 2 Apresenta a revisão da literatura relacionada com os protocolos de encaminhamento em VANET, as técnicas de agrupamento em VANET e as técnicas de difusão de mensagens em VANET, e este capítulo também aborda as lacunas de investigação.

Chapter 3 Explica a metodologia de investigação do trabalho proposto, apresentada em três fases. Este capítulo também descreve o fluxo de trabalho das fases, os parâmetros de simulação e os valores das três fases.

Chapter 4 **(CBE-B**) Apresenta a primeira fase do protocolo proposto de difusão eficiente baseada em clusters (CBE-B) em VANET. Este capítulo aborda os objectivos da Fase I, as limitações da difusão em VANETS, o protocolo de encaminhamento AODV (Ad-hoc On-demand Distance Vetor) e o agrupamento em VANET e descreve o protocolo CBE-B proposto. Com o simulador NS3, as métricas de desempenho do protocolo proposto são comparadas e discutidas com a técnica existente Content Discovery Protocol (CDP) e Rainfall Optimisation Algorithm-based Clustering with Blockchain-based data transmission (ROAC-B).

Capítulo 5 (SRC) Ilustra a segunda fase do trabalho proposto, o protocolo Selective Reliable Communication (SRC) para reduzir a difusão em VANET. Este capítulo apresenta os objectivos da Fase II, o enunciado do problema e as caraterísticas das VANET. Este capítulo também explica os parâmetros para a difusão SRC para VANET baseadas em clusters. As métricas de desempenho do protocolo proposto são comparadas e discutidas com os protocolos existentes, e isso é feito com o Simulador NS3,

O Capítulo 6 (ICHS) apresenta a terceira fase do trabalho proposto, Melhoria da seleção de cabeças de cluster para evitar a tempestade de difusão (ICHS) em VANET. Este capítulo apresenta também os objectivos da Fase III, o método de seleção de Cluster Head e o protocolo ICHS (Improved Cluster Head Selection Mechanism) proposto. O simulador NS3 é utilizado para a avaliação do desempenho do sistema proposto e é comparado e discutido com os protocolos existentes.

O capítulo 7 conclui este trabalho de investigação e apresenta sugestões para a sua extensão.

CAPÍTULO 2

PESQUISA BIBLIOGRÁFICA

2.1 INTRODUÇÃO

Um estudo explorou várias técnicas VANET e as suas vantagens e desvantagens para melhorar o desempenho das VANET. Estas técnicas são o encaminhamento de difusão, a formação de agregados, a difusão de mensagens de emergência e a gestão do tráfego utilizando um controlador de tráfego adaptável. Este estudo centra-se na compreensão dos contornos gerais que afectam o desempenho das VANET. São analisadas muitas investigações e técnicas que se concentram na atenuação do problema da tempestade de difusão. Além disso, foram sugeridos vários métodos de agrupamento, mas cada um deles concentrou-se apenas numa questão específica, resultando em efeitos secundários noutros aspectos. Assim, o objetivo é discutir as técnicas recomendadas para o agrupamento e a forma como este trabalho indicado é diferente e tem um melhor desempenho do que outros algoritmos de agrupamento para evitar a tempestade de difusão e outros problemas. Por último, foram estudados o desempenho e as deficiências do dispositivo controlador de sinais de trânsito existente na comunicação veículo-veículo. A ideia subjacente ao protocolo de difusão consiste em escolher o nó correto para participar no processo de difusão. Um nó de retransmissão indica o local para onde a mensagem de emergência é transmitida ou retransmitida. A seleção dos nós baseia-se na capacidade aleatória ou de contenção do nó para comunicar com os nós vizinhos e aceder aos meios de comunicação.

2.2 protocolos de encaminhamento em vanets

Nas redes Adhoc de veículos são utilizados dois protocolos de encaminhamento: o baseado na topologia e o baseado na geografia. A Figura 2.1 explica os vários protocolos de encaminhamento e os seus tipos. O protocolo baseado na topologia apresenta derivações lógicas ao algoritmo de encaminhamento e aceita o feedback do algoritmo de encaminhamento para ajustar essa topologia lógica e tomar decisões. O protocolo de encaminhamento geográfico utiliza informações de localização para encaminhar os pacotes da origem para o destino. Os serviços baseados na localização retêm as informações de localização do veículo fornecidas pela rede. Embora os serviços de encaminhamento e de localização estejam relacionados, também são utilizados de forma diferente. A avaliação da sobrecarga do encaminhamento geográfico não tem em conta a sobrecarga do serviço de localização **(Dong et al., 2016)**

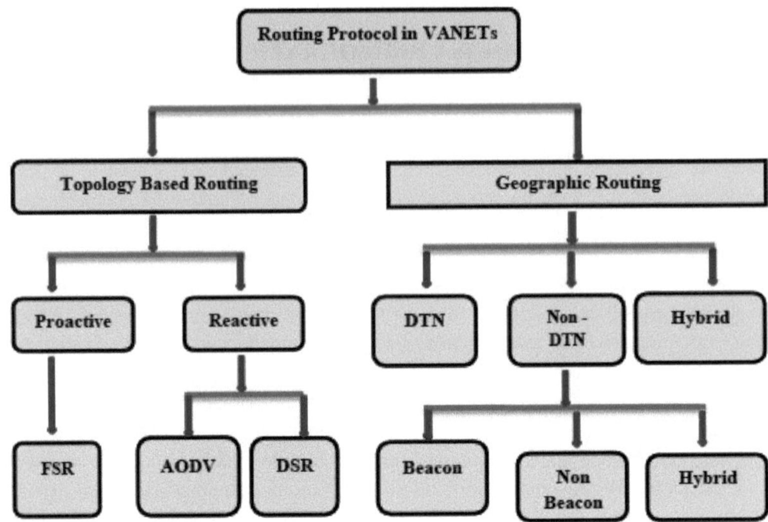

(fonte:https://www.google.com)

Figura 2.1: Protocolos de encaminhamento em VANET

Shajin & Rajesh (2020) introduziram um protocolo de encaminhamento geográfico seguro (Geographical Secure Path Routing - GSPR) para garantir serviços sensíveis à localização em VANET. O seu GSPR é um protocolo de encaminhamento geográfico sem infra-estruturas, que é resistente a interrupções causadas por nós maliciosos ou defeituosos. **Velmurugan & Logashanmugam (2016)** propuseram o protocolo Secure Location Verification (SLV). Este protocolo tem o potencial de reconhecer ataques de falsificação de posição. O SLV é um protocolo cooperativo sem infraestrutura. Inicialmente, um protocolo baseado em radiofrequência (RF) é usado para evitar que veículos maliciosos modifiquem a distância medida entre dois nós. Nesta técnica, as localizações geográficas são autenticadas para oferecer autenticação de localização e privacidade de localização. A localização reivindicada é verificada através de uma série de controlos de plausibilidade. A verificação da plausibilidade é conseguida considerando a localização recebida, a velocidade e a informação de direção como métricas cruciais. Finalmente, a elipse controla a posição do reclamante com focos no verificador e no veículo vizinho cooperativo. Embora este protocolo cooperativo tenha vantagens, incorre num atraso elevado.

Senouci et al. (2017) propuseram um protocolo de encaminhamento baseado na intersecção diagonal (DIR) que constrói uma série de intersecções diagonais entre os veículos de origem e de destino. Em comparação com o protocolo Connectivity-Aware Routing (CAR), o protocolo DIR define várias intersecções. Em qualquer altura, para um par de intersecções diagonais, existem dois ou mais subcaminhos entre eles e o que tiver um atraso mais baixo é escolhido para encaminhar os pacotes.

Luhach & Gao (2018) combinaram os protocolos de encaminhamento para reduzir a sobrecarga e a latência na comunicação. Foram utilizadas duas combinações. Uma é o protocolo Hybrid Routing with Grid Location Service (HRGLS). A outra é o protocolo Hybrid Routing with Hierarchical Location Service (HRHLS). Os resultados experimentais mostram a análise da complexidade e resultados promissores na taxa de entrega de pacotes, latência e sobrecarga de mensagens de controlo.

Pramuanyat (2016) propôs um sistema sensível à localização em VANET. Este modelo melhorou a escalabilidade do sistema e aumentou a descentralização na VANET. A técnica de infravermelhos foi utilizada para enviar a informação da fonte para o recetor. O tempo de ligação entre os veículos é reduzido através do agrupamento de serviços inteligentes. Assim, a eficiência do filtro melhora no veículo.

Tsado et al. (2017) conceberam um protocolo para o encaminhamento da informação na VANET. A mobilidade dos nós sensores na rede e da BS é considerada para projetar o protocolo. Cada nó tem a sua mobilidade. O clustering é o agrupamento de nós com base na energia do nó. Cada cluster tem um nó chefe, com dois nós chefes de cluster adjuntos utilizados para ajudar o nó chefe do cluster. O protocolo experimental baseia-se no agrupamento de nós de acordo com a sua hierarquia. Inicialmente, o BS escolhe o chefe do agrupamento e forma um painel de chefes de agrupamento. Para garantir a fiabilidade e o rendimento ao nível da estação de base, a transmissão de dados é efectuada diretamente ou de forma multi-hop. Além disso, é identificado um caminho alternativo para transmitir dados entre o nó chefe do agrupamento e a estação de base. A Tabela 1 explica os vários protocolos de encaminhamento aplicados à aplicação VANET e os seus inconvenientes.

Tabela 2.1: Aplicações e desvantagens dos protocolos de encaminhamento

Citação	Métodos/Mecanismo	Parâmetros considerados	Contribuições	Deméritos
Shajin & Rajesh (2020)	Protocolo GSPR	Número de nós e consumo de tempo da deteção de nós	Detecta nós maliciosos ou defeituosos.	As RSSF com múltiplos sumidouros não podem ser consideradas.
Velmurugan & Logashanmugam (2016)	Protocolo de verificação segura da localização (SLV)	Informações sobre localização, velocidade e direção	Detecta os ataques de falsificação de posição	A complexidade do tempo é maior.
Senouci et al. (2017)	Protocolo de encaminhamento baseado na intersecção diagonal (DIR)	Atraso do pacote, rendimento	Minimizar a diferença entre o rendimento e a definição de prioridades das consultas em tempo real.	Atraso elevado de pacotes e taxa de queda de pacotes.
Luhach & Gao (2018)	Protocolo de encaminhamento híbrido com serviço de localização em grelha (HRGLS)	Custos gerais e latência	Reduzir as despesas gerais e a latência na comunicação	A redução da largura de banda não foi abordada.
Pramuanyat et al. (2016)	Protocolo de difusão fiável com conhecimento da localização	Consumo de energia, programação.	Melhorou a escalabilidade do sistema e também aumentou a descentralização	Apenas o tempo de resposta é considerado para a avaliação do desempenho.
Tsado et al. (2017)	Protocolo de encaminhamento assistido por localização	Latência, colisão.	Fiabilidade e débito na transmissão de dados em modo multi-hop	As redes de sensores sem fios (RSSF) com múltiplos canais não podem ser consideradas.

2.3 TÉCNICAS DE AGRUPAMENTO EM VANET - UM ESTUDO

Devido à natureza dinâmica das VANET, ao encaminhamento para o destino, à velocidade do veículo e à gestão direta, o Handoff de veículos tornou-se uma investigação essencial nas redes veiculares. No entanto, a preservação de uma ligação entre os nós é um desafio devido à elevada mobilidade dos nós.

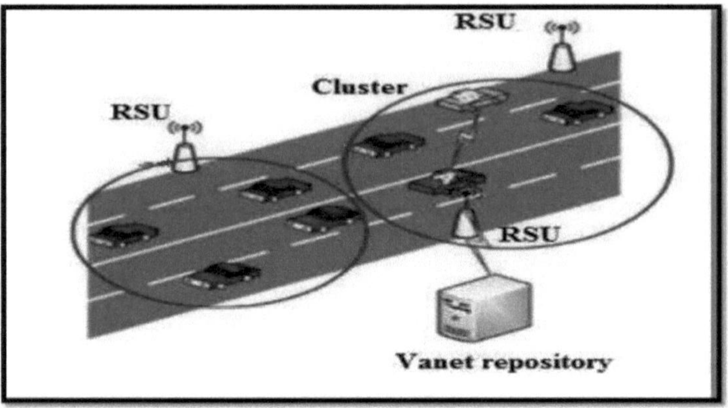

(Fonte: https://www.google.com)

Figura 2.2: Agrupamento em VANET

O agrupamento é o processo de divisão dos veículos em grupos mais pequenos de veículos. A figura 2.2 descreve o agrupamento em VANET. O objetivo do agrupamento é dividir uma rede em grupos mais pequenos com caraterísticas semelhantes. Existem duas formas de comunicar entre a VANET e a infraestrutura de base, a RSU. Em primeiro lugar, o veículo utiliza diretamente a RSU para se ligar à Internet. Na segunda, o veículo forma os clusters e efectua a comunicação intra-cluster para trocar informações **(Huang et al., 2018)**. Nos estudos seguintes são explicadas várias abordagens de clustering em aplicações VANET e as suas limitações.

Zareei et al. (2016) mencionam um algoritmo de precedência de nós denominado Robust Mobility Aware Clustering (RMAC) que identifica adaptativamente os vizinhos de 1 salto e seleciona CHs óptimos com base em métricas de mobilidade relativa dos nós, como a velocidade, a localização e a direção da viagem. O RMAC foi concebido como um protocolo independente da tecnologia na subcamada de ligação de dados para fornecer apoio ao encaminhamento geográfico baseado em agregados à camada de rede. Esta disposição gere a topologia dinâmica e a seleção ponderada do chefe de agrupamento (CH) de redes veiculares altamente móveis. Nos clusters multi-hop tradicionais, existe a possibilidade de os membros do cluster estarem fora da área de cobertura do CH. Este problema é ultrapassado no RMAC, uma vez que forma clusters de 1 salto como espinha dorsal para a comunicação do cluster. O protocolo de agrupamento constituído precisa de ser integrado com protocolos de encaminhamento geográfico.

Almalag et al. (2012) propuseram uma nova técnica de reserva de faixas horárias para o acesso múltiplo por divisão do tempo (TDMA) baseada no agrupamento de veículos. Esta técnica permite a comunicação num único salto dentro de um agrupamento, eliminando assim a necessidade de descoberta de vizinhos. A seleção de um nó chefe de agrupamento permite a estabilidade do agrupamento. A posição do nó CH na faixa de rodagem é considerada durante o processo de seleção. A faixa e a direção em que viaja a maioria dos membros do cluster tendem a influenciar o processo de seleção do CH. O protocolo MAC baseado em clusters TDMA (TC-MAC) permite a troca de mensagens não relacionadas com a segurança, centrando-se simultaneamente na comunicação altamente fiável de mensagens relacionadas com a segurança. Ao utilizar a técnica TDMA, permite que os veículos escutem o canal de controlo e os canais de serviço durante o mesmo ciclo temporal. O ponto fraco deste algoritmo é o facto de ter sido concebido para comunicação num único salto e não suportar redes veiculares multihop altamente dinâmicas.

Gupta et al. (2017) apresentaram um protocolo MAC baseado em cluster distribuído e consciente da mobilidade (DMMAC), que integra o acesso múltiplo por divisão de frequência ortogonal (OFDMA) com a função de coordenação distribuída no IEEE 802.11p. Esta abordagem integrada supera as deficiências encontradas na função de coordenação distribuída (DCF), tais como baixa previsibilidade, equidade e rendimento em redes altamente densas, fornecendo uma programação TDMA aos nós membros. O DMMAC garante a elevada estabilidade dos membros do seu agrupamento, uma vez que pode prever a velocidade e a posição futuras dos membros do agrupamento. O desafio da utilização do TDMA reside no facto de necessitar de uma sincronização rigorosa e de um pré-mapeamento completo das localizações geográficas para as faixas horárias TDMA. O protocolo pode ainda ser melhorado tendo em conta o tempo de estrada dos potenciais membros do agrupamento antes de serem autorizados a aderir a um grupo de agrupamento **(Aadil et al., 2018)**.

Nazhad et al. (2018) apresentaram um algoritmo de agrupamento hierárquico (HCA) que se centra no controlo rápido da topologia e na programação para a entrega atempada de mensagens sensíveis ao tempo em VANET. O HCA é um cluster hierárquico aleatório com dois nós extremos e o CH. Assim, o número máximo de saltos possíveis é limitado a quatro. Esta formação de clusters de tamanho limitado permite a transmissão de mensagens sem necessidade de GPS para identificar os membros do cluster, uma vez que quatro saltos são considerados razoavelmente locais para transmitir mensagens críticas para a segurança. O agendamento de mensagens dentro de um cluster é controlado pelo CH, que utiliza intervalos de tempo TDMA nos quais a transmissão pode ser efectuada. O algoritmo classifica a funcionalidade dos nós em três tipos: o nó CH para controlar o funcionamento do cluster, o nó slave - para realizar a atividade regular do nó e o Cluster Relay (CR) para retransmitir a mensagem entre o chefe do cluster e os nós slave. O algoritmo é composto por quatro fases. As três primeiras fases referem-se a um cenário estático em que os clusters são formados, e a quarta fase lida com as mudanças de topologia devido à mobilidade. O principal desafio que prejudica o desempenho do HCA está relacionado com a interferência entre clusters, que pode causar mudanças redundantes de cluster e colisões de mensagens

Roy & Das (2017) utilizaram infra-estruturas fixas, como unidades à beira da estrada, para recolher informações dos CHs e preencher a lacuna de comunicação que pode ocorrer quando o pacote de dados se perde. O protocolo estabelecido foi testado com base na análise matemática do movimento de veículos numa autoestrada. Foram efectuadas experiências de simulação para validar o modelo. O estudo apresentou o protocolo com seleção de CH e seleção de backup. A RSU escolhe os CHs. O mecanismo de seleção de backup inicia o processo de backup pelo CH que não recebe o pacote de sonda. A informação de beacon gerada pelos membros não-CH é agregada pelos nós CH e transmitida às RSUs que estão instaladas nas auto-estradas. Uma caraterística única do protocolo é que um nó não-CH não precisa de enviar a sua mensagem especificamente para um CH em particular. Quando um nó não-CH envia a sua mensagem para um CH específico, o CH sobrepõe-se e o CH agrega os beacons dentro do seu alcance de transmissão. O desafio que afecta o protocolo executado são os beacons duplicados que podem ser gerados devido a sobreposições de clusters **(Esmaeilyfard et al., 2017)**.

Ahizoune & Hafid (2012) introduziram um algoritmo de agrupamento baseado na estabilidade (SBCA) que tem em conta a mobilidade dos veículos, a vizinhança dos nós e o tempo de vida do chefe de agrupamento (CH). O protocolo precedido envolve duas fases: a fase de configuração e a fase de manutenção. Durante a fase de configuração, os nós estão no estado indeciso, e o nó que permanecer mais tempo nesse estado torna-se o CH. Duas mensagens são usadas para a manutenção do cluster: Invite-to-Join (ITJ) e Request-To-Join (RTJ). Um CH envia uma mensagem ITJ a um nó no estado indeciso a cada unidade de tempo fixa e, se a intensidade do sinal recebido da mensagem for mais significativa do que um limiar predefinido, o nó envia uma mensagem RTJ ao chefe de agrupamento vizinho.

Tambawal et al. (2011) apresentaram um protocolo MAC multicanal baseado no acesso múltiplo por divisão do tempo (TDMA) para VANETs, com um canal de controlo e múltiplos canais de serviço. São considerados os cenários de veículos que viajam em ambas as direcções e são atribuídos conjuntos disjuntos de faixas horárias a veículos que viajam em direcções opostas. O protocolo consiste em repartir a largura de banda disponível num canal de controlo e em múltiplos canais de serviço. Os nós adquirem faixas horárias de forma distribuída no canal de controlo, enquanto no canal de serviço, as faixas horárias são atribuídas aos nós de forma distribuída. O VeMAC apresenta uma nova solução em que a taxa de fusão e colisão diminui com base no valor de um parâmetro de divisão τ. τ refere-se ao número de quadros após os quais um nó não pode adquirir uma faixa horária. O estudo aborda dois tipos de colisões em faixas horárias: colisões de acesso e colisões de fusão. A colisão de acesso ocorre quando dois ou mais nós tentam aceder ao mesmo slot e estão dentro de uma contagem de dois saltos. A colisão por fusão ocorre quando dois ou mais nós que acedem ao mesmo intervalo de tempo se tornam membros do mesmo conjunto de dois saltos devido ao movimento do nó. O desempenho do protocolo declarado pode ser melhorado se o valor do parâmetro de separação t puder ser previsto antecipadamente com base no movimento do veículo.

Wang et al. (2020) publicaram um sistema de computação sem fios (WCS) para reduzir o atraso durante o processo de transmissão e tornar o processo eficiente em termos energéticos. O controlo de feedback em tempo real é obtido a partir da recolha de dados, da gestão e do processamento de dados em informações utilizando um nó de computação de registo. O WCS reduz o número de ligações a transmitir para minimizar o consumo de energia, embora o número de ligações seja retomado. Há um atraso na transmissão, que se situa dentro da região aceitável. O objetivo do WCS é limitar os recursos humanos para otimizar a produção utilizando os serviços Internet.

Abu-Mahfouz & Hancke (2017) explicaram uma nova ideia de combinar o processamento da rede com algoritmos de agrupamento para aumentar a eficiência energética dos nós sensores sem comprometer a qualidade dos dados. Para alcançar a eficiência energética, a rede é dividida em mais clusters com base no nível de energia atual do nó sensor. Este estudo sublinha que o algoritmo utilizado para a transmissão em VANET deve ser orientado para o processamento e não para a transmissão. Sempre que um algoritmo segue uma abordagem orientada para o processo, aumenta a energia nos processos de agrupamento e de rede. Este algoritmo consegue uma transmissão de dados de alta qualidade e um agrupamento eficiente em termos energéticos entre os nós sensores.

Abdul-Salaam et al. (2017) explicaram um Algoritmo de Difusão com a Mínima Redundância (BALR) para RSSF. Ao identificar o número optimizado de reencaminhadores induzidos como dois, o BALR estabelece o modelo ponderado, que considera a eficiência de retransmissão e a energia residual para calcular o auto-atraso dos nós sensores antes de retransmitir. Além disso, o BALR incorpora ambas as estratégias baseadas na distância e no grau de cobertura, o que significa o número de nós vizinhos que ainda não receberam o pacote de difusão, para otimizar a seleção dos nós de retransmissão. A fim de expor os limites de desempenho, o rácio de retransmissão nos casos ideal e pior é analisado teoricamente. Especifica-se que o rácio de retransmissão do BALR diminui com o aumento da densidade dos nós. O BALR pode prolongar significativamente o tempo de vida de uma rede de sensores sem fios e é escalável no que respeita à dimensão da rede e à densidade dos nós, como demonstrado por simulações.

Zhu et al. (2019) investigaram o problema de agendamento de transmissão de tempo de vida máximo (MLBS) em redes sem fio Multi-hop Duty Cycled. O MLBS tenta liberar um algoritmo de agendamento livre de colisão para transmissão com latência mínima. A investigação do problema numa rede duty-cycled torna evidente que todos os problemas MLBS são não-determinísticos em tempo polinomial (NP). Um algoritmo de aproximação denominado One To All Broadcast (OTAB) é introduzido para resolver todos os problemas MLBS e preceder a programação de difusão com um rácio de aproximação constante. Como resultado, obtém-se um algoritmo de programação de difusão ótimo e sem colisões com um rácio de aproximação pequeno e menos despesas gerais. Para resolver todos os problemas de MLBS, são propostos os modelos de mensagem de difusão de tamanho unitário (UsB) e de mensagem de difusão de tamanho ilimitado (UnsB).

Zaman et al. (2016) explicaram um conjunto dominante mínimo conectado eficiente usando a lista de sequência ordenada para construir uma árvore de difusão com custo mínimo de energia. Surge um problema quando a energia do nó desce abaixo do valor limite. As operações de difusão podem falhar. O Sistema de Difusão de Consumo Mínimo de Energia (MEBS) é proposto para resolver o problema acima referido, fornecendo um protocolo de programação eficiente com um tempo de vida máximo da rede. O MEBS é uma versão actualizada do eficiente Sistema Dominante Conectado (CDS) mínimo. Este protocolo reduz consideravelmente o problema de falha do nó em função do nível de energia do nó, o que resulta num tempo de vida maximizado da rede.

Macedo et al. (2017) explicaram uma nova ideia. O nó verifica a distância entre a última mensagem difundida e o nó. Quando recebe uma nova mensagem, define um valor Random value Taken (RDT) entre 0 e TMax segundos, e a mensagem recebida é guardada em cache. Se o valor do RDT expirar, verifica as localizações do nó de origem mais próximas do valor limite. Se estiver fechado, o nó não retransmite a mensagem.

Tian & Wu (2019) instigaram um protocolo para uma transmissão baseada em garantia em uma rede de coleta de energia para resolver o erro de transmissão e a deficiência de energia durante o processo. Um erro de transmissão é causado devido a uma condição de canal de pico que não é perfeita em sua ação. Para estabelecer um sistema de transmissão relativo, são utilizadas as técnicas Automatic Repeat Request (ARR) e Forward Error Corretion (FEC). A deficiência de energia é causada pela falta de eletricidade. O protocolo baseado em evasão e o FEC resultam numa menor sobrecarga de armazenamento e tempos de reparação. Para eliminar o consumo adicional de energia, é utilizado um protocolo baseado na garantia para lidar com o erro de transmissão. Assim, consegue-se uma transmissão de difusão fiável na rede de recolha de energia.

Wang et al. (2014) publicaram um algoritmo de agendamento para um sistema de transmissão sem fios baseado em push. Num sistema baseado em push, a capacidade de transmissão a jusante é inferior à de montante. Os dados são sempre enviados repetidamente do servidor para o cliente. O desempenho do sistema depende da construção do agendamento correto dos itens de dados para difusão. Por exemplo, o tempo que o cliente tem de esperar desde o momento da apresentação do pedido até ao momento da entrega do item. Com base na probabilidade de procura de cada item por parte do cliente, o nível de programação da difusão varia. O protocolo recomendado tem um desempenho ótimo e uma baixa complexidade computacional.

Liu et al. (2018) definiram um algoritmo de inundação que efectua uma difusão consciente do atraso e optimizada em termos de energia para lidar com os processos de inundação. Constrói uma árvore de inundação para redes de sensores sincronizadas e ajusta a árvore de inundação construída para alcançar uma elevada eficiência energética e minimizar o atraso na difusão. É desejável uma abordagem sensível ao atraso para o ajuste da árvore, a fim de otimizar o consumo de energia no processo de inundação.

O protocolo baseado em probabilidades **(Liu et al., 2017)** funciona bem em redes densas, e o seu desempenho em redes esparsas com a probabilidade de falhar a receção da mensagem a todos os nós da rede. Aqui os nós estão a retransmitir apenas com a probabilidade pré-determinada. Em redes densas, vários nós têm um alcance de transmissão semelhante. Assim, permitir que alguns nós transmitam não afectará a eficácia da entrega da mensagem transmitida. No entanto, a situação é diferente numa rede esparsa. Aqui, os nós são menos numerosos e a mobilidade dos nós é elevada. O alcance típico de cobertura dos nós é inferior ao de uma rede densa. Assim, os nós não receberão a mensagem a menos que a probabilidade de retransmissão seja elevada. Se a probabilidade de retransmissão for de 100%, então o método de probabilidade funciona de forma semelhante ao protocolo de inundação. Chen et al. (2017) têm como objetivo melhorar o desempenho da rede através de um protocolo de difusão eficiente em termos energéticos, juntamente com o ajuste do raio de difusão. O nó sensor afastado dos nós sumidouros utiliza a sua energia para a recolha de dados, a fim de melhorar a probabilidade de receção de pacotes. O atraso de difusão na transmissão do pacote de código é reduzido pelo aumento do raio de difusão. O consumo de energia na recolha de dados e na atualização do estado da rede deve ser tido em conta sempre que se concebe um protocolo de difusão. A seleção do código para o raio de difusão de pacotes dos nós é abordada de acordo com a sua energia residual quando há uma utilização desequilibrada da energia. A seleção do código para o raio de difusão de pacotes dos nós é feita de acordo com a sua energia residual. O quadro 2 explica as técnicas de difusão baseadas em clustering na VANET.

Nakamura et al. (2018) investigaram o problema de difusão na rede sem fios heterogénea causado pelo atraso e pelas restrições de energia mínima. O protocolo de difusão com eficiência energética examinado analisa os conflitos entre os nós de encaminhamento e programa o número de transmissões paralelas em cada intervalo de tempo. A programação é conseguida de uma forma eficiente, de modo a obter a máxima eficiência com um protocolo económico sem violar a restrição de atraso. O algoritmo EEB (Energy-Efficient Broadcasting) programa um número máximo de transmissões sem conflitos para cumprir o parâmetro de atraso. Os esquemas de difusão com eficiência energética utilizam a técnica mais avançada para selecionar os nós de encaminhamento e os canais, a fim de minimizar a energia de difusão. A Tabela 2.2 explica várias técnicas de difusão baseadas em clusters em VANET e discute as respectivas desvantagens.

Tabela 2.2: Técnicas de difusão baseadas em clustering em VANET

Citação	Métodos/Mecanismo	Parâmetros considerados	Contribuições	Deméritos
Huang et al. (2018)	Agrupamento robusto sensível à mobilidade	Consumo de energia, atraso.	Rede de sensores industriais sem fios	Atraso elevado na transmissão de

	(RMAC)		baseada em registos.	dados numa rede extensa.
Zareei et al. (2016)	Protocolo de difusão TDMA	Análise de tráfego, Utilização de energia	Conceber um protocolo TDMA para utilizar a potência do nó sensor de forma eficiente.	Podem surgir problemas de sobrecarga em cada camada.
Gupta et al. (2017)	Protocolo MAC baseado em clusters distribuído e sensível à mobilidade	Tempo em estrada, estabilidade, velocidade e posição	Capturar os conflitos entre os nós e minimizar a energia de difusão.	O consumo de tempo é elevado quando se aumenta o número de clusters processados.
Nazhad et al. (2018)	Algoritmo de agrupamento hierárquico (HCA)	Lúpulo e redução de tamanho	É construída uma árvore de strives e os nós de strives são identificados.	Alterações de clusters redundantes e colisões de mensagens
Roy & Das (2017)	Protocolo de encaminhamento fiável e seguro	Taxa de transferência e perda de pacotes de dados	fiduciário e seguro com base nos níveis dos nós do cluster na rede.	Os nós afectam a transmissão de pacotes de outro nó na rede.
Esmaeilyfar et al. (2017)	Protocolo de encaminhamento dinâmico de veículos	Tempo médio de espera, atraso de ponta a ponta.	O agendamento pode ser conseguido através do tipo de pacotes de dados e do nível de prioridade para minimizar a transmissão de ponta a ponta.	A redução das despesas gerais e a largura de banda não são abordadas.
Ahizoune & Hafid (2012)	Algoritmo de agrupamento baseado na estabilidade (SBCA)	Atraso, tempo de vida da rede.	Programação baseada nos níveis dos nós da árvore na rede.	Os nós afectam a transmissão de pacotes de outro nó na rede.
Citação	**Métodos/Mecanismo**	**Parâmetros considerados**	**Contribuições**	**Deméritos**
Tambawal et al. (2011)	Protocolo MAC baseado no acesso múltiplo por divisão do tempo	Mobilidade, nível de energia, fiabilidade e taxa de transferência.	Agrupamento dos nós com base na sua hierarquia. É estabelecido um caminho alternativo entre a cabeça do agrupamento e o nó de drenagem.	Não é adequado para RSSF de ciclo de trabalho elevado.
Wang et al. (2020)	Sistema de computação sem fios	Atraso de difusão, consumo	A energia dos nós é considerada para a	A transmissão redundante de

	baseado na localização	de energia, capacidade de selagem.	difusão dos pacotes. Para melhorar a probabilidade de receção dos pacotes.	pacotes não é abordada
Abu-Mahfouz & Hancke (2017)	Processamento de redes, juntamente com os algoritmos de agrupamento	Consumo de energia, atrasos, programação.	Minimizar a energia de difusão.	O consumo de tempo é elevado quando se aumenta o número de processos de difusão.
Abdul-Salaamet et al. (2017)	Algoritmo de difusão com mínima redundância para redes de sensores sem fios.	Eficiência de difusão, Energia residual, Atraso, Densidade de nós.	Tanto a distância como os graus de cobertura são utilizados para medir a eficiência da retransmissão.	Não é adequado para redes de sensores sem fios de baixa densidade
Zhu et al., (2019)	Programação de difusão de tempo de vida máximo (MLBS)	Latência, colisão, programação de difusão	Programação sem colisões para difusão com latência mínima.	As interferências e o ruído na transmissão não são considerados.
Zaman et al. (2016)	Sistema de radiodifusão de consumo mínimo de energia (MEBS)	Programação eficiente, tempo de vida da rede, energia dos nós.	A árvore de difusão é construída com um custo mínimo de energia. A falha de nós na rede é evitada com a ajuda de um algoritmo CDS mínimo.	A versão distribuída de algoritmos para problemas de difusão com eficiência energética não é considerada.
Citação	**Métodos/Mecanismo**	**Parâmetros considerados**	**Contribuições**	**Deméritos**
Tian & Wu (2019)	Protocolo de difusão com base em garantias	Erro de transmissão, deficiência de energia. Sobrecarga, consumo de energia.	O compromisso entre fiabilidade e rendimento é abordado. É conseguida uma transmissão de difusão fiável na rede de recolha de energia.	A eficiência energética não é totalmente abordada.
Wang et al. (2014)	Protocolo de difusão sem fios com base em empurrões	Consumo de energia, programação.	Programação com eficiência energética sem alterar as estratégias existentes no sistema.	A complexidade do tempo é maior.
Liu et al. (2018)	Algoritmo de inundação	Latência, taxa de transferência	O agendamento de slots de nós garante a latência e o rendimento numa rede sem fios.	O compromisso entre o débito e a latência não é analisado.

Liu et al. (2017)	Rede esparsa	Atraso, Eficiência energética.	Reconstrói a árvore de inundação para obter uma elevada eficiência energética e reduzir o atraso.	O problema do encaminhamento multicast não é considerado.
Chen et al. (2017)	Protocolo de difusão com eficiência energética, juntamente com o ajuste do raio de difusão	Consumo de energia, atrasos, programação	Capturar os conflitos entre os nós e minimizar a energia de difusão.	O consumo de tempo é elevado quando se aumenta o número de processos de difusão.
Nakamura et al. (2018)	Radiodifusão com eficiência energética	Atraso de difusão, consumo de energia, capacidade de selagem.	A energia residual dos nós é considerada para a difusão de pacotes. Para melhorar a probabilidade de receção dos pacotes.	A transmissão redundante de pacotes não é abordada.

2.4 TÉCNICAS DE DISSEMINAÇÃO DE MENSAGENS EM VANETs

Bi et al. (2015) apresentaram um protocolo urbano de difusão multi-hop para redes ad hoc veiculares (VANETs). O protocolo recomendado elimina a maioria dos problemas de broadcast storm, estação remota e fiabilidade dos esquemas anteriores. Sem conhecimento da topologia, o protocolo encaminha e recebe eficientemente mensagens dos veículos num determinado segmento de estrada. O protocolo predecessor tem uma taxa de encaminhamento de pacotes elevada e uma melhor utilização do canal do que os esquemas existentes.

Kumar & Dave (2015) declaram uma disseminação de dados centrada na mobilidade na rede veicular (MDDV), e Maratha et al. (2017) sugerem a entrega de dados assistida por veículos (VADD). Ambos são dois protocolos de encaminhamento multi-hop que utilizarão a mobilidade previsível em VANET para a entrega de dados. Eles abstraem cada estrada como um link cujo atraso é o tempo consumido para entregar um pacote através da estrada correspondente pela comunicação multi-hop e o transporte de veículos em movimento nesta estrada. Assim, os pacotes serão entregues ao longo da trajetória de menor atraso. Quando não há veículos disponíveis na estrada seguinte para a entrega de dados ao longo da trajetória óptima, o VADD melhora a fiabilidade da entrega de pacotes através de uma decisão de encaminhamento em cada intersecção para selecionar a melhor trajetória atualmente disponível.

Zhao & Zhu (2012) propuseram o protocolo Opportunistic Dissemination (OD), em que o centro de dados transmite periodicamente os dados e os veículos que passam pelo seu raio de ação recebem e armazenam os dados necessários. Além disso, ocorre uma troca de mensagens aprendidas quando o veículo se desloca na rede. Não há necessidade de qualquer infraestrutura fixa. Este protocolo pode falhar se a rede não for suficientemente densa.

Abrougui et al. (2011) discutiram o problema de serviços que podem fornecer aos condutores de automóveis informações sensíveis ao tempo sobre as condições de tráfego e instalações à beira da estrada. Eles apresentam o Protocolo de Transferência de Informações Veiculares (VITP) para suportar um serviço distribuído em Redes Ad-hoc Veiculares. Introduziram o conceito de Servidor Ad-Hoc Veicular, que foi estabelecido a pedido como um conjunto ad-hoc de pares VITP que colaboram para resolver os pedidos VITP recebidos. O VITP tinha o poder expressivo de definir consultas com reconhecimento de localização que procuravam e integravam informações de sensores de veículos e instalações na estrada, tirando partido dos sistemas de navegação GPS a bordo. Mais,

Mostafa et al. (2014) introduziram um novo protocolo de encaminhamento veicular direcional baseado na posição para enviar os pacotes para o destino numa rota eficiente e estável. Tratava-se de um protocolo de encaminhamento multi-hop, que seleccionava o next-hop a partir de veículos que viajavam na mesma direção que o veículo de encaminhamento, com base nas suas direcções angulares em relação ao destino, nos vectores de posição e velocidade dos veículos vizinhos.

Kadota et al. (2018) abordaram dois parâmetros de desempenho da transmissão de pacotes em redes sem fios, a taxa de transferência e o atraso. A razão para reduzir estes parâmetros inclui a importância do protocolo de agendamento e da estrutura da árvore de encaminhamento. Enquanto a árvore de encaminhamento é analisada, a estrutura da árvore de encaminhamento é medida em densidade de nós e raio de cobertura. Um protocolo de programação para o estabelecimento de ligações é concebido para dar uma aproximação de fator constante ao rendimento dos dados dos nós. As árvores de varrimento de frequências múltiplas e de raio mínimo ajudam a obter o melhor resultado em termos de débito e de atraso. Um algoritmo de programação apropriado é aplicado a topologias adequadas, resultando numa melhor forma de atingir o objetivo.

El Sayed et al. (2020) discutiram a autenticação de mensagens de segurança e o seu desafio num cenário de tráfego de alta densidade. Sugeriu também uma solução para a autenticação de mensagens veiculares em condições de tráfego denso através de uma estratégia de verificação prioritária. Utilizou os parâmetros físicos dos veículos vizinhos para atribuir pontuações de prioridade às mensagens de segurança. O estudo propôs um novo algoritmo de programação para satisfazer os níveis de qualidade do serviço para classes de aplicações com base nos requisitos. Classificou as aplicações das VANET em diferentes perspectivas de segurança. Utilizou um algoritmo guloso para garantir que os tráfegos das aplicações de alta prioridade em matéria de segurança sejam servidos no momento adequado. As mensagens de eventos são transmitidas aos veículos próximos com base na privacidade e na segurança. A verificação das mensagens também é necessária para garantir que as informações são transmitidas aos veículos. O método existente utiliza um dispositivo de hardware inviolável que não satisfaz os requisitos de privacidade e de verificação das mensagens.

Biswas & Misic (2012) propuseram uma solução baseada em software. São utilizadas técnicas de pesquisa binária e de filtro bloom para implementar a técnica. A sobrecarga de mensagens é baixa e a taxa de sucesso é 45% superior à do método existente. Além disso, o protocolo de comunicação em grupo foi utilizado para autenticar a comunicação segura num grupo de veículos. Além disso, o protocolo de comunicação em grupo é alargado para permitir a adesão dinâmica de veículos. A segurança das VANET é essencial em situações críticas de risco de vida. A segurança das informações vitais das VANET impede que uma pessoa mal-intencionada insira ou modifique as informações. O sistema pode determinar a responsabilidade dos condutores, preservando a sua privacidade.

Dietzel et al. (2016) discutiram ameaças críticas à segurança em VANET, nomeadamente um atacante que dissemina informações falsas para perturbar o comportamento de outros condutores. Também declararam a noção de prova de relevância, que consistia em provar que a comunicação do evento é autenticamente relevante para o evento que comunicou. Isto é conseguido através da recolha de consensos autênticos. Ou seja, assinaturas digitais sobre o evento de veículos testemunhas de forma cooperativa. Os relatórios com menos de um limiar de assinaturas foram descartados. O estudo apresentou um protocolo seguro e eficiente para redes Ad Hoc veiculares que assegurava tanto a autenticação de mensagens como a preservação da privacidade. Utilizou uma abordagem segura do algoritmo de assinatura digital de curva elíptica e suportou a privacidade condicional, em que a localização do utilizador pode ser revelada se o utilizador assim o desejar. O protocolo concebido protegeu a VANET contra ataques como os ataques de negação de serviço, Sybil e Grey/Black Hole. O quadro 2.3 explica várias técnicas de difusão de mensagens e os seus inconvenientes nas VANETS, também abordados nas técnicas de preservação da privacidade.

Ying et al. (2013) introduziram um protocolo de autenticação de mensagens de difusão com preservação da privacidade. O protocolo baseava-se no protocolo de autenticação tolerante a perdas de fluxo eficiente e temporizado, em que a chave libertada era divulgada após vários intervalos. Utilizou dois níveis de cadeias de hash para a geração de chaves, as cadeias de hash de alto nível e de baixo nível. A cadeia de hash de alto nível foi utilizada para gerar sementes para a cadeia de hash de baixo nível. A cadeia de hash de baixo nível destinava-se a autenticar as mensagens de difusão. O protocolo definido ajudou a evitar certas perdas de mensagens. Este estudo também discute a segurança e a privacidade nas VANETs de vários pontos de vista distintos. Os pontos de vista são classificados em categorias distintas com base nas suas técnicas criptográficas, metodologias de implementação, funcionalidade e outras caraterísticas essenciais

Tabela 2.3: Técnicas de difusão de mensagens em VANETs

Citação	Métodos/Mecanismo	Parâmetros considerados	Contribuições	Deméritos
Bi et al. (2015)	Protocolo de difusão multihop	Atraso, tempo de vida da rede.	A programação é baseada nos níveis dos nós da árvore na rede.	Os nós afectam a transmissão de pacotes de outro nó na rede.
Kumar & Dave (2015)	MDDV	Análise de tráfego, utilização de energia.	Conceber um protocolo TDMA para utilizar eficazmente a potência do nó sensor.	Podem surgir problemas de sobrecarga em cada camada.
Zhao & Zhu (2012)	Protocolo de Difusão Oportunista (DO)	Produtividade, programação	Minimizar a diferença entre o rendimento e a definição de prioridades das consultas em tempo real.	Atraso elevado dos pacotes e taxa de perda de pacotes.
Abrougui et al. (2011)	Informações sobre veículos Protocolo de transferência	Eficiência de transmissão, taxa de transferência, QoS.	Algoritmo de programação para a estrutura de filas, atribuindo prioridade a todos os pacotes. É utilizado um algoritmo de	O atraso de transmissão não é abordado.

			codificação eficiente para identificar os pacotes adequados para codificação.	
Mostafa et al. (2014)	Protocolo de encaminhamento multihop	Atraso, tempo de vida da rede	A programação é baseada nos níveis dos nós da árvore na rede.	Os nós afectam a transmissão de pacotes de outro nó na rede.
Citação	**Métodos/Mecanismo**	**Parâmetros considerados**	**Contribuições**	**Deméritos**
Kadota et al. (2018)	Protocolo de programação e estrutura da árvore de encaminhamento	Rendimento, programação.	Minimizar a diferença entre o rendimento e a definição de prioridades das consultas em tempo real.	Atraso elevado dos pacotes e taxa de perda de pacotes.
El Sayed et al., (2020)	Multi-hop com eficiência energética	Complexidade computacional, Tempo de resposta.	A complexidade computacional óptima é utilizada para reduzir a complexidade temporal.	Apenas o tempo de resposta é considerado para a avaliação do desempenho.
Biswas & Misic (2012)	Pesquisa binária e técnica de filtro bloom	Latência, taxa de transferência	A programação das ranhuras dos nós garante a latência e o débito numa rede sem fios.	O compromisso entre o débito e a latência não é analisado
Dietzel et al. (2016)	Abordagem do algoritmo de assinatura digital de curva elíptica	Rendimento e tempo de conservação.	Assegurou a autenticação das mensagens e a preservação da privacidade.	Atraso elevado dos pacotes e taxa de perda de pacotes.
Zhao & Zhu (2012)	Protocolo de Difusão Oportunista (DO)	Produtividade, programação	Minimizar a diferença entre o rendimento e a definição de prioridades das consultas em tempo real.	Atraso elevado dos pacotes e taxa de perda de pacotes.

2.5 LACUNA NA INVESTIGAÇÃO

As VANET tornaram-se componentes integrantes do sistema de transporte inteligente (ITS), fornecendo aplicações de segurança e não-segurança aos utilizadores, como condutores ou passageiros. A elevada taxa de mobilidade dos nós nas VANET é responsável por frequentes falhas de ligação que causam problemas significativos aos serviços de rede. A topologia é altamente dinâmica, com os nós ou veículos a deslocarem-se a uma velocidade considerável, causando uma mudança contínua na formação da topologia. Consequentemente, existe uma forte possibilidade de uma maior taxa de perda de pacotes. Os pacotes não conseguem chegar aos seus respectivos destinos devido a frequentes interrupções no percurso.

Os nós móveis transmitem mensagens vitais relativas à segurança para os nós imediatos mais próximos e para a unidade de base mais próxima na berma da estrada. No caso de os nós móveis ou os veículos ficarem fora do alcance da rede e não conseguirem receber o pacote, este perde-se. Esta perda de pacotes acaba por resultar numa grande redução do débito da rede. Consequentemente, reduz o desempenho da rede e os serviços que esta presta. Além disso, também é impossível recuperar os dados perdidos e extraí-los dos nós intermediários durante as fases de falhas de ligação.

O problema das redes ad-hoc veiculares é a conetividade intermitente e a consequente falha frequente das ligações devido à elevada mobilidade dos nós e à topologia dinâmica. Devido à rápida velocidade a que os carros ou nós se deslocam, o ambiente topológico é altamente dinâmico, resultando numa mudança contínua na construção da topologia. Consequentemente, a taxa de perda de pacotes parece relativamente elevada, uma vez que os pacotes não conseguem chegar aos seus destinos pretendidos devido a numerosos caminhos e quebras de ligações. A situação torna-se ainda mais complexa, uma vez que a recuperação dos pacotes perdidos dos nós intermediários participantes é impossível durante as fases de falha de ligação. A perda de pacotes afecta gravemente o rendimento da rede, diminuindo significativamente o desempenho global da rede.

É essencial estabelecer um protocolo de encaminhamento seguro e robusto capaz de negociar a natureza altamente dinâmica da topologia da rede das VANET. Por outro lado, garantir a entrega segura e adequada de pacotes sem perda de pacotes ou atrasos indevidos, integrando os nós altamente móveis que entram e saem continuamente do alcance da conetividade com a BS, é a prioridade seguinte. O objetivo principal do trabalho é desenvolver um mecanismo robusto e melhorado de encaminhamento baseado em difusão, capaz de entregar os pacotes em segurança ao destino sem incorrer em qualquer perda de pacotes, particularmente durante falhas de ligações entre os veículos ou nós móveis em VANETs. O trabalho apresentado tem por objetivo analisar e desenvolver um mecanismo de encaminhamento robusto baseado na difusão. Este protocolo pode entregar os pacotes dos nós de origem ao nó de destino sem incorrer em qualquer perda de pacotes e mesmo em falhas de ligações a nós próximos. Através de rotas estáveis, este protocolo transmite as mensagens de forma segura e eficiente. A avaliação do seu desempenho é também analisada através da comparação do modelo publicado com os modelos existentes.

2.6 RESUMO DO CAPÍTULO

Muitos dos trabalhos existentes em VANET baseiam-se na difusão e na seleção de nós de encaminhamento. No entanto, os trabalhos existentes apresentam algumas deficiências. Estas são a diminuição da taxa de entrega, o aumento da taxa de reencaminhamento, a diminuição da taxa de retransmissão e o aumento do atraso e da perda de pacotes. O algoritmo de difusão minimiza a redundância da retransmissão, o que permite ultrapassar os problemas acima referidos. O tempo de vida da RSSF pode ser maximizado reduzindo as retransmissões redundantes e equilibrando o consumo de energia utilizando o auto-atraso do nó. No entanto, o sistema de retransmissão continuará a ter redundância e maior consumo de energia.

Nos trabalhos existentes, pode ocorrer uma colisão em qualquer altura, uma vez que não são utilizados pacotes de dados programados entre a origem e o destino. Neste caso, o CH muda periodicamente na rede quando a energia residual dos nós sensores desce abaixo do limiar. Nessa altura, todas as rotas são alteradas na rede. Por conseguinte, é enviada uma mensagem a toda a rede através da formação do novo CH e o tempo de vida da rede é limitado. A energia gasta para a comunicação nas RSSF pode ser minimizada diminuindo a distância entre o nó sensor (SE) e o nó sumidouro (SN) e implantando vários sumidouros em locais adequados.

Este capítulo forneceu uma ideia para o protocolo de difusão: escolher o nó correto para participar no processo de difusão. Um nó de retransmissão indica o local para onde a mensagem de emergência é transmitida ou retransmitida. A seleção dos nós baseia-se na capacidade aleatória ou de contenção do nó entre os outros vizinhos para aceder aos meios de comunicação. O próximo capítulo apresenta as metodologias de investigação efectuadas em três fases.

CAPÍTULO 3

METODOLOGIA DE INVESTIGAÇÃO

3.1 INTRODUÇÃO

A metodologia de investigação é um processo estruturado de condução da investigação. Este capítulo oferece o enquadramento para a forma como a investigação é efectuada e o seu resultado. Este capítulo analisa a abordagem e o desempenho das fases de investigação efectuadas neste estudo. Define igualmente a conceção, a técnica e os métodos utilizados para resolver o problema no domínio da investigação.

Os nós da VANET enviam mensagens de aviso de forma intermitente aos nós vizinhos, não só para prever a velocidade do veículo, mas também para reduzir os acidentes na estrada. Esta mensagem de aviso dos nós vizinhos resulta numa tempestade de difusão, e a retransmissão aumenta a sobrecarga da rede. O trabalho proposto apresenta uma abordagem para ultrapassar a tempestade de difusão em três fases: Fase I (CBE-B), Fase II (SRC) e Fase III (ICHS). Além disso, a métrica de simulação utilizada na investigação é explicada neste capítulo.

Esta secção explica a metodologia e o desempenho das fases propostas. A secção 3.2 apresenta a metodologia proposta. A secção 3.3 apresenta os protocolos propostos. A secção 3.4 apresenta as métricas de simulação. Finalmente, este capítulo conclui-se em 3.5.

3.2 METODOLOGIA PROPOSTA

O protocolo de encaminhamento em VANET deve ser utilizado para controlar o processo de encaminhamento de pacotes através dos nós da rede, determinando a forma de selecionar o nó nexthop para encaminhar os pacotes para o seu destino final. Por conseguinte, a criação de um protocolo de encaminhamento robusto é considerada a solução mais importante para as VANET. Isto implica a utilização de novos parâmetros para tomar as decisões relativas à seleção do CH, a fim de aumentar a eficiência do processo de encaminhamento e melhorar o desempenho.

As três fases propostas centram-se no seguinte: em primeiro lugar, um mecanismo eficiente e fiável de seleção do chefe de agrupamento para transmitir informações de colisão na VANET. Um novo chefe de agrupamento é eleito para transmitir a mensagem ao próximo grupo e regula a transmissão através de uma mensagem de resposta. Em segundo lugar, é desenvolvida uma via de comunicação para encaminhar os pacotes para um determinado veículo, nomeadamente o Conjunto de Veículos Ligados (CSV) e o Conjunto de Veículos Eliminados (ECV). Este conjunto de veículos oferece difusão com agrupamento eficaz. Em terceiro lugar, é eleito um chefe de agrupamento alternativo em caso de emergência no veículo agrupado para controlar e minimizar a tempestade de difusão. O quadro geral do trabalho de investigação é apresentado na Figura 3.1.

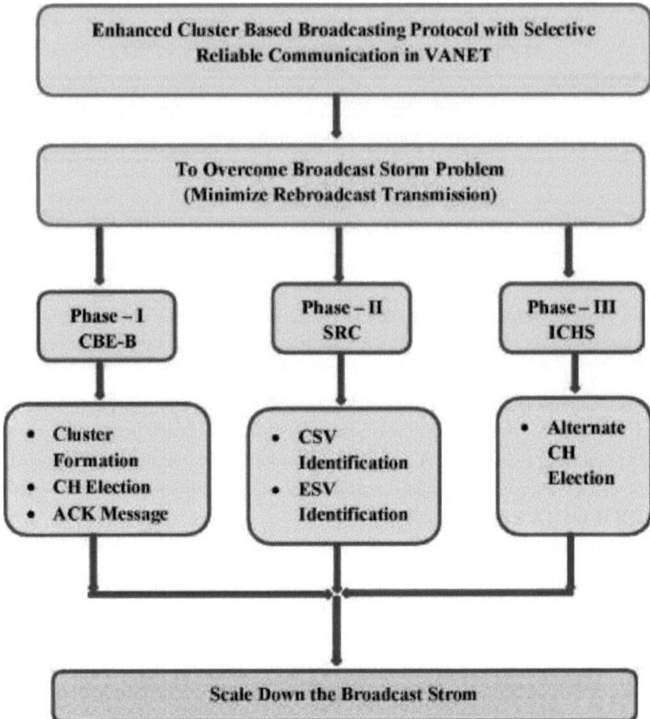

Figura 3.1: Fluxo de trabalho do trabalho proposto

3.3 FASES PROPOSTAS: CBE-B, SRC e ICHS

O trabalho de investigação proposto divide-se em fases: Fase I, II e III.

Os desempenhos destas fases são pormenorizados aqui.

Na Fase 1, é feita uma análise dos problemas das VANET e é proposto um protocolo de difusão eficiente com base em clusters (CBE-B) para minimizar as tempestades de difusão, que é uma das limitações. O protocolo criaria clusters com apenas alguns veículos para evitar atrasos de propagação. Em cada agrupamento, é eleito um CH com base em parâmetros como as possibilidades de retransmissão, a velocidade do veículo e a ordem das mensagens. Este CH é responsável pela retransmissão das mensagens. Identifica o nó a retransmitir através de mensagens de reconhecimento dos nós. O seu desempenho é superior ao dos protocolos existentes na redução da tempestade de difusão. No entanto, o agrupamento dos veículos com base na fiabilidade melhorará o desempenho global da rede e reduzirá a tempestade de difusão, tal como descrito na Fase II.

Na Fase II, é proposto um protocolo de comunicação fiável selectiva (SRC) para reduzir as tempestades de difusão em VANET. A fiabilidade do veículo é verificada através da categorização como CSV e ESV. Quando o veículo atinge uma distância inferior ao limiar, esses veículos são reconsiderados para se juntarem como CSV. Caso contrário, o veículo permanecerá em ESV. Com a classificação dos veículos, a mensagem de difusão é transmitida para o CSV e a difusão é interrompida para o ESV. Esta classificação dos veículos conduz a uma melhor formação de clusters e a uma comunicação fiável na VANET e diminui a tempestade de difusão. Apesar de o desempenho ser melhorado, por vezes o CH pode morrer,

o que prejudica a consistência da rede. Para ultrapassar o problema acima referido no agrupamento, é proposto na Fase III um mecanismo de seleção de CH melhorado.
Na Fase III, é criado um mecanismo de seleção de cabeças de cluster eficiente e fiável para melhorar a comunicação das mensagens. Propõe-se o mecanismo de seleção de cabeças de agrupamento melhorado (ICHS) para evitar tempestades de difusão. O agrupamento é feito com a seleção óptima dos membros do agrupamento com base no mecanismo de encaminhamento inter-agrupamentos. Embora o agrupamento tenha um bom desempenho, ocasionalmente, o CH pode morrer e a comunicação entre os nós membros é interrompida. Por conseguinte, é necessária uma seleção imediata do CH para ultrapassar a situação acima referida. Assim, é implementada uma seleção de CH alternativo para antecipar a comunicação do cluster e minimizar a tempestade de difusão. Este CH alternativo melhora a eficiência do protocolo e supera todos os parâmetros propostos.

3.4 MÉTRICAS DE SIMULAÇÃO

As métricas de simulação são essenciais para resolver o problema de forma eficaz. Também é utilizada para medir e observar as funções das fases. As métricas de simulação do trabalho proposto são apresentadas nesta secção, seguindo os parâmetros tabelados com valores.

Canal - Canal sem fios

Os parâmetros e os valores de simulação acima apresentados detalham o conjunto de parâmetros utilizados no trabalho proposto. O parâmetro canal é um meio para enviar e receber dados no presente trabalho. O canal acima referido utiliza um canal sem fios à medida que o trabalho avança para VANET, onde não é possível construir uma rede com fios.

Radio Propagation Model - Propagação / Terra de dois raios

Um modelo de propagação de rádio descreve o comportamento do sinal enquanto é transmitido do transmissor para o recetor. Relaciona a distância entre o transmissor e o recetor e a perda de percurso. A partir desta relação, é possível compreender a perda de trajetória permitida e o alcance máximo da célula.

Interface de rede - Física / WirlessPhy

O trabalho proposto segue uma interface física que consiste num controlador de software e num conetor ao qual se ligam suportes de rede, como um cabo Ethernet. Além disso, segue uma interface sem fios que se liga a uma rede sem fios, como Bluetooth ou WIFI, utilizando uma antena para comunicar através de ondas de rádio. A interface física é utilizada principalmente numa unidade de estrada (Road Side Unit - RSU) e a interface sem fios é utilizada na transmissão de dados do veículo e na transmissão de dados do veículo para a RSU.

MAC - MAC / 802_11

O protocolo MAC IEEE 802.11 é o padrão para LANs sem fio, amplamente utilizado em testbeds e simulações para redes ad hoc multi-hop sem fio. Aqui, o trabalho segue o mesmo MAC 802.11 para a investigação.

Interface Queue - Fila de espera / Drop Tail / PriQueue

1. Interface Queue - Fila de espera

A camada de controlo do tráfego utiliza esta interface e o dispositivo agregado para aceder às filas de transmissão do dispositivo.

2. Fila de espera de interface - Drop Tail

O tail drop é um algoritmo simples de gestão de filas de espera utilizado pelos programadores de rede no equipamento de rede para decidir quando eliminar pacotes. Com o tail drop, quando a fila está cheia até à sua capacidade máxima, os pacotes recém-chegados são eliminados até que a fila tenha espaço suficiente para aceitar o tráfego de entrada.

3. Fila de espera de interface - PriQueue

Uma fila de prioridades (PriQueue) dá prioridade aos pacotes do protocolo de encaminhamento, inserindo-os no topo da fila. Suporta a filtragem de todos os pacotes na fila e a remoção daqueles com um endereço de destino especificado.

Antena - Antena / Antena Omni

O trabalho proposto utiliza uma antena Omni, que é omnidirecional e irradia o sinal à sua volta. Como a rede é VANET, o trabalho utilizou a antena Omni para a comunicação veículo-a-veículo e veículo e RSU.

Camada de ligação - LL

A LL trata dos problemas que ocorrem devido a erros de transmissão de bits. Garante que os dados fluem a um ritmo que não sobrecarrega os dispositivos emissores e receptores. Por conseguinte, o trabalho segue LL como valor predefinido até ao fim da simulação.

Direção - Bidirecional

A direção indica a direção dos veículos na simulação. Normalmente, o bidirecional é problemático quando a direção do veículo é considerada na transmissão de dados. Os dados serão transmitidos aos veículos na mesma direção com base na direção do veículo de origem. Por conseguinte, o trabalho tem um fluxo de veículos bidirecional na simulação.

Número de nós - 100

O número de nós é um parâmetro que indica a medida de utilização dos nós na simulação. Aqui o trabalho mostra 100 que a simulação utiliza um máximo de 100 veículos.

Tempo de simulação - 600 segundos

Uma simulação imita o funcionamento de um processo ou sistema do mundo real ao longo do tempo. As simulações requerem a utilização de modelos. O modelo representa as principais caraterísticas ou comportamentos do sistema ou processo selecionado, enquanto a simulação representa a evolução do modelo ao longo do tempo. O trabalho segue 600 segundos como tempo de simulação por defeito.

Área - 1000*1000 metros

A área é uma medida escolhida para a simulação do trabalho proposto. Neste caso, o trabalho proposto utiliza 1000*1000 metros como área.

Tipo de tráfego - Taxa de bits constante (CBR)

CBR é um fluxo de dados em que os dados chegam a um número fixo de bits por segundo. O termo pode também implicar que existe um limite superior garantido para o atraso sofrido pelos dados à medida que são executados.

Taxa de pacotes - 10 pacotes/segundo

A taxa de dados predefinida para ligações ponto-a-ponto é representada como taxa de pacotes, e dez pacotes/seg é a taxa de dados predefinida do trabalho proposto.

Alcance da comunicação com o veículo - 200 m

O alcance da comunicação do veículo é o alcance da transmissão de dados entre dois nós a uma distância máxima. O valor 200m mostra que, no trabalho proposto, os veículos podem comunicar até uma distância de 200 metros como distância máxima.

Software de Simulação - Software de Simulação NS-3

O software de simulação utilizado neste trabalho é o Network Simulator-3 (NS3). O NS3 é um simulador de rede de eventos discretos em que o núcleo e os modelos de simulação são implementados em C++. O NS3 é construído como uma biblioteca que pode ser ligada de forma estática ou dinâmica a um programa principal em C++ que define a topologia da simulação e inicia o simulador. O NS3 também exporta quase toda a sua API para Python, permitindo que os programas Python importem um módulo 'NS-3' da mesma forma que uma ligação executável à biblioteca ns-3 em C++.

O NS-3 é um simulador de rede de eventos discretos. Conceptualmente, o simulador mantém um registo de vários eventos programados para serem executados num tempo de simulação especificado. O trabalho do simulador é executar os eventos em ordem temporal seqüencial. Quando um evento é concluído, o simulador passa para o evento seguinte (ou sai se não houver mais eventos na fila de eventos). Se, por exemplo, um evento programado para o tempo de simulação "100 segundos" for executado e o próximo evento não estiver programado até '200 segundos', o simulador saltará imediatamente de 100 segundos para 200 segundos (de tempo de simulação) para executar o próximo evento. Isto é o que se entende por um simulador de "evento discreto".

Protocolo utilizado - AODV (CBE-B, SRC), AOMDV (ICHS)

O AODV é um tipo de protocolo reativo em que a rota de uma fonte para um destino é criada apenas quando necessário e mantém essas rotas enquanto forem desejadas pelas fontes. O AODV utiliza números de sequência para garantir a atualidade das rotas e utiliza mensagens Hello para detetar e monitorizar as ligações com os vizinhos. Cada nó da rede mantém uma tabela de encaminhamento que armazena informações de encaminhamento. Cada nó ativo transmite periodicamente uma mensagem Hello a todos os seus vizinhos. Uma vez que as mensagens Hello são enviadas periodicamente, quando um nó não recebe várias mensagens Hello de um vizinho, detecta uma falha na ligação.

O protocolo de encaminhamento AOMDV é um protocolo de encaminhamento a pedido para VANETs para descobrir uma rota quando uma fonte precisa de comunicar com um destino. No entanto, o AOMDV é um protocolo de encaminhamento multipercurso. É uma extensão do AODV e fornece dois serviços principais, ou seja, descoberta e manutenção de rotas.

O trabalho proposto utiliza o AODV para o CBE-B e o SRC e segue o AOMDV para melhorar a estratégia de encaminhamento multipercurso; assim, o AOMDV é utilizado no ICHS.

Aplicação - VANET

A VANET refere-se a uma rede criada de forma ad-hoc em que diferentes veículos em movimento e outros dispositivos de ligação entram em contacto através de um meio sem fios e ajudam a trocar informações. Uma pequena rede é criada no momento exato, com os veículos e outros dispositivos a comportarem-se como nós. Qualquer informação que os nós possuam é transferida para outros nós. Da mesma forma, depois de transferirem os seus dados, todos os nós recebem os dados que estão a ser transmitidos por outros nós. Depois de acumularem dados, os nós trabalham para gerar informações úteis a partir dos dados e, em seguida, transmitem novamente as informações a outros dispositivos. A comunicação entre os dispositivos expande-se de modo a que os nós sejam livres de entrar e sair da rede, ou seja, trata-se de uma rede aberta. Os novos veículos que estão a ser lançados no mercado estão agora equipados com sensores a bordo que facilitam a rápida adesão e fusão do veículo na rede e tiram partido das vantagens da VANET.

Prevê-se que as VANET implementem tecnologias sem fios, como as comunicações dedicadas de curto alcance (DSRC), um tipo de Wi-Fi. Outras tecnologias sem fios são as comunicações celulares, por satélite e WiMAX. As VANET podem ser vistas como uma componente dos sistemas de transporte inteligentes (ITS). As VANET são responsáveis pela comunicação entre veículos em movimento num ambiente específico. Um veículo pode comunicar diretamente com outro veículo, o que se designa por comunicação veículo-veículo (V2V), ou pode comunicar com uma infraestrutura, como uma RSU, o que se designa por comunicação veículo-infraestrutura (V2I).

As métricas de simulação são tabuladas e apresentadas na Tabela 3.1 com valores e parâmetros. Estas métricas de simulação produzem um modelo de precisão previsível e fiável e orientam o trabalho de investigação proposto para o desenvolvimento de um mecanismo CH melhorado para difundir informações de colisão em VANETs e controlar a tempestade de difusão. A Tabela 3.1 explica vários parâmetros e valores de simulação no CBE-B, SRC e ICHS propostos.

Tabela 3.1: Parâmetros e valores da simulação

S. Não.	Parâmetros	Valores
1.	Canal	Canal / Canal sem fios
2.	Modelo de Propagação de Rádio	Propagação / Terra de dois raios
3.	Interface de rede	Físico / WirlessPhy
4.	MAC	MAC / 802_11
5.	Fila de espera de interface	Fila de espera / Drop Tail / PriQueue
6.	Antena	Antena / Antena omnidirecional
7.	Camada de ligação	LL
8.	Direção	Bidirecional
9.	Número de nós	100
10.	Tempo de simulação	600 segundos
11.	Área	1000*1000 metros
12.	Tipo de tráfego	Taxa de bits constante (CBR)
13.	Taxa de pacotes	10 pacotes/segundo
14.	Alcance da comunicação do veículo	200 m
15.	Software de simulação	Software de simulação NS3
16.	Protocolo utilizado	AODV (CBE-B, SRC), AOMDV (ICHS)
17.	Aplicação	VANET

3.5 RESUMO DO CAPÍTULO

O protocolo de encaminhamento proposto foi desenvolvido para atingir o objetivo de controlar a tempestade de difusão em VANETs. O trabalho proposto também se concentrou em encontrar um CH robusto para reduzir o pacote e aumentar a conetividade e a estabilidade da rede. Os capítulos seguintes abordam os protocolos propostos em três fases e a ajuda de métricas de simulação para aumentar em termos de taxa de transferência, taxa de entrega de pacotes (PDR), redução da taxa de queda de pacotes (PDRR) e atraso de tempo do que os protocolos existentes.

CAPÍTULO 4

FASE I: PROTOCOLO DE DIFUSÃO EFICIENTE BASEADO EM CLUSTERS NA VANET (CBE-B)

4.1 INTRODUÇÃO

Este capítulo aborda uma técnica para construir um cluster robusto e um CH para reduzir a tempestade de difusão, fazendo transitar os pacotes para o veículo num cluster. A difusão é efectuada agrupando os veículos e formando um cluster. Cada cluster elege um CH com um veículo limitado para uma velocidade eficiente e um bom desempenho de transferência de pacotes de um veículo para outro.

Prevê-se que as comunicações interveiculares contribuam significativamente para a segurança dos transportes e a mobilidade na estrada. Foram identificadas várias aplicações das comunicações entre veículos, desde aplicações de segurança e de alerta até ao controlo do tráfego e à assistência ao condutor. Uma certa distância separa geograficamente os veículos, pelo que muitas destas aplicações necessitam de um protocolo multicast para comunicar com as unidades de bordo dos veículos.

Muitas aplicações recorrem à transmissão por difusão para comunicar com o veículo, a fim de descobrir veículos e divulgar informações aos veículos vizinhos, em vez de comunicar apenas com um conjunto de veículos. A difusão é um elemento fundamental para a descoberta de rotas nos protocolos de encaminhamento ad hoc a pedido. Um dos principais objectivos da conceção de redes ad hoc consiste em reduzir as despesas gerais (colisão e retransmissão, retransmissão redundante) ao atingir os nós da rede. Na radiodifusão sem fios, o problema da tempestade de radiodifusão ocorre quando todos os nós retransmitem ou retransmitem imediatamente o pacote recebido. Para evitar esse problema, pode ser introduzido um atraso aleatório antes de o nó retransmitir o pacote recebido. Uma métrica comummente utilizada é o número de retransmissões de mensagens relativamente ao número de nós. A métrica seguinte é a acessibilidade, o rácio de nós ligados à fonte que receberam a mensagem de difusão. Por vezes, é necessário um atraso ou latência para que o último nó receba a mensagem de difusão iniciada na fonte. A difusão de informações inclui mensagens como as de assistência ao condutor, mensagens de emergência e informações de segurança. Durante a difusão, algumas questões que têm de ser abordadas afectarão o desempenho geral da rede **(Zhang et al., 2012).** Uma questão fundamental é que um maior número de transmissões leva a uma contenção frequente do meio aéreo e mais colisões na transmissão entre os vizinhos levam a problemas de tempestade de transmissões. Quando um veículo recebe uma mensagem de uma difusão, pretende retransmitir a mesma mensagem a todos os veículos na sua área de cobertura. Quando o veículo recebido começa a retransmitir a mesma mensagem, há uma grande probabilidade de que a mesma mensagem seja recebida pelo veículo várias vezes. Esta retransmissão dá origem a mais mensagens redundantes que são distribuídas pelas redes. Foram debatidas várias soluções para atenuar o problema da tempestade de difusão no ambiente VANET. No entanto, poucas soluções foram apresentadas para resolver o problema num ambiente VANET dinâmico (**Suriyapaiboonwattana et al., 2009**).

Neste método, uma forma eficaz de lidar com os problemas de tempestade de difusão é através de um agrupamento eficaz com um protocolo de agrupamento ponderado para efetuar uma difusão eficaz utilizando o protocolo de difusão fiável selectiva no ambiente VANET. A ideia principal é reduzir o problema da tempestade de difusão através do protocolo Selective Reliable Broadcast (SRB). A ideia do protocolo SRB é evitar problemas de tempestade de difusão e realizar o processo de agrupamento o mais rapidamente possível. O SRB seleciona apenas um chefe de agrupamento para efetuar a difusão em vez de todos os veículos participantes. Este protocolo SRB ajuda a encontrar o nó correto associado ao protocolo de agrupamento ponderado para nomear como CH. Este CH informará os membros do agrupamento sobre as informações recebidas da RSU. Também reduz o número de retransmissões, selecionando um número limitado de veículos como reencaminhadores, pelo que a participação no processo de retransmissão será menor.

Este protocolo efectua a formação de clusters de uma forma rápida e eficiente. Quando detecta um agrupamento, identifica uma cabeça de agrupamento que pode ligar-se aos veículos membros do agrupamento como cabeça de agrupamento. Em seguida, o agrupamento actua como um reencaminhador de mensagens num cenário em que a densidade de veículos é elevada, incluindo veículos rápidos e lentos. Este cenário representa o ambiente real da rede VANET, onde se podem observar veículos rápidos e lentos com mais congestionamento.

Cada veículo assume uma zona com base em duas caraterísticas: 1. elevada densidade de veículos e

2. Baixa velocidade do veículo. Cada nó identifica uma zona correta com baixo custo e atraso.

Cada veículo equipado com dois pressupostos significativos são

1. Cada área veicular está dividida em vários sectores. e
2. Cada veículo está equipado com um dispositivo GPS, e cada veículo pode detetar a posição GPS para identificar rapidamente a zona em que um veículo pretende agrupar-se. A sectorização de veículos ajuda a reduzir a mesma mensagem recebida pelo veículo exato várias vezes através da propagação de mensagens sem ciclos ao longo da direção de viagem do veículo que inicia a transmissão.

É introduzido aqui um mecanismo de contenção conhecido para reduzir as colisões quando os veículos tentam aceder ao meio. Este procedimento de contenção ajuda a detetar a zona e também os agregados próximos. Este capítulo é abordado da seguinte forma: A Secção 4.2 apresenta os objectivos da Fase I. A Secção 4.3 apresenta as limitações do Broad Casting em VANETs. A Secção 4.4 apresenta o conceito de encaminhamento Ad Hoc On-Demand Distance Vetor (AODV) e a sua estrutura. A Secção 4.5 apresenta o Clustering em VANET com várias possibilidades. A secção 4.6 apresenta o trabalho proposto com o seu protocolo CBE-B. As observações da Análise de Desempenho são realizadas na secção 4.7. Este capítulo é resumido em 4.8. Finalmente, o capítulo termina com 4.9 Resultado da Simulação.

4.2 OBJECTIVOS DA FASE I

Esta fase visa reduzir as tempestades de difusão através do controlo dos nós com base no agrupamento de veículos (formação de clusters) e na seleção de CH. É descrita em pormenor da seguinte forma

1. Agrupar o veículo de uma forma informada para formar um agrupamento

Um chefe de agrupamento eficiente deve ser eleito por:

- Não só para regular a transmissão de dados entre os nós, mas também para reduzir a retransmissão de mensagens.
- O CH deve ser selecionado com base na fiabilidade das possibilidades de retransmissão

4.3 LIMITAÇÃO DA RADIODIFUSÃO EM VANETS

As insuficiências são deduzidas de estudos comparativos pormenorizados.

1. Todos os métodos, com exceção dos métodos baseados na vizinhança, exigem mais retransmissões relativamente ao número de nós retransmissores.
2. A informação local não é utilizada para decidir se deve ou não ser retransmitida. As abordagens de radiodifusão ad hoc têm dificuldades em VANETs com mobilidade muito elevada (**Liu et al., 2018**).
3. Com base na comparação, nenhum dos protocolos de difusão existentes é satisfatório para

ambientes VANET de grande alcance **(Srivastava et al., 2020)**.

Um problema que constitui um desafio é a difusão eficiente em VANET, devido às caraterísticas únicas deste tipo de ambiente, nomeadamente a rápida alteração da topologia da rede, a mobilidade dos nós e a divisão da rede. Até agora, a investigação sobre difusão em VANET tem-se centrado na redução do problema da tempestade de difusão em redes ad hoc que dependem da localização dos nós e da informação sobre a topologia. Uma tempestade de difusão pode ocorrer com uma elevada densidade de nós e muitos nós que efectuam retransmissões. O impacto direto do problema da tempestade de difusão no atraso do desempenho é um longo atraso de extremo a extremo, um elevado consumo de energia e o desperdício de largura de banda.

Pelo contrário, numa rede ad hoc, o impacto significativo da tempestade de difusão é uma PDR e HPDR baixas, o que pode prejudicar o desempenho da rede. Assim, para aumentar a taxa de entrega e diminuir a perda de pacotes, é essencial conceber esquemas de difusão eficientes que possam suprimir significativamente a redundância de difusão, mantendo simultaneamente uma elevada capacidade de alcance. Um problema significativo relacionado com o protocolo de difusão baseado em ad hoc é a redução do número de retransmissões redundantes, preservando simultaneamente uma baixa latência de retransmissão e uma elevada capacidade de alcance dos pacotes. É de notar que um maior número de retransmissões pode garantir uma elevada acessibilidade. No entanto, as colisões de pacotes são causadas pela contenção da largura de banda da rede, que é muito consumida. Por outro lado, a possibilidade de contenção é reduzida por um número reduzido de retransmissões de mensagens **(Cooper et al., 2016).**

4.4 PROTOCOLO DE ENCAMINHAMENTO AD HOC ON-DEMAND DISTANCE VECTOR (AODV)

Perkins et al. (2003) combinam a descoberta de rotas e o mecanismo de manutenção do Dynamic Source Routing (DSR) com a técnica do número de sequência e as balizas do protocolo de encaminhamento Destination-Sequenced Distance-Vetor (DSDV). Assim, neste projeto de investigação baseado no protocolo AODV, sempre que um nó de origem pretende comunicar com um nó de destino, envia um PEDIDO DE ROTA se não existir uma rota. O pedido é inundado na rede até se chegar ao destino ou a um nó com a rota mais recente. Os nós intermédios criam uma rota inversa para si próprios a partir do destino. O nó de destino ou o nó intermédio envia uma ROUTE REPLY com o número de saltos para o destino. O número de sequência mais elevado identifica a última rota.

O AODV pode lidar com taxas de portabilidade baixas, moderadas e geralmente altas, assim como com uma variedade de níveis de tráfego de informações. O AODV foi concebido para ser utilizado em sistemas em que todos os hubs podem confiar uns nos outros, quer utilizando chaves pré-configuradas, quer porque se sabe que não existem hubs intrusos nocivos. O AODV foi concebido para diminuir a dispersão do tráfego de controlo e eliminar a sobrecarga do tráfego de informação para melhorar a versatilidade e a execução. O AODV é um protocolo de encaminhamento e gere a administração da tabela de percursos. Os dados da tabela de rotas devem ser mantidos em qualquer caso, para rotas curtas, por exemplo, feitas para armazenar caminhos de ida e volta para hubs que iniciam RREQs brevemente. O AODV utiliza os campos de acompanhamento com cada passagem da tabela de rotas mostrada acima.

Lidar com o número de sucessão é fundamental para não dirigir círculos; em qualquer caso, as ligações quebram e um hub nunca mais é contactável para fornecer os dados que possui sobre o seu número de agrupamento. Um objetivo torna-se inacessível quando uma ligação se quebra ou é desactivada. Quando estas situações ocorrem, as tarefas que incluem o número de arranjo e denotam o estado de passagem da tabela de encaminhamento como inválido anulam a rota **(Spaho et al., 2011)**. O AODV é composto pelos seguintes procedimentos:

i. **Descoberta de rotas:** Se a rota não estiver disponível na tabela de encaminhamento para o destino, um pacote de pedido de rota (RREQ) é difundido por toda a MANET com uma técnica de anel de pesquisa. Após a receção do RREQ, o nó cria uma entrada de encaminhamento inverso para o originador do RREQ, que responde posteriormente. O nó de destino ou o nó intermédio, que tem uma rota válida para o destino, responde com um pacote unicast de resposta à rota (RREP). Na receção do RREP, é também criada uma entrada de encaminhamento inverso para o originador do RREP, à semelhança do processamento do RREQ. A cada entrada de encaminhamento, criada em simultâneo, está associada uma lista de precursores. A lista de precursores contém os nós a montante que utilizam o nó para os mesmos destinos.

ii. **Manutenção da rota:** Cada nó ao longo de uma rota ativa transmite periodicamente mensagens HELLO aos seus vizinhos. Se o nó não receber uma mensagem HELLO ou um pacote de dados de um vizinho durante algum tempo, a ligação entre ele e o vizinho é considerada quebrada. Pode ser lançado um mecanismo de reparação local para reconstruir a rota em direção ao destino se se considerar que o próximo salto não está longe do nó de destino. Caso contrário, é enviado um pacote de erro de rota (REER) aos vizinhos da lista de precursores associada à entrada de encaminhamento para os informar da falha da ligação devido a uma entrada de rota inválida.

Para garantir a ausência de ciclos nos protocolos de encaminhamento por vetor de distância, cada nó possui um número de sequência. O número de sequência é enviado com o RREQ (para a origem) e o RREP (para o destino) e armazenado na tabela de encaminhamento. Quanto maior for o número de sequência, mais recente é a informação sobre a rota. O DSR e o AODV são os dois únicos protocolos de encaminhamento reactivos concorrentes. Embora ambos sejam constituídos por módulos de descoberta e manutenção de rotas, diferem na deteção de vizinhos, no armazenamento de rotas, na manutenção da liberdade de laços e noutros aspectos. A secção seguinte descreve o protocolo AODV baseado em clusters e a implementação da descoberta de nós **(Su, 2010)**.

4.5 AGRUPAMENTO EM VANET

A técnica agrupa os nós da rede em vários clusters sobrepostos. Neste caso, existe um registo do caminho entre os clusters e os nós **(Dinakar & Shanthini, 2014)**. Um grupo de nós é considerado um cluster se puder comunicar sem desconexão entre si. Suponhamos que cada nó membro se identifica como parte do cluster - um nó específico designado como CH é selecionado para coordenar a comunicação entre os membros do cluster. A seleção do CH implica que cada nó transmita a sua informação a outros nós vizinhos. A informação sobre a velocidade atual de um nó, o número de nós vizinhos, a direção da viagem e a faixa em que cada nó se desloca são alguns dos detalhes baseados no processo de seleção do CH. Os algoritmos de formação de clusters inicialmente desenvolvidos para as MANET não são adequados para as VANET devido ao facto de os nós se deslocarem rapidamente **(Chai et al., 2013)**.

A contagem de transmissão esperada prevê o número de transmissões de um pacote através de uma ligação. Esta contagem de transmissão optimiza a sobrecarga e reduz o atraso de extremo a extremo. O recíproco médio da contagem de transmissão esperada é a versão melhorada da contagem de transmissão esperada, que considera caraterísticas como a velocidade e a mudança de topologia. A nova versão centra-se na capacidade de transmissão, enquanto a contagem de transmissão esperada se concentra numa ligação ou num caminho.

4.5.1 Seleção de cabeças de cluster

No final do processo de agrupamento, tem lugar o processo de seleção do chefe de agrupamento devido à natureza dinâmica da VANET. A utilização de um nó como chefe de agrupamento constante prejudica a topologia dinâmica dos veículos e o seu movimento a alta velocidade. As métricas de eleição do chefe de agrupamento são a velocidade do veículo e a distância ao centro do agrupamento. Os cluster heads terão uma distância mínima ao centro do cluster. Uma vez que os nós com as métricas mais elevadas foram escolhidos como chefes de grupo, devem enviar uma mensagem aos membros vizinhos para se apresentarem como chefes de grupo. Os membros aderem com uma mensagem de resposta. Desta forma, o processo de seleção dos cluster heads está concluído **(Kang & Nguyen, 2012)**.

Foram apresentados vários protocolos para VANET, tendo em conta as caraterísticas específicas das VANET. Um cluster VANET está sujeito a alterações devido ao facto de os nós dos veículos se deslocarem rapidamente. Há vários cenários com que um nó tem de lidar quando interage com um cluster. Alguns cenários incluem a entrada de um novo veículo num agrupamento, a saída de um chefe de agrupamento de um agrupamento, a saída de um membro do agrupamento, a aproximação de dois agrupamentos e o início do processo de fusão.

4.5.2 Um novo veículo a juntar-se ao cluster

O processo de aceitação de um novo veículo no cluster quando este deseja juntar-se ao cluster é ilustrado na Figura 4.1. O novo veículo tentará chamar a atenção do CH transmitindo nos mini-slots virtuais do veículo 0. Se atrair a atenção do CH, este emite uma mensagem "new vehicle" e atribui provisoriamente ao recém-chegado o número de identificação 0. O novo veículo envia então uma mensagem "hello" na ranhura da cabeça do cluster do quadro atual, anunciando o seu pedido a todos os veículos do cluster. O pacote "Hello" contém um número de prioridade (PN) baseado no tempo de viagem do veículo. Esses dados de PN são úteis para um chefe de cluster quando dois novos veículos estão em disputa por um único slot de cluster. O veículo com um tempo de deslocação inferior ou um PN superior pode fazer parte do cluster **(Zhang et al., 2018)**.

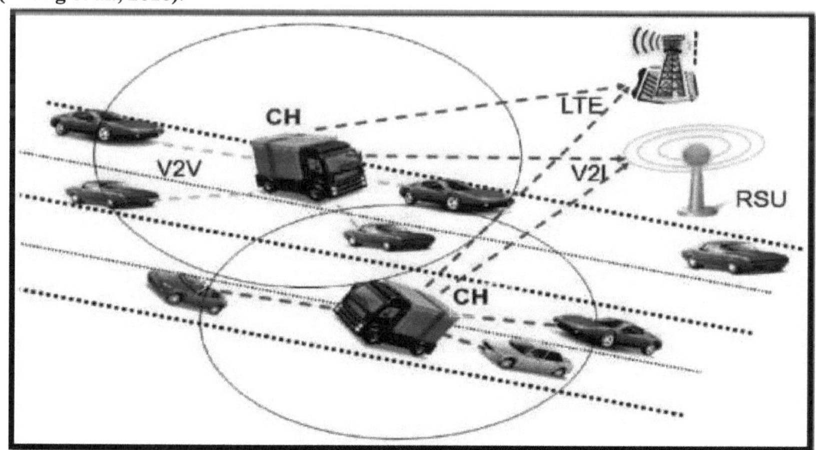

(Fonte: https://www.researchgate.net)

Figura 4.1: Entrada de um novo nó (veículo) num cluster de um único salto

4.5.3 Um membro do cluster que sai do cluster

Os nós da rede são agrupados em vários clusters sobrepostos. Quando um nó de veículo está prestes a sair do agrupamento, o CH coloca o ID local do veículo que está a sair na lista de IDs disponíveis. Deste modo, o caminho é registado mais do que os nós. Uma das vantagens do método de agrupamento é o aumento do tempo de vida da rota e a diminuição da sobrecarga de controlo do encaminhamento. Além disso, informa os outros membros do agrupamento desta evolução **(Fatemidokht & Rafsanjani, 2020)**.

4.5.4 Cabeça de cluster que sai do cluster

A Figura 4.2 ilustra o cenário em que um veículo CH está prestes a demitir-se de um cluster. Quando um CH é eleito utilizando a abordagem CA, é-lhe atribuído o ID1. Se o CH se aperceber que está prestes a atingir o tempo máximo de viagem permitido, prepara-se para abandonar a sua responsabilidade como CH. Este processo pode ser feito escolhendo outro membro adequado que actue como um CH estável, sendo o novo CH selecionado com base no sistema de ponderação.

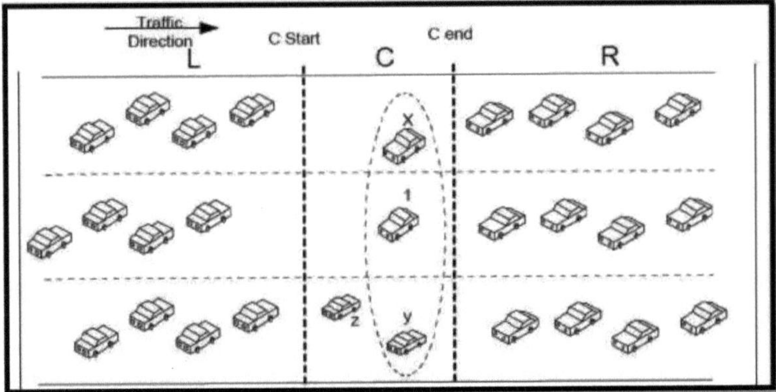

Figura 4.2: Veículo CH 1 a demitir-se e a escolher o próximo CH

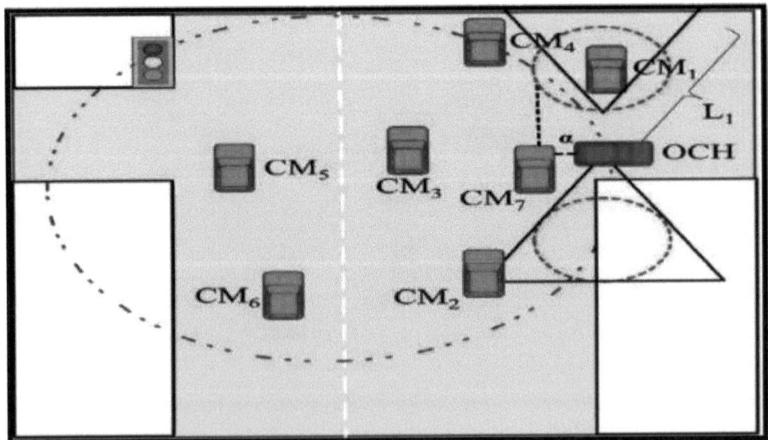

(Fonte: https://media.springernature.com)

Figura 4.3: Dois clusters se unindo para formar um cluster maior

A figura 4.3 ilustra a fusão de dois clusters de salto único. Quando dois clusters de um único salto se encontram dentro do alcance de transmissão um do outro e viajam na mesma direção, podem formar um único cluster, desde que a diferença de velocidade média entre eles não exceda um valor limite predefinido. O processo de anúncio do veículo inicia o processo de fusão, no qual os veículos dos agrupamentos comunicam. A mensagem de anúncio contém a identificação do veículo e a hora de início do seu quadro TDMA. Esta identificação do veículo e o TDMA são necessários para a sincronização das mensagens entre os dois veículos. Os veículos que comunicam transmitem ao chefe de agrupamento informações sobre o número de veículos em cada agrupamento. Este procedimento repete-se de cinco em cinco segundos. Quando dois agrupamentos desiguais se fundem, o veículo do agrupamento maior é selecionado como chefe de agrupamento primário (PCH) e ao agrupamento mais pequeno é atribuído um chefe de agrupamento secundário (SCH). O papel do SCH é atuar como reserva no caso de o PCH ser dispensado das suas funções. Após a fusão dos dois clusters, são gerados novos IDs para cada membro do cluster maior recém-formado **(Ahizoune & Hafid, 2012)**.

4.6 PROTOCOLO CBE-B PROPOSTO

O protocolo Cluster-Based Efficient Broadcast (CBE-B) permite a difusão de mensagens com elevada eficiência e velocidade de propagação. Ultrapassa a limitação de um protocolo existente, incluindo tempestades de difusão devido à colisão de mensagens duplicadas em VANET. A abordagem sugerida permite a difusão de mensagens numa rede VANET com menos nós de transmissão e um atraso reduzido. Isto pode ser conseguido através do ajuste de três parâmetros-chave: capacidade de retransmissão (Pij), velocidade do veículo (V) e ordem de receção de mensagens pelos nós (MSG No). O sistema reconhece eficazmente os grupos de veículos e seleciona um deles como veículo CH para cada grupo. A retransmissão de mensagens é da responsabilidade do novo chefe de agrupamento.

A técnica sugerida recolhe dados sobre a posição do veículo no recetor GPS com base nas caraterísticas acima referidas. Para evitar colisões, o protocolo considera as estradas bilaterais como unilaterais. Quando o nó de um veículo fica congestionado devido a uma colisão, envia uma mensagem para a rede contendo a identificação do veículo. A fase de configuração e a fase de estado estacionário são os passos que compõem o método sugerido.

4.6.1 Fase de configuração

Se o veículo estiver danificado devido a uma colisão, actua como uma estação de base e estima o raio do alcance de rádio para formar um grupo. As mensagens de confirmação enviadas entre os nós do agrupamento são transmitidas para a estação de base. A mensagem de confirmação tem nós que ligam a velocidade, a identidade e a direção do veículo em movimento. A direção da viagem separa os carros em duas categorias e a BS seleciona cabeçalhos de cluster para cada categoria com base na velocidade do nó. Quanto mais rápido o veículo, melhor. O funcionamento da fase de configuração está representado no fluxograma abaixo.

4.6.2 Fase de estado estacionário

Cada chefe de agrupamento é responsável pela retransmissão dos sinais de aviso, e um novo chefe de agrupamento é selecionado com base na velocidade do veículo para acelerar o processo. A fase de estado estacionário tem várias etapas, cada uma delas selecionando um novo chefe de agrupamento. As mensagens são numeradas para serem transmitidas como variáveis. Esta ordem é mantida até ser gerado o cluster seguinte. Esta fase de estado estacionário tem algum significado na seleção do CH, como se segue:

- Mesmo que um nó seja pai, a cabeça do agrupamento é escolhida com uma probabilidade elevada. Pi, j = Di, j/ R é utilizado para calcular o parâmetro de retransmissão de pi, j.

- A velocidade do nó móvel é o parâmetro seguinte.
- Além disso, se um nó receber menos sinais de aviso, tem mais hipóteses de ser escolhido como chefe de agrupamento.

Numa rede rodoviária, um veículo da frente detecta um comportamento anormal de qualquer outro veículo (por exemplo, acidentes, travagens bruscas, mudança abrupta de faixa e ultrapassagens são mensagens de emergência transmitidas pelo CH aos veículos que o precedem). A transmissão de uma mensagem de emergência baseia-se inteiramente no estado da ligação do veículo. Antes de encaminhar, o CH verifica o estado da ligação, medido pela probabilidade de receção do pacote. O nó que identifica ou está mais próximo do evento anómalo desencadeia uma mensagem de emergência transmitida aos membros do agrupamento.

No CBE-B proposto, foi desenvolvido um sistema de eleição de nós para permitir que um veículo faça parte de um cluster e seja eleito como CH. Esta abordagem é semelhante à função de utilidade **(Chiti et al., 2015)**, mas tem parâmetros diferentes. O peso do nó N_w é calculado com base no efeito do tempo de deslocação contínua de um veículo, na conetividade da rede, na distância média entre veículos e na velocidade média com base na formação de um cluster estável. Quanto maior for o valor de Nw, maior será a probabilidade de um nó ser selecionado como CH e fazer parte de um novo cluster. O peso do nó é definido na Equação (4.1)

$$N_W = (NC_i + \alpha_i + A.S) * \omega_i \tag{4.1}$$

Onde,

Nw = Peso do nó

NCi = Nível de conetividade da rede do veículo i.

αi = Nível médio da distância inter-veículos entre dois veículos quaisquer

AS = Velocidade média dos veículos num agrupamento

ωi = Ponderação contínua do tempo de viagem para o veículo i.

Os parâmetros utilizados no cálculo do peso do nó são explicados a seguir:

O aspeto central da abordagem CBE-B consiste em atribuir um nível de ponderação ao tempo contínuo percorrido por um veículo desde a última paragem nas boxes. O nível de ponderação, designado por Wi, é fixado no limite superior quando o veículo inicia a sua viagem e é inversamente proporcional ao tempo percorrido Ti. Assim, o valor de wi reduz-se à medida que o veículo viaja durante algum tempo.

$$w_i \,\alpha\, \frac{1}{T_i} \tag{4.2}$$

O valor da conetividade da rede (NC) refere-se ao número máximo de veículos que estão dentro do raio de comunicação direta do veículo I e é definido como

$$Nci(t) = \sum_j A(i, j, t) \tag{4.3}$$

em que j é um veículo vizinho provável A(i,j,t) =1 se i e j estiverem ligados e é igual a 0 se não houver ligação.

$$(x_j - x_i)^2 + (y_j - y_i)^2$$

$$\alpha_i(t) = \frac{\sum_j \sqrt{(x_j - x_i)^2 + (y_j - y_i)^2}}{NV} \tag{4.4}$$

em que (x, y) são as coordenadas de dois veículos quaisquer e NV é o número total de veículos ligados ao veículo i em qualquer faixa.

Refere-se à diferença entre as velocidades médias de todos os veículos no raio de ação do veículo chefe do agrupamento i e do veículo potencialmente vizinho. Calcula-se da seguinte forma

$$\text{Velocidade média } A.S = \sum_j |s_i - s_j| \tag{4.5}$$

em que j é um veículo potencialmente vizinho e i é o veículo CH.

Os seguintes pressupostos foram adoptados para cada veículo que viaja independentemente ou com um grupo e são aqui apresentados. Cada veículo tem o seu identificador único e está equipado com um recetor GPS ou Differential Global Position System (DGPS) para obter a sua posição geográfica e garantir que os veículos têm relógios sincronizados. É fornecido um mapa digital para reconhecer a faixa de rodagem em que se encontra. Cada veículo está equipado com um transcetor sem fios para comunicar diretamente com os nós dentro do seu raio de comunicação e indiretamente (ou seja, através de nós intermédios) com os nós que não estão dentro do seu raio de comunicação. O protocolo de agrupamento utilizado no protocolo proposto é baseado no CH, em que o CH dita as decisões do agrupamento. O tempo máximo de condução diário permitido para um veículo é de nove horas. Assim, o tempo de condução de um veículo em estrada deve ser continuamente monitorizado e obtido através de um tacógrafo digital ligado a um sensor de bordo do veículo. A Figura 4.4 mostra o pseudocódigo de implementação do CBE-B proposto. A Figura 4.5 explica o fluxograma de implementação do CBE-B proposto.

O algoritmo da fase de estado estacionário é dado como

Passo 1 - Inicialização do Cluster_Head entre os nós.

Etapa 2 - Difusão de mensagens de aviso.

Passo 3 - Receber mensagens de confirmação dos nós do agrupamento (ack msg). Os nós contêm a identificação (ID), a velocidade (V), a localização (Loc) e a direção do movimento (Dir_Veh).

Passo 4 - Os nós do grupo Cluster Mems que se deslocam na direção da cabeça do cluster devem satisfazer os seguintes critérios

For (j = 1, j <= Cluster_Size; j + +)

Se Dir_Vehi = Dir_Vehj

Agregado_Membros ^ Vehj;

Passo 5 - Cada membro do grupo deve respeitar o critério de três factores: distância, velocidade e mensagem de aviso para cada nó.

Para (j = 1, j <= Tamanho (Cluster_Memsy, j + +)

calcular *Pi, j = Di,j/ R*

Resultado *j ^ Pi, j * Vj * 1/ MSG_No;*

Passo 6 - O atual chefe de agrupamento cria a tabela Vehi a partir das informações fornecidas.

Passo 7 - A tabela acima entre os nós dos membros do cluster_ pode ser utilizada para determinar o próximo chefe de cluster (CH).

Figura 4.4 Pseudocódigo do protocolo CBE-B

Figura 4.4: Pseudocódigo do protocolo de difusão eficiente baseado em clusters

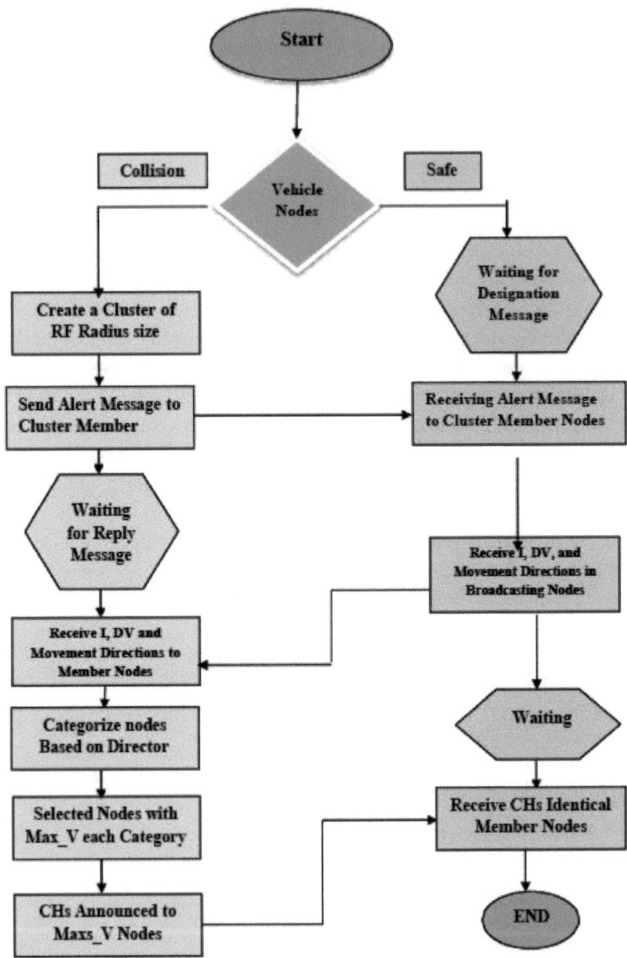

Quando um veículo recebe uma mensagem de aviso, o protocolo CBE-B devolve uma mensagem ACK ao remetente. Suponhamos que a sua direção de movimento é a mesma que a do nó emissor. De acordo com o método seguinte, participará no procedimento de seleção do CH ótimo para se tornar o próximo chefe de agrupamento.

4.7 INDICADORES DE DESEMPENHO

Este capítulo apresenta uma análise comparativa de ambas as categorias de protocolos de encaminhamento. Os resultados da simulação ajudam-nos a observar o desempenho dos protocolos de encaminhamento em diferentes cenários e métricas de desempenho distintas. Esta comparação qualitativa permite escolher o melhor protocolo de encaminhamento para o nosso trabalho no cenário VANET. Este capítulo também aborda o trabalho de investigação sobre a comparação de protocolos de encaminhamento.

A necessidade de simulação de VANET pode ser melhor compreendida se analisarmos os inconvenientes das experiências no exterior. Verificou-se que ter muitos veículos para avaliar aplicações relacionadas com a segurança não é simples nem económico. Analisar o desempenho do protocolo num ambiente altamente distribuído é também um desafio. Outro desafio consiste em reproduzir a mesma situação para comparar dois protocolos. Todos estes factores fazem com que se confie mais na utilização de uma ferramenta de simulação para a avaliação. No NS3, o desempenho da VANET é analisado utilizando a técnica de difusão efectiva baseada em clusters. O desempenho do protocolo proposto é comparado com o do protocolo CDP (Content Discovery Protocol) existente, utilizando critérios como o débito e o rácio de entrega de pacotes, o rácio de queda de pacotes (em%) e o atraso de fim-de-fim (em segundos).

- Taxa de transferência - Se o volume de troca de pacotes tiver aumentado significativamente, a taxa de transferência indica que ocorreu a deteção correta do agrupamento. É definido como o número de bits ou pacotes transmitidos através do meio de rede por unidade de tempo. É representado em termos de bps (bits por segundo).

$$\text{Throughput} = \frac{\text{Number of bits transferred over medium}}{\text{Unit amount of Time (in Sec.)}}$$

Número de bits transferidos através do meio
rendimento
Unidade de tempo (em seg.)

A Tabela 4.1 explica que o desempenho do débito é medido em função do aumento da densidade dos nós. O gráfico mostra também a comparação do desempenho do CBE-B, do CDP e do ROAC-B. Os resultados revelam que o resultado analítico coincide com o simulado, corroborando o nosso modelo matemático. A probabilidade de colisão entre os nós aumenta com o aumento do número de nós. Como resultado, a taxa de transferência do sistema diminui se o número de nós aumentar. O desempenho da taxa de transferência compara-se com os resultados do CBE-B proposto (CDP e ROAC-B). A taxa de transferência é o rácio entre o total de bits recebidos e o tempo total de simulação. O seu valor é apresentado em percentagens.

Tabela 4.1: Resultados de desempenho de taxa de transferência para os protocolos CDP, ROAC-B e CBE-B

Tempo de simulação (S)	Rendimento (%)		
	Protocolos existentes		Protocolo proposto
	CDP	ROAC-B	CBE-B
100	10	14	25
200	21	25	40
300	32	40	55
400	43	57	68
500	60	65	80
600	80	84	86

A Figura 4.6 compara os resultados analíticos e de simulação obtidos a partir da formulação matemática do débito para o protocolo CBE-B. A Figura 4.6 também explica a percentagem de débito do protocolo CBE-B proposto em comparação com os protocolos existentes CDP e ROAC-B. A Figura 4.6 mostra que o CBE-B atinge 86% de taxa de transferência do que o CDP (80%) e o ROAC-B (84%). Isto mostra que o CBE - B mantém um melhor débito do que os protocolos CDP e ROAC-B existentes.

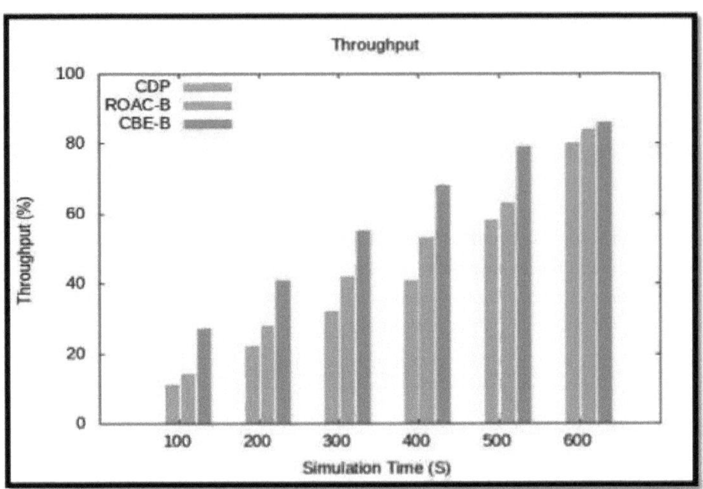

Figura 4.6: Resultado da taxa de transferência do CBE-B proposto em comparação com os protocolos existentes

- Packet Delivery Ratio - O número de pacotes recebidos com sucesso em relação ao número de pacotes transmitidos é conhecido como Packet Delivery Ratio. Aumenta à medida que os nós intermediários transmitem pacotes com sucesso.

$$\text{Packet Delivery Ratio} = \frac{\text{Total no. of packets received at destination}}{\text{Total no. of packet sent by sender}}$$

$$PDF = \frac{P_r}{P_s} * 100$$

<u>N.º total de pacotes recebidos no destino</u>

Rácio de entrega de pacotes =

N.º total de pacotes enviados pelo remetente

A Tabela 4.2 explica os resultados da comparação da PDR do sistema proposto. medida que a densidade dos nós aumenta, a PDR aumenta, porque a probabilidade de encontrar os nós para enviar os pacotes aumenta. Os gráficos PDR verificam este facto com o aumento do número de nós. Além disso, é evidente a partir dos resultados que a PDR do CBE-B é melhor do que a dos outros protocolos. O CBE-B é melhor do que os outros protocolos CDP e ROAC-B num cenário de elevada mobilidade. Além disso, a alteração do valor da pausa e da velocidade afecta o desempenho do CBE-B.

Tabela 4.2: Resultados do desempenho do rácio de entrega de pacotes para CDP, ROAC-B e Protocolos CBE-B

Tempo de simulação (S)	Rácio de entrega de pacotes (%)		
	Protocolos existentes		Protocolo proposto
	CDP	ROAC-B	CBE-B
100	15	18	22
200	25	30	38

300	40	42	48
400	52	55	62
500	58	62	65
600	63	72	76

A figura 4.7 explica a PDR do protocolo CBE-B proposto em comparação com os protocolos CDP e ROAC-B existentes. Mostra que o CBE-B mantém uma melhor PDRR do que o protocolo CDP. A figura mostra que o CBE-B retém 76% da PDRR, o CDP retém 63% e o ROAC-B retém 72%.

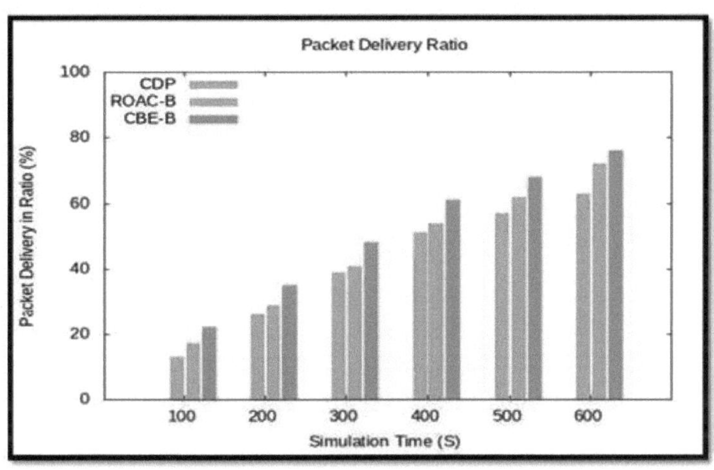

Figura 4.7: PDR do CBE-B proposto em comparação com os protocolos existentes

- Packet Drop Ratio - O número de pacotes descartados sem chegar ao nó de destino é conhecido como Packet Drop Ratio. Ele é definido como

$$\text{Packet Drop Ratio} = \frac{\text{Total no. of packets sent} - \text{Total no of packet received}}{\text{Total no. of packet sent}}$$

N.º total de pacotes enviados - N.º total de pacotes recebidos

Rácio de queda de pacotes

N.º total de pacotes enviados

O rácio de perda de pacotes aumenta quando os pacotes não conseguem transmitir as mensagens para o nó seguinte. A Tabela 4.3 explica o número de pacotes descartados em relação ao número de pacotes transmitidos por todos os nós da rede - o desempenho do CBE-B proposto em comparação com o protocolo existente CDP e ROAC-B.

Tabela 4.3: Resultados de desempenho do rácio de queda de pacotes para CDP, ROAC-B e

Protocolos CBE-B

Tempo de simulação (S)	Rácio de queda de pacotes (%)		
	Protocolos existentes		Protocolo proposto
	CDP	ROAC-B	CBE-B
100	0	0	0
200	7	2	0
300	10	3	2

400	12	8	3
500	15	10	8
600	17	12	10

A Figura 4.8 explica o resultado da comparação PDRR. O CBE-B é significativamente mais elevado do que o CDP e o ROAC-B. Porque a PDRR é apenas de 10%, mas a PDRR do CDP é de 17% e a PDRR do ROAC-B é de 12%. Comparativamente, o protocolo CBE-B é 7 por segundo e 2 por segundo inferior ao CDP e ao ROAC-B, respetivamente. Neste resultado, o sistema proposto atinge uma PDRR mínima.

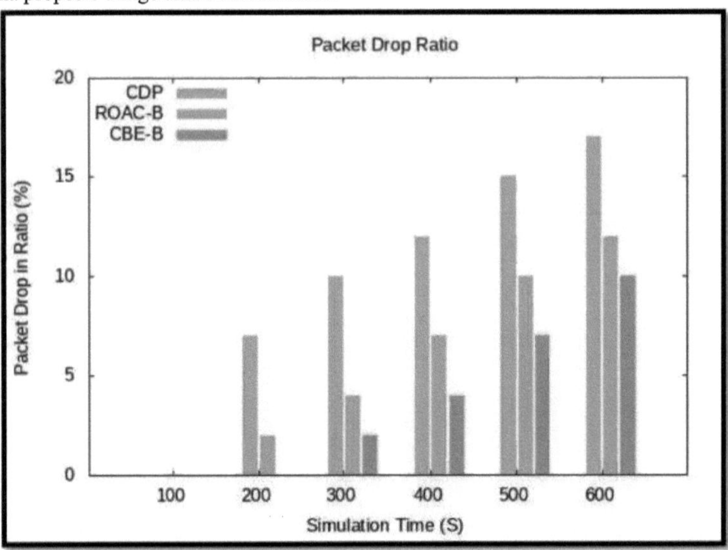

Figura 4.8: PDRR do CBE-B proposto em comparação com os protocolos existentes

- Atraso de ponta a ponta - O atraso de ponta a ponta é definido como o tempo consumido por um pacote para viajar do remetente até o destino designado pelo remetente.

$D_{end\_to\_end} = [D_{queue(i)} + D_{trans(i)} + D_{prop(i)} + D_{proc(i)}]\ ni = 1$

- $D_{extremo\text{-}a\text{-}extremo}$: é o atraso total extremo-a-extremo
- n representa o número total de veículos envolvidos no transporte do feixe desde a fonte de início até ao destino designado.
- D_{fila} (atraso de enfileiramento): o tempo que o pacote espera numa fila. Nas DTN, é também conhecido como tempo de armazenamento (duração do tempo durante o qual os dados estão a ser armazenados por veículos intermédios).
- D_{trans} (atraso de transmissão): é o tempo necessário para colocar todos os bits do pacote no meio de transmissão. Por outras palavras, é o atraso devido à taxa de dados da ligação de comunicação.

A Tabela 4.4 explica o resultado da comparação do atraso de extremo a extremo. Neste resultado, o sistema proposto atinge um atraso mínimo de fim-de-fim em comparação com os protocolos existentes CDP e ROAC-B.

Tabela 4.4 Resultados do desempenho do atraso extremo-a-extremo para os protocolos CDP, ROAC-B e CBE-B

Tempo de simulação (S)	Atraso de ponta a ponta (seg)		
	Protocolos existentes		Protocolo proposto
	CDP	ROAC-B	CBE-B
100	0.08	0.05	0.02
200	0.12	0.08	0.03
300	0.23	0.18	0.10
400	0.40	0.28	0.23
500	0.50	0.38	0.26
600	0.60	0.45	0.40

A Figura 4.8 explica que o CBE-B é significativamente superior ao CDP e ao ROAC - B porque o PDR é de apenas 0,40 segundos, mas o CDP e o ROAC - B são de 0,60 e 0,45 segundos, respetivamente. Comparativamente, o protocolo CBE-B proposto é 0,20 s e 0,5 s inferior ao CDP e ao ROAC-B existentes.

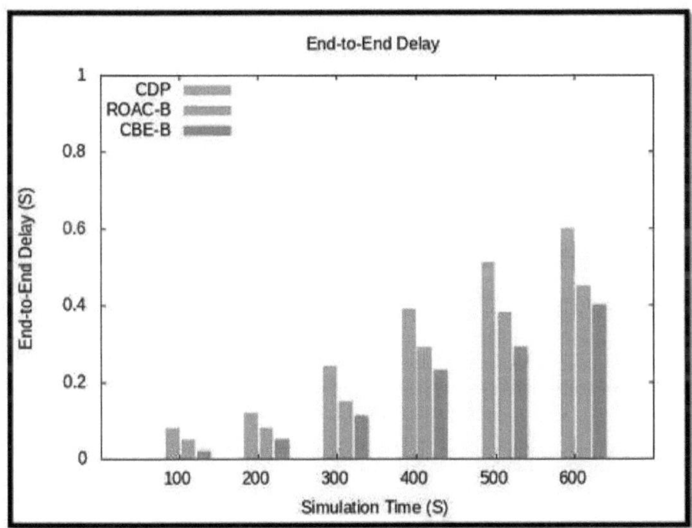

Figura 4.8: Atraso de fim-de-fim do CBE-B proposto em comparação com os protocolos existentes.

4.8 RESUMO DO CAPÍTULO

Este capítulo desenvolveu e implementou um protocolo CBE-B (Cluster-Based Efficient-Broadcast). Este protocolo transmite os pacotes para o veículo CH. O CH é responsável por difundir as mensagens para os veículos num cluster. O veículo do cluster que recebeu a mensagem envia uma mensagem de confirmação de receção ao nó CH. O envio dos pacotes pelo chefe do cluster para os veículos do cluster depende da mensagem de confirmação de receção. Assim, este protocolo CBE-B reduz os dados redundantes e controla a tempestade de difusão. O CBE-B apresenta também os resultados comparativos com os existentes (CDP e ROAC-B). Estes resultados comparativos fornecem informações sobre o ambiente de simulação e os resultados do protocolo de investigação proposto utilizando o NS3. O CBE-B proposto melhora a estabilidade dos clusters em VANET e transmite mensagens com elevada eficiência, velocidade e bom desempenho. Para uma melhor transmissão de mensagens, as estradas bidireccionais são consideradas unilaterais e os veículos transmitem 5 a 10 pacotes/segundo até um alcance de comunicação de 200 m. O resultado do trabalho proposto é comparado com o protocolo CDP e ROAC-B. Os resultados da simulação mostram que a abordagem proposta apresenta melhorias em termos de estabilidade do agrupamento. A velocidades variáveis do veículo de 100 nós, o CBE-B alcança 86% de rendimento, 76% de PDR, 10% de PDDR e 0,40 segundos de atraso de fim de semana. Na maioria dos cenários, o protocolo proposto (CBE-B) tem um melhor desempenho com uma entrega eficiente de informações com um atraso mínimo de fim de percurso.

4.9 RESULTADOS DA SIMULAÇÃO

A simulação resulta numa investigação que produz eventos e processos reais em condições de teste. As Figuras 4.10 - 4.12 mostram o ambiente de simulação do protocolo CBE-B no NS3. Nas figuras a seguir, o Cluster Head é representado em azul, e os nós são representados em vermelho.

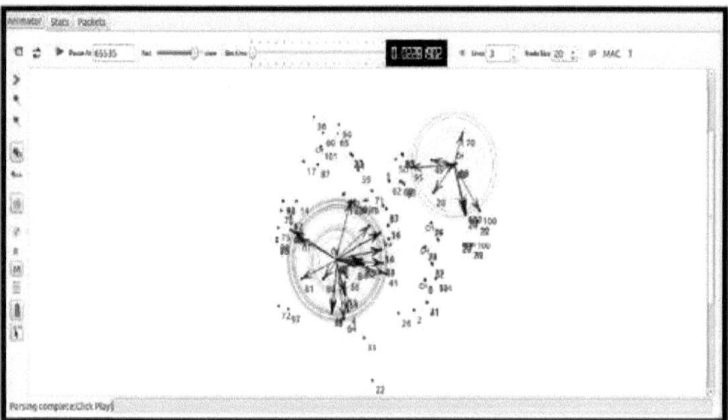

Figura 4.10: Eleição do CH

Figure 10 0 mostra que

- O agrupamento é formado de forma firme e eficiente com base na velocidade, aceleração (velocidade e direção) e posição do veículo.
- Eleição do CH: Com a possibilidade de retransmissão, a velocidade do veículo e a receção da ordem das mensagens pelos nós elegem um veículo como Cluster Head do cluster para retransmitir a mensagem.
- O CH anuncia o seu estado aos seus nós membros no cluster.
- O novo CH é responsável por difundir as mensagens para o seu nó membro.

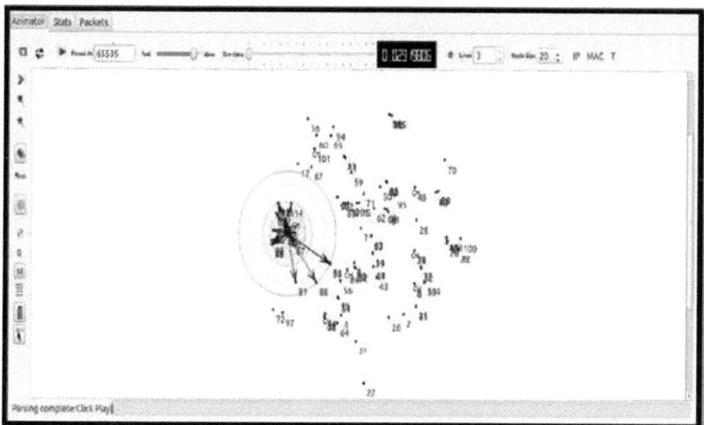

Figura 4.11: Transmissão de CH

Figure 11 1 provar isso,

- O CH transmite as mensagens de aviso aos seus nós membros do cluster.
- O membro do agrupamento envia uma mensagem de confirmação (ack_msg) com a identificação (ID), a velocidade (V), a localização (Loc) e a direção do movimento (Dir_Veh) ao seu chefe de agrupamento.
- O CH retransmite a mensagem aos seus nós de agrupamento em função da mensagem de confirmação.

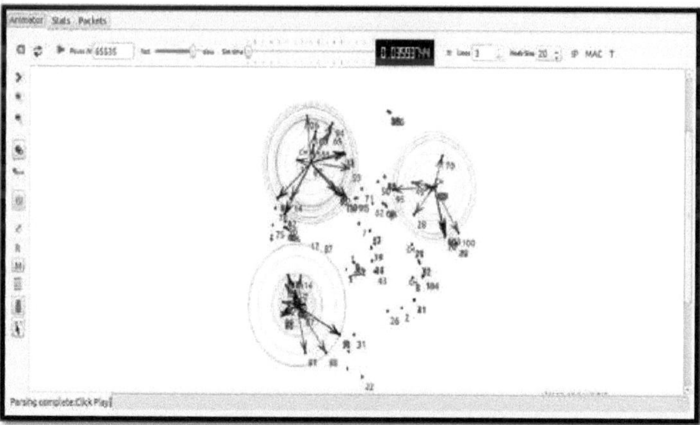

Figura 4.12: Transmissão de mensagens

A Figura 4.12 apresenta as seguintes formas de controlar a tempestade de difusão:

- O CH é o único nó a comunicar com o seu nó membro.
- Não são permitidas comunicações entre clusters para limitar a retransmissão de mensagens.
- O protocolo proposto CBE-B reduz o número de retransmissões e a difusão de mensagens com elevada eficiência e propagação.

CAPÍTULO 5

UMA COMUNICAÇÃO FIÁVEL SELECTIVA PARA REDUZIR A DIFUSÃO NA VANET BASEADA EM CLUSTERS - (SRC)

5.1 INTRODUÇÃO

Nas VANET, os veículos transmitem mensagens frequentemente para fins de segurança. Estes dados redundantes afectam a comunicação entre veículos e conduzem a tempestades de difusão. É necessário um protocolo eficiente para reduzir a transferência de dados redundantes. Além disso, classificar o veículo em função das mensagens recebidas e formar um método de agrupamento robusto liderado por um CH eficiente para a transmissão fiável de dados entre os nós, de modo a que os nós do agrupamento estejam livres de mensagens repetidas. Este protocolo de comunicação de controlo de tempestades de difusão é explicado neste capítulo. As qualidades da VANET, tais como a topologia limitada, a mobilidade inesperada, a densidade dos veículos e a capacidade variável dos canais, tornam-na um cenário eficiente para a criação de protocolos de encaminhamento eficazes. As VANET privilegiam a comunicação veículo-a-veículo de informações sobre o tráfego e as condições da estrada, evitando assim acidentes. Os caminhos para a troca de informações entre os carros são instáveis e pouco fiáveis devido à topologia dinâmica da VANET. As ligações entre os nós devem ser fiáveis e robustas para melhorar a velocidade e o rendimento das VANETs. Este estudo apresenta uma arquitetura multi-agente para um encaminhamento seguro e fiável em VANET, a fim de responder aos desafios acima referidos. O desempenho do protocolo sugerido é avaliado em termos de taxa de entrega de pacotes, fiabilidade da rota, tempo de descoberta da rota e atraso. Esta parte do estudo apresenta a declaração do problema, o protocolo proposto e os resultados da simulação.

Existem muitos desafios na conceção de protocolos de encaminhamento para VANET apresentados por **Taleb (2018)**. Os protocolos de encaminhamento ajudam a melhorar o desempenho, tornando o sistema tolerante a falhas e fazendo uma utilização eficiente da largura de banda. Se forem seguidos protocolos de encaminhamento de caminho único, o tempo necessário para determinar a rota secundária diminui o desempenho do sistema. Por conseguinte, o encaminhamento multipercurso é adequado para as VANET. Os caminhos no encaminhamento multipercurso podem ter alguns nós e ligações comuns. Caso contrário, podem não ter quaisquer nós em comum ou podem não ter quaisquer ligações em comum.

Os métodos de agrupamento são utilizados em aplicações como a extração de dados, as redes ad hoc e as redes de sensores. Foram publicadas várias técnicas de agrupamento, cada uma com vantagens e desvantagens. A técnica de clustering **(Cooper et al., 2016)** é amplamente utilizada para resolver muitos problemas de clustering em VANETs. No entanto, existem algumas deficiências causadas pela natureza dinâmica das VANET, como a distribuição inadequada dos veículos nos agrupamentos e a fixação dos chefes de agrupamento e dos membros dos agrupamentos. Vários algoritmos e técnicas existentes são utilizados com um algoritmo de agrupamento plano. O seu objetivo é reduzir a distância entre o CH e os membros do agrupamento. O primeiro passo é selecionar o valor inicial de K. O algoritmo segue uma forma simples de ordenar um grupo de dados específico através de um número específico de agregados, ou seja, assumindo um número K de agregados. Um veículo de origem transmite uma mensagem de controlo Request-to-Broadcast aos veículos vizinhos na gama de transmissão para se declarar e conhecer o seu nó vizinho. O veículo envia um pacote Clear-To-Broadcast (CTB) contendo o valor do peso e a identificação do veículo para a fonte. Em seguida, o nó actualiza a informação da sua mensagem no seu nó vizinho. O protocolo proposto tem por objetivo determinar k-centróides em que cada centróide pertence a um cluster de forma eficiente **(Tellaroli et al., 2016)**

A eficácia das VANET é influenciada por vários elementos, como a minimização do nível do sinal devido a obstáculos entre os nós no processo de comunicação, a restrição da transmissão de dados e ligações menos estáveis. Além disso, a velocidade com que os nós se deslocam. A VANET pode ser aplicada onde a segurança é crítica e, ao mesmo tempo, não é considerada.

Este capítulo é abordado da seguinte forma: a secção 5.2 apresenta os objectivos da Fase II e o enunciado do problema da radiodifusão em VANET, apresentado na secção 5.3. A secção 5.4 apresenta as caraterísticas do agrupamento em VANET. A secção 5.5 apresenta os parâmetros considerados para a difusão SRC em VANET baseadas em clusters. A secção 5.6 propõe o protocolo Selective Reliable Communication (SRC). As observações da análise de desempenho são efectuadas na secção 5.7. Este capítulo é resumido na secção 5.8. Finalmente, o capítulo termina com 5.9 Resultados da simulação.

5.2 OBJECTIVOS DA FASE II

Para conseguir uma difusão de mensagens bem sucedida sem transmissão de dados redundantes. Esta fase considera o seguinte

Para formar um Cluster num

1. Uma forma eficiente de reduzir a retransmissão de mensagens.
2. Transmissão acessível da cabeça do agrupamento para outros nós num agrupamento.
3. Classificar o cluster em função da transmissão de pacotes.
4. Atualizar e reencaminhar as mensagens que ainda não foram recebidas.
5. A transmissão deve ser efectuada em função da fiabilidade do veículo.

5.3 DECLARAÇÃO DO PROBLEMA

Durante a deslocação, os automóveis da rede VANET comunicam informações sobre o tráfego e outros avisos. A elevada mobilidade dos nós nestas redes é uma preocupação significativa e as rotas são frequentemente interrompidas. As rotas para a transferência de informações entre automóveis são instáveis e pouco fiáveis devido à dinâmica da topologia dos veículos. Para melhorar a velocidade e o rendimento das VANET, as ligações entre os nós devem ser estáveis e duradouras **(Ghazy & Ozkul, 2009).**

Entre as desvantagens dos actuais métodos de encaminhamento contam-se as seguintes: (1) falta de flexibilidade nos métodos de seleção dos nós de retransmissão, (2) falta de inteligência na descoberta e conceção de percursos, (3) fiabilidade dos percursos construídos e (4) ausência de um mecanismo robusto para a comunicação de informações importantes.

5.4 CARACTERÍSTICAS DAS VANETs

Algumas caraterísticas distinguem as VANET de outras redes ad hoc, nomeadamente

- Numa VANET, todos os nós (nós do veículo e dispositivos à beira da estrada) funcionam como transmissores e receptores.
- **Densidade variável dos nós:** O número de nós numa VANET pode variar entre um grande número em rotas congestionadas e um pequeno número em auto-estradas isoladas. Do mesmo modo, o tráfego no local exato pode atingir o seu máximo durante as horas de ponta e o seu mínimo durante a noite. Por conseguinte, qualquer protocolo desenvolvido deve ter em conta ambas as eventualidades **(Slavik & Mahgoub, 2011)**.
- **Sem infra-estruturas:** Os nós VANET comunicam diretamente entre si e não dependem de qualquer infraestrutura subjacente. Podem, no entanto, estar ligados à infraestrutura **(Singh & Agrawal 2014)**.
- **Mobilidade previsível:** Os veículos circulam em auto-estradas e estradas que já foram construídas. Como resultado, o padrão de movimento do veículo pode ser previsto com base na topologia e no traçado da estrada. No entanto, dependendo do traçado da estrada, da densidade do tráfego, da estrutura da faixa de rodagem e da conduta do condutor, pode haver

alguma incerteza no movimento do veículo **(Bilal, 2011)**

- **Tamanho ilimitado da rede:** As VANET são incrivelmente escaláveis, uma vez que abrangem cidades inteiras ou muitas cidades. A escalabilidade é influenciada pelo número de nós activos (veículos) e pela conceção do protocolo **(Devangavi & Gupta, 2017)**. A operacionalidade é uma questão importante nas VANET em redes pouco congestionadas e sobrecarregadas. As VANET devem funcionar em todas as condições, incluindo as de muito baixa densidade de tráfego rodoviário e as de alta densidade de tráfego rodoviário, ou seja, engarrafamentos e grandes intersecções rodoviárias.
- **Alta velocidade:** Em comparação com as MANETs, os nós numa VANET movem-se a uma velocidade média elevada **(Mehta et al., 2013)**.
- **Limitações rígidas de atraso:** Nas aplicações VANET, como o aviso de colisão e a deteção antes da colisão, a rede não necessita de taxas de dados elevadas, mas tem limitações de atraso difíceis, como o tempo de encaminhamento da largura de banda. Mesmo o atraso mais curto possível será crítico **(Aravindhan & Dhas, 2019)**.
- **Desconexões frequentes:** Como os automóveis se deslocam, as ligações de comunicação são estabelecidas e interrompidas regularmente. As ligações existentes podem quebrar-se antes de se desenvolverem novas ligações ao longo de estradas isoladas com baixa densidade automóvel. Esta quebra de ligação pode resultar em desconexões da rede durante um curto período.
- **Sem restrições de energia:** Os nós VANET são veículos, pelo que estão constantemente a recarregar as suas baterias. Este enorme recurso permite que os veículos sejam equipados com GPS ou outras tecnologias **(Tanuja et al., 2015)**.
- **Topologia:** O movimento dos veículos é constante e extremamente rápido, nomeadamente nas auto-estradas. Por conseguinte, as ligações de comunicação entre cada veículo só estão activas durante alguns segundos. As ligações são feitas e cortadas rapidamente. Por conseguinte, a topologia altera-se rapidamente **(Akhtar et al., 2013)**

5.5 PARÂMETROS A TER EM CONTA NA DIFUSÃO SRC PARA A VANET BASEADA EM CLUSTERS

A importância da velocidade relativa do veículo tem de ser considerada para selecionar a cabeça do agrupamento pelas seguintes razões

- Um nó move-se mais rapidamente do que os outros nós da rede, o que provoca falhas frequentes nas ligações entre os nós.
- Este contexto cria uma sobrecarga devido às mudanças frequentes do chefe de agrupamento. Assim, para evitar tais cenários, o nó que se move mais lentamente e é estável pode ser nomeado como CH porque pode permanecer um período relativamente longo com os nós vizinhos.
- Se o nó que se move mais rapidamente for nomeado como CH, então a mudança frequente do CH faz com que a rede entre em colapso **(Ramalingam & Thangarajan, 2020)**.

5.5.1 Seleção dos chefes de agrupamento

No final do processo de agrupamento, tem lugar o processo de seleção do CH devido à natureza dinâmica da VANET. A utilização de um nó como CH constante prejudica a topologia dinâmica dos veículos e o seu movimento a alta velocidade. As métricas de eleição do CH são a velocidade do veículo e a distância ao centro do cluster. O CH terá uma distância mínima ao centro do cluster. Uma vez que os nós com as métricas mais elevadas foram escolhidos como CHs, devem enviar uma mensagem aos membros vizinhos para se apresentarem como CHs. Os membros aderem com uma mensagem de resposta. Desta forma, o processo de seleção dos CHs fica concluído **(Abuashour & Kadoch, 2017)**.

5.5.2 Conectividade entre nós

O parâmetro Node Connectivity (NC) é constituído por vários nós vizinhos e a sua distância em relação a eles é designada por conetividade baseada na distância ao vizinho. Diminuir o valor da conetividade baseada na distância ao vizinho (NC) mostra que os nós permanecem mais tempo com os seus vizinhos **(Aissa et al., 2015)**.

$$\text{Distância Conectividade} = \frac{\text{Número de nós e seus vizinhos}}{\text{Número de nós vizinhos}}$$

5.5.3 Manutenção dos chefes de cluster

Os timeslots transmitem informação a cada nó, evitando colisões e congestionamentos dentro e fora dos clusters. Também ajuda a otimizar o encaminhamento na rede. Cada membro do cluster recebe o horário do respetivo intervalo de tempo atribuído para a transmissão de tráfego. Quando o processo de eleição do CH em cada intervalo de tempo T é complementado, o estado do cluster é estável. Após o envio dos dados numa determinada faixa horária, os membros devem entrar em modo de suspensão para poupar energia. No início do próximo intervalo de tempo, T1, o CH, deve atualizar a programação do TDMA, que tem de ser actualizada em todos os nós do cluster. Cada nó deve seguir a nova programação adoptada pelos CHs.

Devido à maior mobilidade na VANET, os veículos incorrem em mais processos de handoff entre CHs. Para resolver este problema, é efectuado um soft handover inter-agrupamentos. Neste algoritmo, se o CH se deslocar para outro cluster, tem de selecionar outro CH antes de se deslocar. Uma vez que toda a comunicação é efectuada através do CH, que possui toda a informação necessária aos nós do cluster, o CH tem de passar a informação ao novo chefe de cluster eleito. Cada CH tem uma tabela chamada tabela de cluster. Esta tabela armazena todas as informações dos membros do cluster, como a velocidade, a distância até ao chefe do cluster e o fator de estabilidade. Esta informação é utilizada para nomear o novo CH. O nó com maior fator de estabilidade e consistência na velocidade será nomeado como novo CH. O antigo CH transfere imediatamente toda a informação sobre os seus membros do cluster. Uma vez transferida, a tabela é eliminada. A nomeação do novo CH será informada a todos os membros do cluster para posterior comunicação **(Aswathy & Tripti, 2012)**.

5.5.4 Permissão de difusão do chefe de agrupamento

Quando um veículo da frente detecta um comportamento aberrante de outro veículo (por exemplo, um acidente, uma travagem brusca, uma mudança súbita de faixa e uma ultrapassagem), é gerada uma mensagem de emergência, que é enviada pelo CH a todos os veículos que o precedem. A transmissão de uma mensagem de emergência depende inteiramente do estado da ligação do veículo. O nó que descobre ou está mais próximo da ocorrência anómala envia uma mensagem de emergência para o resto do cluster. O CH verifica o estado da ligação, que é determinado pela probabilidade de receção do pacote antes de o reencaminhar **(Kolandaisamy et al., 2021)**.

5.6 PROPOSTA DE PROTOCOLO DE COMUNICAÇÃO FIÁVEL SELECTIVA (SRC)

Espera-se que um protocolo SRC minimize o número de mensagens retransmitidas, limitando o número de transmissões de pacotes. Através de uma seleção oportunista de veículos, os pacotes são retransmitidos para o próximo salto para reduzir fortemente o número de veículos de encaminhamento.

Esta redução da retransmissão pode ser conseguida através do reconhecimento rápido e eficiente de grupos de veículos. Além disso, a eleição de um veículo como CH para cada grupo é detectada, com o trabalho proposto a centrar-se no protocolo SRC para restringir a tempestade de difusão. O protocolo separa os veículos em dois grupos, CSV e ESV. A Figura 5.1 mostra o diagrama de blocos do protocolo SRC. Os veículos são classificados como CSV ou ESV com base na sua fiabilidade. A fiabilidade do veículo é verificada antes do início da transmissão. A difusão da transmissão de mensagens será bem sucedida graças à CSV. Quando a fiabilidade de um veículo com ESV é comprometida, a difusão do veículo é desactivada e a transmissão é interrompida. Neste módulo, toda a infraestrutura é fixa; a comunicação entre veículo e veículo e veículo e RSU é efectuada. As RSUs são fixadas nas estradas para cobrir os veículos. Durante este módulo, as RSU recolhem informações das estradas e transmitem-nas ao servidor. A conetividade entre a RSU e o servidor é efectuada através de ligações dedicadas de alta velocidade. Estas ligações são por vezes também designadas por redes de base. As seguintes informações são comunicadas ao servidor.

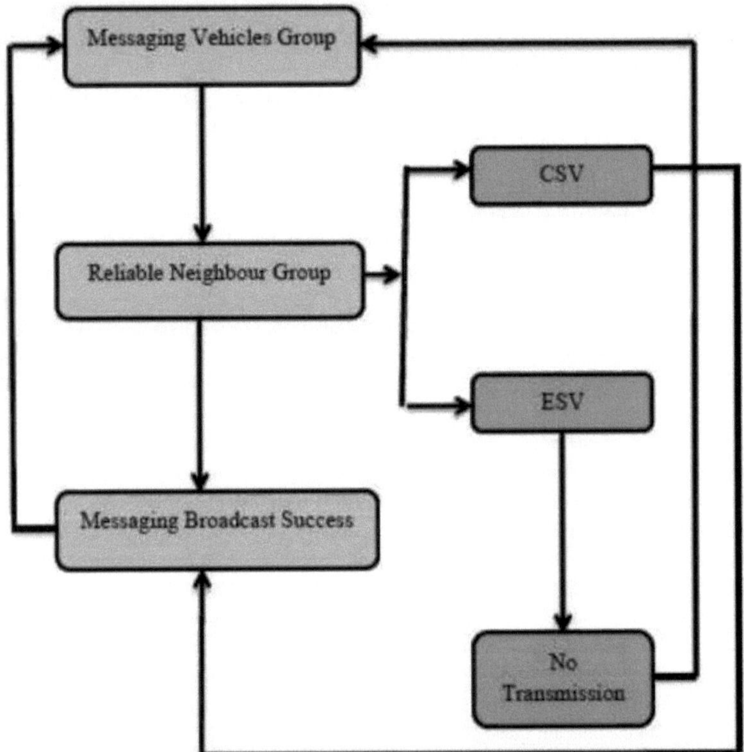

Figura 5.1: Diagrama de blocos do protocolo SRC

5.6.1 Grupo de veículos de mensagens

O grupo de veículos de mensagem é o número de veículos vizinhos e a sua distância em relação a eles, designada por conetividade baseada na distância entre veículos vizinhos. Nós de veículos dentro do alcance de transmissão do veículo V" (VRan). Quanto mais baixo for o valor da conetividade baseada na distância do veículo vizinho (VDC), mais tempo o nó permanece com os seus vizinhos **(Cheng et al., 2020)**

Quanto maior for o valor da conetividade à distância do veículo ou do agrupamento, o nó é essencial para a posição. O nó com um grau de conetividade mais elevado melhora a estabilidade do agrupamento e reduz a quebra de nós. Este nó com um grau de conetividade mais elevado tem uma oportunidade considerável de ser selecionado como chefe de agrupamento. A contagem de transmissão esperada pode ser prevista com a ajuda do número de pacotes de transmissão através de uma ligação. O recíproco médio da contagem de transmissão esperada é a versão melhorada da contagem de transmissão esperada, que considera caraterísticas como a velocidade e a mudança de topologia. A nova versão centra-se na capacidade de transmissão, enquanto a contagem de transmissão esperada se concentra numa ligação ou num caminho.

5.6.2 Grupo de vizinhos fiáveis

A duração estável da ligação de transmissão define a sua fiabilidade. A fiabilidade da rota é o rácio entre o número de ligações fiáveis na rota e o número total de ligações. A rota com menos ligações desligadas é estável **(Kuklinski & Wolny, 2009)**. O nó do veículo com o valor de confiança 'C' ou 'P' (se não houver veículos com o valor 'C') viaja à mesma velocidade que o nó do veículo de destino. Além disso, viaja na mesma direção que o nó veículo de destino. Para qualquer veículo, pode haver muitos nós de veículo na direção do veículo de destino. Os veículos com um valor de confiança de "N" não são considerados. O caminho com o fator de ponderação de fiabilidade mais elevado é o melhor. A fórmula seguinte calcula o peso da fiabilidade de qualquer caminho entre dois nós de veículo. Seja

AMV: a mobilidade média por velocidade dos veículos na via, medida em quilómetros por hora.

NIP: o número de nós intermédios (VIN) no percurso.

NPN: O número de nós intermédios no caminho com um valor de confiança parcial "P".

D: A distância entre os dois nós terminais do veículo da trajetória, medida em metros.

Para quaisquer dois nós considerados como X2, Y2) e (X1, Y1),

$$D = \sqrt{((X_2 - X_1)^2 + (Y_2 - Y_1)^2)}$$

O número de nós intermédios NIP e a representação numérica do valor de confiança NT são diretamente proporcionais ao peso da fiabilidade de qualquer caminho (WRT).

Em contrapartida, a mobilidade média dos veículos no trajeto AMV, o número de veículos intermédios com P como valor de confiança NPN. A distância entre o veículo de origem e o veículo de destino D é indiretamente proporcional.

5.6.2.1 Conjunto de veículos ligados

As informações de encaminhamento efectivas são fornecidas às consultas relevantes no arquivo de pedidos. Com base nas consultas no arquivo de pedidos, estes dados são preparados e listados na memória das torres de estrada (RST). A RST trata estes dados com base na necessidade e na ligação de longa data dos nós. A fiabilidade do veículo determina o CSV. A velocidade e o carimbo de data/hora do veículo são gerados utilizando o formato do pacote introdutório. Com base no carimbo de data/hora e no valor limite fundamental, o veículo será classificado como CSV ou não? Quando o carimbo de data/hora aumenta de valor, o veículo permanece no CSV. Após a validação da fiabilidade da mensagem, a transferência é processada.

5.6.2.2 Conjunto de veículos eliminado

ESV Contém a lista de nós considerados nós anónimos. Os pedidos de encaminhamento gerados por estes nós foram bloqueados e removidos da tabela de informações de encaminhamento do RST. Os nós são filtrados com base na geração anónima de pedidos. O RST não responderá ao nó da lista bloqueada e o acesso aos nós da lista é negado. Após a verificação do CSV, o conjunto ESV junta-se normalmente. Quando um veículo não consegue ligar-se ao CSV, o veículo é imediatamente ligado ao ESV. Para agrupar o veículo em CSV ou ESV, o veículo verifica novamente o seu valor limite e o valor do carimbo de data/hora para cada mensagem. Além disso, os veículos do ESV verificam a distância entre eles e o valor limite da distância fundamental. Sempre que um veículo se desloca a uma distância inferior ao limiar, é automaticamente avaliado para ser membro do CSV; caso contrário, o veículo permanece no ESV. A técnica SRC proposta com CSV e ESV é apresentada na Figura 5.2. O círculo pontilhado vermelho representa um CSV, enquanto o círculo pontilhado amarelo representa um ESV. Devido ao tempo, à velocidade e a outros aspectos partilhados. Por conseguinte, a transmissão de dados será analisada antes de cada transmissão de mensagem.

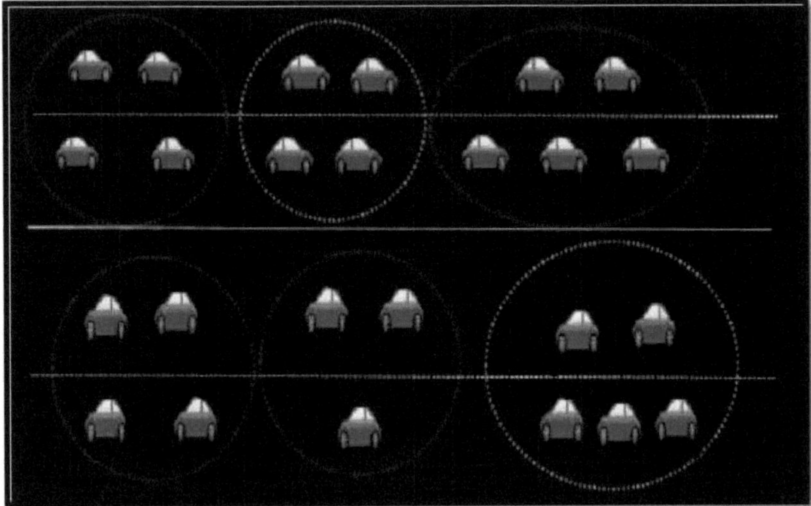

Figura 5.2: CSV e ESV propostos

A deteção de clusters é definida através da conceção do núcleo da VANET. Nas três circunstâncias, o SRC acrescenta um algoritmo de reconhecimento de clusters para construir o cluster desejado:

- Fase 1: o índice definido é mais significativo do que a identificação do veículo do emissor acessível. (j - como veículo intermédio)
- Fase 2: a distância entre os dois veículos de distância mínima do agrupamento.
- Fase 3: a distância entre os dois veículos de distância máxima do agrupamento.

A formação de clusters melhorada utiliza o mecanismo de deteção de clusters acima mencionado. O protocolo SRC sugerido é utilizado para criar clusters para difundir uma mensagem num ambiente VANET melhorado.

5.6.2.3 Sucesso da difusão de mensagens

Uma vez que os veículos estão em constante movimento, as ligações de comunicação são constantemente estabelecidas e interrompidas. Em auto-estradas remotas com baixa densidade de veículos, as ligações existentes podem quebrar-se antes de se formarem novas ligações. Esta quebra de ligação pode levar a desconexões temporárias da rede. Possui uma excelente estabilidade de clusters, definida por uma longa duração do CH, uma longa duração dos membros do cluster e uma baixa taxa de mudança do chefe do cluster. A mobilidade relativa entre o nó do veículo X e o nó do veículo Y é então aproximada através do rácio do tempo T que o nó do veículo Y demora a receber duas mensagens Hello sucessivas do nó do veículo X.

$(M^{rel}\ Y\ (X))$

no nó do veículo Y relativamente ao nó do veículo X, é a seguinte

$$(M^{rel}\ Y\ (X)) = 10 \log 10T \frac{T^{new}X \rightarrow Y}{T^{old}X \rightarrow Y}$$

A métrica acima indica que os nós estão a afastar-se uns dos outros?

Por conseguinte, quanto mais próximo

$M^{rel}Y\ (X) is\ to\ zero$ *i.s a zero*

A mobilidade relativa mais baixa do nó de veículo Y calcula uma métrica de mobilidade agregada para cada vizinho, Xi. A métrica de mobilidade agregada é obtida encontrando a variância, relativa a zero, para os valores de mobilidade relativa que encontram o nó do veículo de destino e o Messaging Broadcast Success. A figura 5.3 explica o fluxograma do sistema SRC proposto.

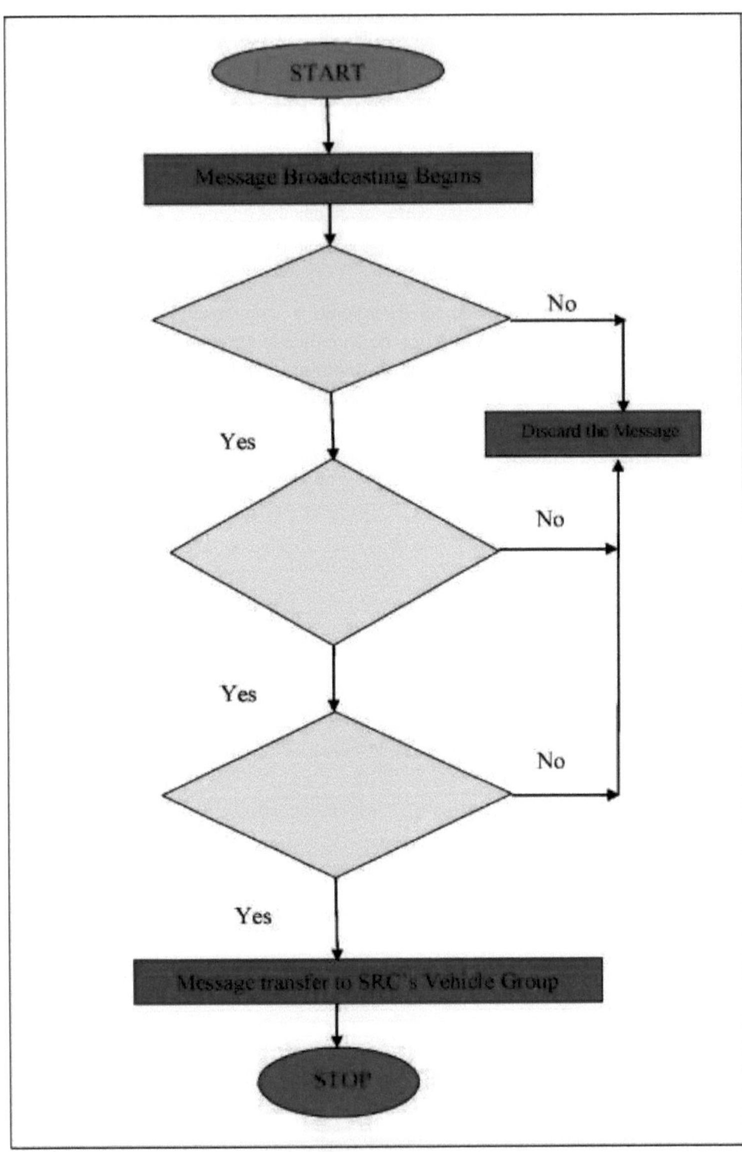

Figure 5.4: Flowchart of Selective Reliable Communication Protocol

5.7 INDICADORES DE DESEMPENHO

Esta secção apresenta a avaliação do protocolo SRC, medida através de simulações utilizando o simulador NS-3. Os resultados das simulações ajudam a observar o desempenho dos protocolos de roteamento em cenários e métricas de desempenho distintas. Este capítulo também aborda este trabalho de investigação sobre a comparação de protocolos de encaminhamento. Esta comparação qualitativa permite escolher o melhor protocolo de encaminhamento para este trabalho no cenário VANET.

O NS-3 é utilizado para implementar o desempenho do protocolo SRC. O desempenho do protocolo sugerido é comparado com os sistemas existentes ROAC-B, EWCA e CDP.
O desempenho do protocolo é determinado pelas configurações de simulação utilizadas. Os parâmetros mais críticos são o tamanho do pacote, o número de nós, o alcance da transmissão e a estrutura da rede.

Rendimento

A média de todo o débito é determinada como a transferência de mensagens em pacotes por unidade de comprimento do intervalo de tempo (TIL). O TIL é uma medida da duração de um período.

$$\textbf{Throughput} = \frac{\textbf{recvd size}}{(\textbf{Stop Time} - \textbf{Start Time})} * \frac{\textbf{8}}{\textbf{1000}}$$

Taxa de transferência =
tamanho do recibo* 8
(Hora de paragem - Hora de início) 1000

A Tabela 5.1 explica a comparação do rendimento em percentagem dos protocolos existentes, como o CDP e o ROAC-B, com o SRC proposto.

Tabela 5.1: Resultados do desempenho do débito para os protocolos CDP, ROAC-B e SRC

Tempo de simulação (S)	Rendimento (%)		
	Protocolos existentes		Protocolo proposto
	CDP	ROAC-B	SRC
100	10	12	25
200	23	25	40
300	35	40	59
400	40	58	67
500	60	62	80
600	80	84	87

A Figura 5.4 explica os resultados da comparação do débito. Os algoritmos existentes CDP atingem 80%, o ROAC-B atinge 84%. O SRC proposto enviou 87% dos pacotes por unidade de intervalo de tempo. O SRC proposto é significativamente superior a 7% e 3% dos resultados do CDP e do ROAC-B existentes. Isto mostra claramente que o SRC proposto envia mais pacotes por unidade de intervalo de tempo.

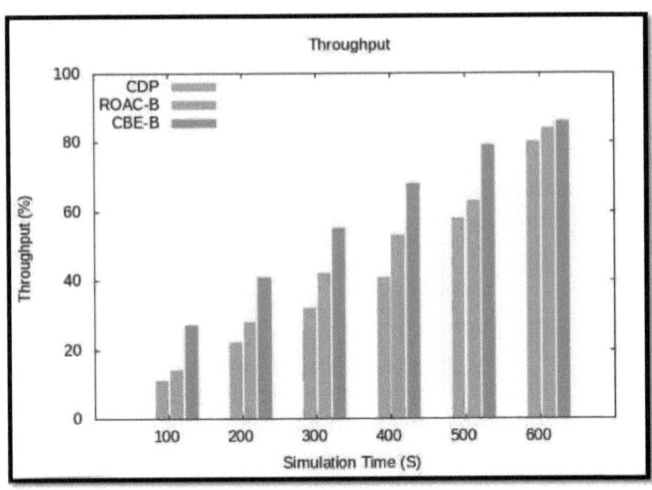

Figura 5.4: Resultado da taxa de transferência do SRC proposto em comparação com os protocolos existentes

Rácio de entrega de pacotes

O PDR é uma métrica crítica para avaliar o desempenho de qualquer protocolo de encaminhamento numa rede. O rácio é o número de pacotes de dados entregues pela fonte em relação ao número de pacotes recebidos pelos destinos. O rácio de entrega médio no SRC é calculado multiplicando o número de pacotes entregues ao longo da duração da simulação pelo número de nós de destino que recebem a mensagem de segurança dentro da região de destino. O rácio de entrega de mensagens deve ser próximo de 100% para um protocolo de difusão robusto.

PDR =

Total

de pacotes recebidos de todos os nós de destino

Número total de pacotes enviados por todos os nós de origem

A Tabela 5.2 explica o desempenho PDR dos protocolos existentes Discovery Protocol (CDP) e Rainfall Optimisation Algorithm-based Clustering with Blockchainbased data transmission (ROAC-B) com o SRC proposto.

Tabela 5.2: Resultados de desempenho do rácio de entrega de pacotes para os protocolos CDP, ROAC-B e SRC

Tempo de simulação (S)	Rácio de entrega de pacotes (%)		
	Protocolos existentes		Protocolo proposto
	CDP	ROAC-B	SRC
100	17	18	22
200	25	28	37
300	40	42	48
400	50	55	60
500	56	63	65
600	63	72	79

A Figura 5.5 explica os resultados da comparação do PDR (em percentagem). Os algoritmos existentes CDP atingem 63% e o ROAC-B atinge 72%. O protocolo SRC proposto tem um rácio de 79% entre o número de pacotes de dados fornecidos pela fonte e o número de pacotes recebidos pelos destinos. Isto mostra que o PDR do SRC proposto é superior ao do sistema existente. O SRC proposto é significativamente superior a 16% e 7% dos resultados do CDP e do ROAC-B existentes.

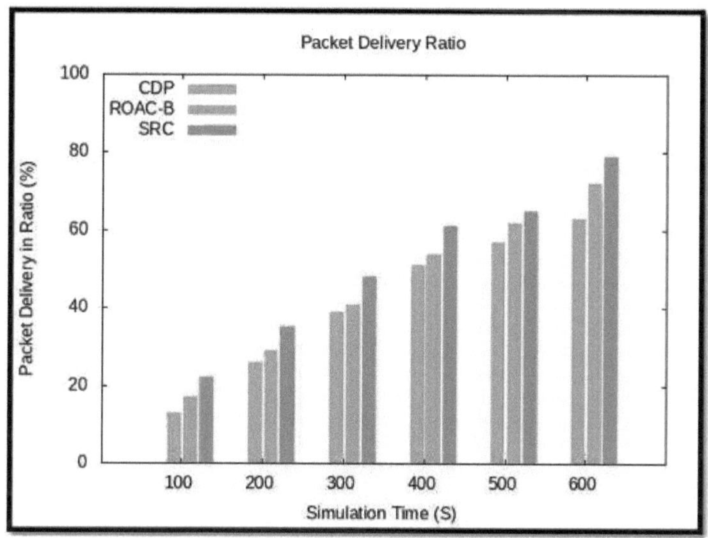

Figura 5.5: PDR do SRC proposto em comparação com os protocolos existentes

Rácio de queda do bolso

O Packet Drop Ratio (PDRR) é a proporção de pacotes que nunca chegaram ao destino em relação ao número de pacotes originados pela fonte.

$$\textbf{Pocket Drop Ratio} = \frac{\textbf{n Sent Packets} - \textbf{n Received Packets}}{\textbf{n Sent Packets}} * \textbf{100}$$

Rácio de queda de bolso n Pacotes enviados - n Pacotes recebidos
n Pacotes enviados

A Tabela 5.3 compara o desempenho dos protocolos existentes, como o CDP e o ROAC-B, com o SRC proposto em termos de PDRR.

Tabela 5.3: Resultados de desempenho do rácio de queda de pacotes para os protocolos CDP, ROAC-B e SRC

Tempo de simulação (S)	Rácio de queda de pacotes (%)		
	Protocolos existentes		Protocolo proposto
	CDP	ROAC-B	SRC
100	0	0	0
200	7	2	0
300	10	4	2
400	13	8	3
500	15	10	7
600	17	12	8

A figura 5.6 explica os resultados da comparação da PDRR (em percentagem), os algoritmos existentes CDP atingem 17% e o ROAC-B 10%. Isto mostra que o PDRR ou a perda de pacotes do sistema proposto é inferior ao do sistema existente. O protocolo SRC proposto tem um rácio de 8% de pacotes que nunca chegam ao destino em relação aos pacotes provenientes da fonte. O sistema proposto é inferior a 9% e 4% dos resultados do CDP e do ROAC-B existentes.

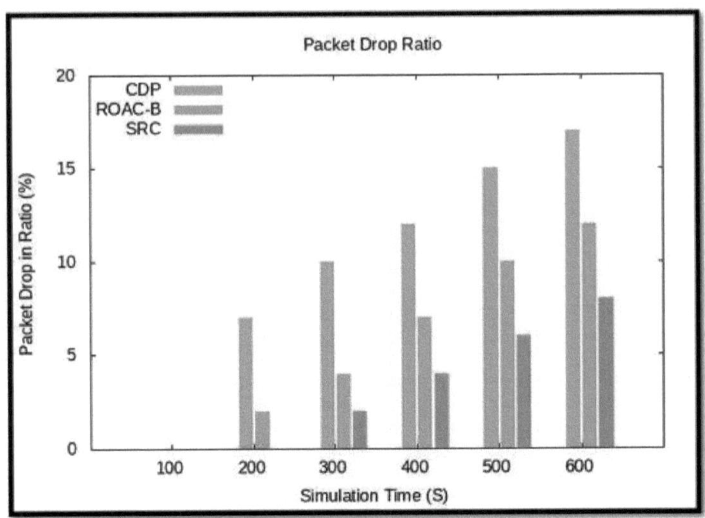

Figura 5.6: PDRR do SRC proposto em comparação com os protocolos existentes

Atraso de ponta a ponta

Este é o atraso entre a invocação de uma mensagem de segurança e o último nó a receber a difusão na região de destino. Trata-se de uma das métricas essenciais para medir o desempenho de um protocolo de difusão de mensagens de segurança, uma vez que essas mensagens devem ser difundidas o mais cedo possível. Quanto menor for o atraso, mais adequado é o protocolo para a difusão de mensagens de segurança. O tempo médio que um pacote de dados demora a chegar ao destino. É medido em milissegundos.

A Tabela 5.4 compara os protocolos existentes CDP e ROAC-B com o SRC proposto no que respeita ao atraso de fim-de-fim.

Tabela 5.4: Resultados do desempenho do atraso extremo-a-extremo para CDP, ROAC-B e Protocolos SRC

Tempo de simulação (S)	Atraso de ponta a ponta (seg)		
	Protocolos existentes		Protocolo proposto
	CDP	ROAC-B	SRC
100	0.07	0.05	0.00
200	0.10	0.07	0.05
300	0.23	0.18	0.10
400	0.40	0.35	0.18
500	0.50	0.38	0.23
600	0.60	0.45	0.30

A Figura 5.7 explica os resultados da comparação do atraso de fim-de-fim (em segundos); os algoritmos existentes transmitem mensagens que chegam do veículo de origem ao veículo de destino. O tempo de atraso de ponta a ponta do CDP é de 0,60 segundos e o do ROAC-B é de 0,45 segundos. O SRC proposto demora apenas 0,30 segundos entre a invocação de uma mensagem de segurança e o último nó que recebe a difusão dentro da região de destino. O SRC proposto é relativamente 0,30 segundos e 0,15 segundos dos tempos mínimos do CDP e do ROAC-B existentes para alcançar a fonte de destino. Isto mostra que o atraso extremo-a-extremo do SRC proposto ou o tempo necessário para chegar ao destino é inferior ao do sistema existente.

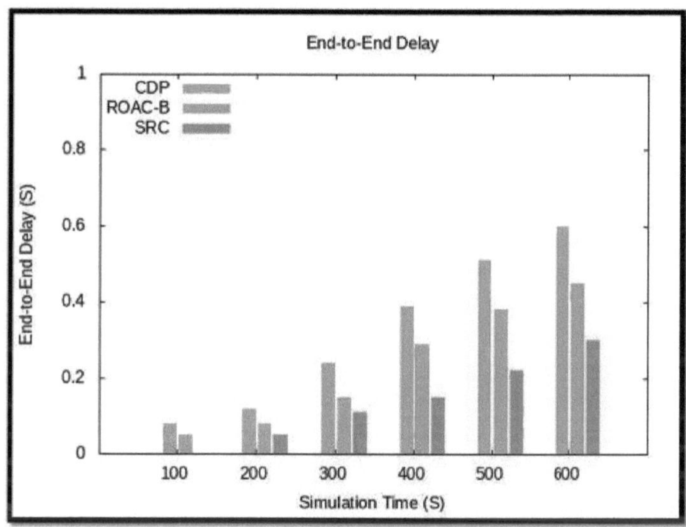

Figura 5.7: Atraso de ponta a ponta do SRC proposto em comparação com os protocolos existentes

5.7 RESUMO DO CAPÍTULO

Este capítulo desenvolveu um novo protocolo de comunicação fiável selectiva (SRC) para reduzir as tempestades de difusão em VANET. A fiabilidade do veículo é determinada classificando-o como um conjunto de veículos ligados (Connected Set of Vehicles - CSV) ou um conjunto de veículos eliminados (Eliminated Set of Vehicles - ESV). Quando um veículo viaja mais do que a distância limite, é reconsiderado para ser membro do CSV. Caso contrário, o veículo permanece no ESV. Com a classificação dos veículos, a mensagem de difusão é transmitida para o CSV e a difusão é interrompida para o ESV. No protocolo SRC, 100 nós comunicam a uma velocidade de 5 a 10 pacotes/segundo para o nó seguinte num raio de comunicação de 200 metros. Isto leva a uma melhor formação de clusters e a uma comunicação fiável em VANET e diminui a tempestade de difusão. Apesar de o desempenho ser elevado, por vezes o CH pode morrer, o que prejudica a consistência da rede. A VANET é uma nova rede em que os veículos comunicam dados sobre as condições de tráfego e outras informações pertinentes a veículos próximos.

Apesar da eficiência das VANET na comunicação e transferência de dados, as tempestades de difusão atrasam frequentemente o desempenho da rede. Foram concebidos vários protocolos para lidar com as tempestades de difusão. Comparado com o CDP e o ROAC-B, o protocolo

SRC proposto alcançou um melhor valor de débito (Throughput) de 87%, um valor de rácio de entrega de pacotes (Packet Delivery Ratio) de 79% e um valor de rácio de queda de pacotes (Packet Drop Ratio) de 8% e um atraso final de 0,30 segundos do que os protocolos existentes. Desde então, a rede não se livrou da tempestade de broadcast. Como resultado, os protocolos SRC propostos descobriram uma técnica eficaz de retransmissão de dados para a Zona de Interesse para eliminar a tempestade. O desempenho do SRC demonstra que a tempestade de difusão já não está presente na VANET.

5.8 RESULTADOS DA SIMULAÇÃO

O resultado da Fase II é apresentado nas Figuras 5.8 - 5.10. As figuras mostram o ambiente de simulação do protocolo SRC proposto no NS-3. Nas figuras, o CH, o conjunto de veículos eliminados e o conjunto de veículos ligados são representados a azul, verde e vermelho, respetivamente.

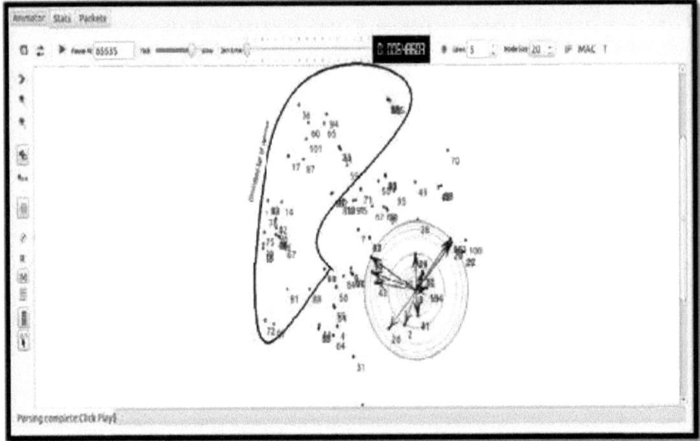

Figura 5.8: Nós separados de acordo com a mensagem recebida

A figura 5.8 ilustra que

- Apenas os veículos selecionados são agrupados para formar um cluster.
- Os CHs são eleitos com veículos limitados agrupados para formar um cluster para encaminhar mensagens.
- A transmissão de pacotes é efectuada através de

1. Eliminar o conjunto de veículos
2. Conjunto de veículos ligados

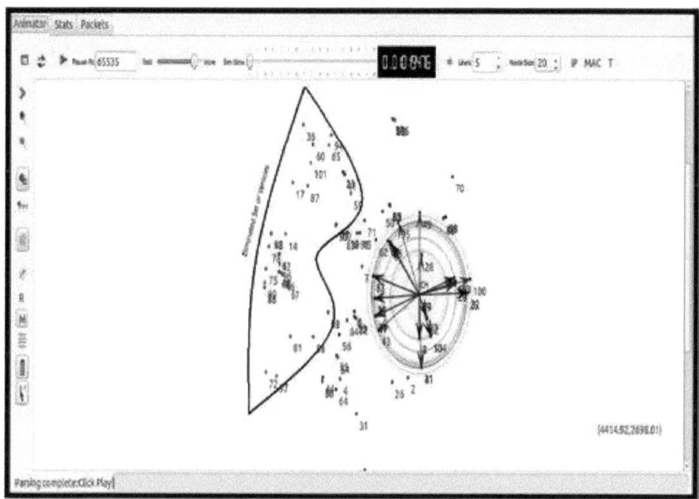

Figura 5.9: CH comunica com o conjunto de veículos ligados

Figure 9 9 provar que

- O protocolo proposto da Fase II SRC apresenta um mecanismo de deteção de agrupamentos para identificar uma melhor formação de agrupamentos.
- A fiabilidade do veículo é verificada com base no limiar e os veículos são agrupados em Conjuntos de veículos ligados ou Conjuntos de veículos eliminados.
- O CH envia as mensagens apenas para o conjunto de veículos ligados.

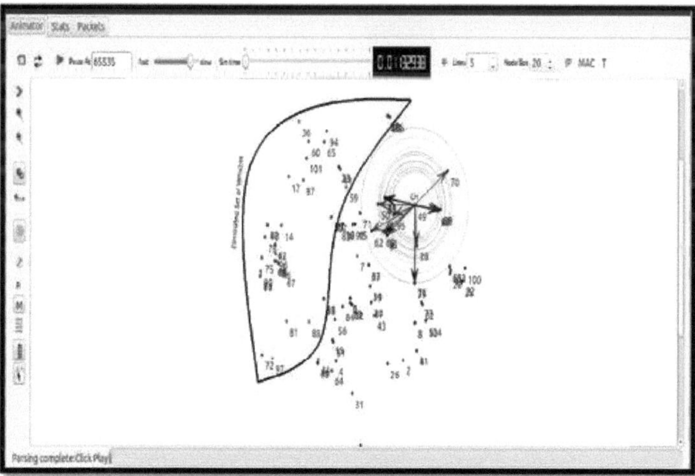

Figura 5.10: Reduzir a tempestade de difusão

Figure 10 0 apresenta as seguintes formas de controlar a tempestade de difusão:

- Fiabilidade do veículo

1. Quando o veículo atinge uma distância inferior ao limiar, esse veículo é reconsiderado para

se juntar ao CSV. Caso contrário, o veículo permanecerá no ESV.

2. Tal como a distância, o tempo que um pacote demora desde a cabeça do agrupamento até ao nó de destino também é considerado para verificar a fiabilidade do veículo. Sempre que é atingido um tempo melhor (tempo mínimo), o veículo permanece no CSV.

- O CH transmite apenas para o conjunto de veículos ligados para limitar a retransmissão da mensagem.

CAPÍTULO 6

MECANISMO DE SELECÇÃO DE CABEÇAS DE AGRUPAMENTO EFICIENTE E FIÁVEL PARA TRANSMITIR INFORMAÇÕES DE COLISÃO EM REDE AD-HOC VEICULAR - (ICHS)

6.1 INTRODUÇÃO

O intercâmbio de dados é uma caraterística das VANET. Os nós trocam frequentemente dados sobre a sua localização, velocidade e cenário rodoviário. Esta troca de dados tende a gerar dados redundantes, resultando numa tempestade de difusão, um problema significativo em VANET. Para resolver o problema, agrupar o veículo e selecionar um CH. É necessário um chefe de supercluster para cada cluster para trocar mensagens em qualquer situação. A troca de mensagens deve ser feita corretamente. Não deve ser truncada em nenhuma situação para obter clusters fortes. Este capítulo explica como formar clusters fortes e um CH prático para cada cluster.

Nos últimos anos, a construção de redes Ad-Hoc de veículos (VANET) tem atraído a atenção dos investigadores devido à sua caraterística de mobilidade, facilidade de implantação e topologia de rede adaptável. Devido à capacidade de auto-configuração de todos os nós, a VANET mantém a conetividade da rede quando os nós se deslocam de um ponto para outro. Em várias aplicações de supervisão, as VANET utilizam pequenos nós sensores para transportar dados como a velocidade, a localização e a humidade para o utilizador final. Estes nós sensores são constituídos por uma bateria de energia limitada para realizar as tarefas relacionadas com a transmissão de informações. A conservação de energia em baterias de energia limitada pode ser crítica devido à implantação de nós num ambiente pouco prático. Em alguns casos, são utilizadas fontes externas, como células solares, para carregar a bateria dos nós sensores. Pode ser difícil obter um carregamento contínuo, que só é possível a partir de uma fonte externa. Assim, a conservação da energia é uma das questões mais difíceis quando se tenta prolongar a duração da rede **(Rezaci & Mobininejad, 2012)**.

A existência de VANET está altamente relacionada com a energia consumida por cada nó sensor para cada bit de transmissão de dados. Assim, devem ser implementadas várias técnicas de transmissão de dados para a conservação de energia. Para poupar energia, tem de ser implementada uma abordagem prática de difusão de dados baseada em clusters. Esta abordagem permite poupar energia ao distribuir a carga da rede de forma igual pelos nós. Esta abordagem prática de difusão de dados baseada em clusters reduziria a probabilidade de falha dos nós, difundindo os dados para os nós distantes do nó de origem. A investigação existente tentou aumentar a eficiência energética das VANET utilizando a técnica de nó CH disjunto. Quando a MANET enfrenta uma falha de ligação inesperada entre CHs, os dados dos nós intermédios podem ser descartados antes de chegarem ao nó recetor. Assim, deve ser implementado um novo protocolo de proteção para detetar e eliminar da rede os CHs defeituosos e os seus CMs associados **(Abbas & Fan, 2018)**.

Os CHs estáticos são dispositivos à beira da estrada situados em locais predefinidos, como cruzamentos, semáforos, hospitais, restaurantes, áreas movimentadas, centros comerciais, pontos de partida da cidade e portagens. A localização do CH é utilizada para agrupar os veículos. Os veículos dentro do alcance de um CH estático tornam-se membros e a informação é retransmitida num full duplex entre eles. Durante as horas de ponta, todos os CHs estáticos estão ligados à BS central para regular o tráfego e aconselhar os veículos sobre o caminho a seguir **(Rajini Girinath & Selvan, 2013)**. Quando há muito movimento, o melhor caminho ou o caminho mais curto para a transmissão de dados pode não ser a melhor opção **(Awerbuch et al., 2004)**. Em grande medida, o processo melhorado de seleção de CH proposto resolveria o problema da falha de ligação e da mobilidade dinâmica.

Este capítulo aborda ainda os seguintes aspectos: A secção 6.2 apresenta os objectivos da fase III. A secção 6.3 apresenta o método de seleção de CH. A secção 6.4 explica o protocolo proposto de mecanismo de seleção de CH melhorado. A secção 6.5 apresenta a análise de desempenho. Este capítulo é resumido em 6.6. Finalmente, o capítulo termina com 6.7 Resultados da simulação.

6.2 OBJECTIVOS DA FASE III

A fase III tem por objetivo construir um sistema eficaz de gestão da energia para reduzir o consumo de energia por cada bit de transmissão de dados. Para conseguir a conservação de energia, são apresentados de seguida alguns métodos gerais.

1. Agrupamento com consciência de potência
2. Encaminhamento de nós disjuntos baseado em CH
3. Deteção e eliminação de CHs defeituosos
4. Desativação de nós em falha no caminho primário

Os objectivos desta investigação são os seguintes.

- Propor um sistema de seleção de CH melhorado e eficiente em termos energéticos para obter o equilíbrio da carga da rede
- Desenvolver um encaminhamento BASEADO EM CH para evitar a transmissão de dados através de nós com baixa energia residual
- Para desativar OS chs defeituosos e os seus membros associados durante a construção de percursos múltiplos

6.3 MÉTODO DE SELECÇÃO DE CABEÇAS DE CLUSTER

A propagação sem perdas de pacotes de dados cruciais de um nó de origem para um nó de destino é fundamental para definir a eficiência da composição global do nosso sistema sugerido. A localização do CH determina a formação do cluster, dependendo do seu alcance de transmissão entre os outros membros do cluster **(Deosarkar et al., 2008).** Os CH estáticos e dinâmicos distribuem dados **(Ferentinos & Tsiligiridis, 2007)**. O CH estático é um dispositivo de estrada predefinido que se encontra perto de semáforos, hospitais, restaurantes, zonas congestionadas, centros comerciais, pontos de partida da cidade e portagens. Os veículos dentro do alcance de um CH estático são representados como membros do cluster e a informação full-duplex é transferida entre eles. O CH dinâmico é escolhido com base nos veículos que percorrem toda a cidade ou distâncias maiores, como os autocarros. Tem um caminho predefinido e um gráfico de tempo para lidar com condições de elevada mobilidade. Os CHs estáticos e dinâmicos são utilizados no nosso método de agrupamento hierárquico para aumentar a eficiência da distribuição de dados. Um ou vários CHs estáticos ou dinâmicos podem fazer parte do fenómeno de agrupamento global, melhorando o desempenho da distribuição de dados, reduzindo a perda de dados e optimizando a cobertura da área **(Chen et al., 2012)**.

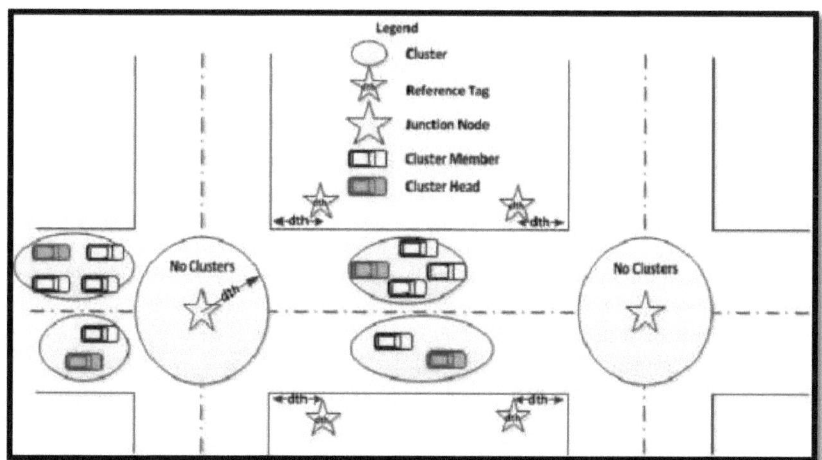

(Fonte: https://www.researchgate.net)

Figura 6.1: Arquitetura geral Seleção de cabeças de cluster

O agrupamento em VANET proporciona um quadro de gestão e diminui o custo de obtenção de rotas. Muitas abordagens de agrupamento foram apresentadas na literatura, mas apenas algumas consideraram o estado de estabilidade da rede. No entanto, a natureza da topologia em mudança dinâmica das VANETs torna problemática a descoberta de rotas de ponta a ponta. O agrupamento é um mecanismo que permite alterar dinamicamente o estado do agrupamento numa VANET com base em factores de mobilidade variados **(Ren et al., 2017)**. Em torno de CHs estáticos e dinâmicos, apenas são criados clusters estáveis. Quando um novo cluster é formado, os nós membros devem informar o CH dinâmico sobre o seu vizinho de 2 saltos para que o CH possa acompanhar a topologia do cluster. O CH é notificado das alterações topológicas porque é um domínio proactivo. Quando dois clusters se encontram, o seu número de pausas e a direção para um CH estático vizinho devem competir para se tornarem um novo CH **(Bao & Garcia-Luna-Aceves, 2002)**. O que perder deve abandonar o cluster.

O número de veículos que participam numa VANET será menor em cenários de elevada mobilidade, o que dificulta a rápida divulgação de informações. Os veículos que passam podem fornecer observações e agregados aos chefes de agrupamento estáticos **(Rasheed et al., 2017)**. Também enviam beacons, transmitindo assim os seus conhecimentos a outros veículos. Por outro lado, o benefício dos cluster heads estáticos pode ser obtido ligando-os através de CHs dinâmicos para estabelecer uma rede de backbone. Isto permite-lhes partilhar informações numa vasta área coberta, independentemente da expansão da rede. Isto pode fornecer conhecimentos actualizados a regiões remotas da rede. É necessário um pequeno número de CHs estáticos para obter benefícios significativos. Quando os CHs dinâmicos colaboram com um CH estático principal, a participação dos veículos aumenta sem perda significativa de dados **(Jung et al., 2009)**. A Figura 6.1 explica a arquitetura das selecções de CH.

A conceção de agrupamento em três níveis sugerida agrupa os automóveis, com todos os veículos a começar no nível 0. Os CHs dinâmicos (autocarros) selecionados estão no nível 1. Os CHs de nível 2 são estáticos e estão localizados em locais predefinidos. Esta técnica de agrupamento é repetida até serem criados vários agrupamentos. Os nós foram designados para formar um cluster. Depois de receberem uma mensagem hello durante a criação do agrupamento, todos os nós dentro do alcance do CH estático juntam-se ao agrupamento mais próximo. Todas as informações actualizadas sobre os veículos de nível 0 ou de nível 1 são transferidas para o CH estático vizinho quando se cruzam.

O desempenho dos protocolos de encaminhamento das VANET tende a diminuir à medida que a mobilidade dos nós aumenta **(Ashtaiwi et al., 2014; Xu et al., 2013), o** que resulta numa diminuição da estabilidade dos clusters. É desejável investigar a forma de utilizar essa conetividade rica e a heterogeneidade física para melhorar a estabilidade do agrupamento. Utiliza-se uma infraestrutura sem sobreposição e a propagação de dados com 2 saltos. Cada cluster deve reter a informação do cluster durante um período alargado. Com base nas informações mantidas em cada CH, as rotas entre clusters são descobertas dinamicamente através de inundação seguida de multicasting. Tem as caraterísticas de existência de ligações bidireccionais a pedido e baseadas em tabelas, que ajudam no encaminhamento intra-aglomerado e inter-aglomerado **(Abolhasan et al., 2004)**. O CH estático e dinâmico dirige a transmissão de dados dentro e para os clusters vizinhos. O CH deve disseminar proactivamente informações de topologia de curta duração (TTL) durante o encaminhamento inter-cluster, mesmo quando não são enviados dados. Isto deve acontecer em intervalos específicos. Ao fazê-lo, os nós confirmam a disponibilidade, o estado atual do veículo e as alterações significativas, como as mudanças de CH e as falhas de ligação. Este mecanismo proactivo conduz a um aumento da sobrecarga **(Bali et al., 2014)**.

Para reduzir as despesas gerais, é utilizada uma abordagem reactiva para procurar apenas quando há dados a enviar. Em comparação com outras abordagens, não há atraso inicial na descoberta de rotas numa abordagem reactiva, o que é indesejável em muitas circunstâncias. Em vez disso, a inundação inicial e o multicasting baseado na direção dão os resultados desejados. A propagação de pacotes de controlo é limitada dentro de cada agrupamento por transmissão. O alcance de transmissão das antenas dos veículos forma um circuito hierárquico de comunicação física. Este agrupamento permite a troca direta de informações e aumenta potencialmente o desempenho do encaminhamento. Parte-se do princípio de que existem quatro tipos de nós: (i) chefe de cluster estático, (ii) chefe de cluster dinâmico, (iii) nós de gateway e (iv) nós normais na rede **(Xia et al., 2009)**

6.3.1 Formação e manutenção de clusters

A camada superior, que contém o CH estático, estabelece a comunicação através de caminhos multi-hop. Cada CH emite mensagens hello contendo o cluster_id e a sua informação de localização. Inicialmente, não existem CHs dinâmicos. Além disso, é definido como 0 e a topologia está vazia. Depois de receber uma mensagem hello durante a criação do cluster, todos os nós dentro do alcance do CH estático juntar-se-ão ao cluster mais próximo. Cada mensagem hello é retransmitida em direção ao limite do cluster, verificando o cluster_id e a distância. Quando um nó recebe uma nova mensagem hello de um cluster diferente, com base na distância do CH, o nó pode continuar ou deixar o cluster atual e juntar-se ao novo cluster.

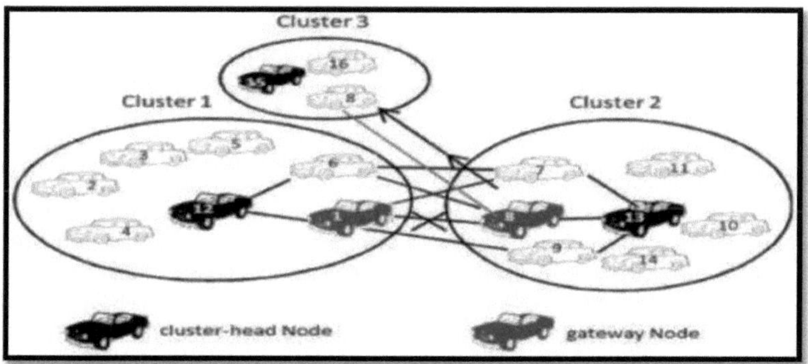

(Fonte: https://ars.els-cdn.com)

Figura 6.2: A formação e manutenção do cluster

Os pormenores do algoritmo para a formação e manutenção de clusters são descritos no algoritmo de Clustering. O fluxograma do protocolo de agrupamento alternativo é apresentado na Figura 6.3. São inicializados os parâmetros do cluster, como o número total de veículos, o Neighbor Vehicle_id, o contador de veículos e os CH estáticos e dinâmicos **(Yang et al., 2019)**. Se não existir um CH estático numa determinada localização, o CH dinâmico é escolhido como novo CH. Uma vez selecionado o CH, a mensagem C_Req é transmitida para iniciar a formação do cluster. A Figura 6.2 explica a formação e a manutenção do cluster. Este diagrama explica que o recetor do cluster C_Rep é formado em torno do CH estático ou dinâmico. Cada Vehicle_id é registado na tabela de encaminhamento do CH e o número de veículos em cada cluster pode ser encontrado. Se um dos veículos num cenário não receber qualquer mensagem CJReq, é anunciado como CH temporário e começa a propagar a mensagem CJReq para formar um cluster à sua volta. Se o CH temporário receber qualquer CJReq de qualquer CH estático ou dinâmico próximo, tornar-se-á membro do cluster; caso contrário, um nó com mais paragens e direcções para o vizinho torna-se um novo CH.

6.3.2 Descoberta da topologia

Em condições de grande mobilidade, apenas os nós de ligação estão envolvidos na descoberta da topologia. Todas as alterações na topologia devem ser imediatamente propagadas sem atrasos. Num período de intervalo regular, cada nó pode detetar a presença dos seus vizinhos através da propagação de mensagens hello. Ao enviar as mensagens hello e utilizando a resposta dos vizinhos, o CH pode escolher os vizinhos com base nos nós que têm a informação actualizada sobre o destino próximo do destino. Suponhamos que um veículo chega ao limite desse agrupamento e tenta entrar no agrupamento vizinho. Nesse caso, deve iniciar o processo de descoberta de topologia para esse cluster para encontrar o seu cenário inicial e atualizar a sua informação de topologia. O nó que tem a maior distância do CH e a direção de viagem para o destino torna-se o nó de gateway desse cluster. Os nós na fronteira devem trocar as mensagens de atualização do cluster com os nós de gateway dos clusters vizinhos. Todas as actualizações que os nós de fronteira recebem dos clusters são combinadas e enviadas para outros nós para posterior processamento pelo CH. Cada nó deve ativar a sua disponibilidade, registando o seu node_id no seu CH. A inundação das actualizações da topologia reduz em maior medida a sobrecarga de tráfego de forma reactiva.

6.3.3 Armazenamento em buffer de pacotes

Os pacotes são armazenados temporariamente no CH dinâmico e no CH estático. Cada rota é calculada a partir das entradas da tabela de encaminhamento associadas a um tempo de vida em cada nó. Cada CH reencaminha o pacote para o CH vizinho através de nós de retransmissão ou gateway e alcança o CH do cluster de destino. A rota será removida das entradas da tabela quando expirar. Para o nó de destino, que se desloca frequentemente e está longe do nó de origem, a rota para o destino não pode ser encontrada **(Grossglauser & Vetterli, 2006)**.

6.3.4 Recuperação da rota

Nas VANET, o agrupamento e a mobilidade são os parâmetros básicos que determinam a eficiência de um algoritmo de encaminhamento. Isto deve-se ao facto de, quando um veículo se desloca, poder ser colocado fora do alcance de cobertura dos seus vizinhos. Isto resultará numa falha de ligação. Um novo algoritmo de encaminhamento deve ser rápido: os veículos que pertencem à rota falhada devem ser informados e deve ser descoberta uma rota de substituição válida para processamento posterior **(Johansson et al., 2010)**. O algoritmo de encaminhamento proposto adopta a abordagem padrão para detetar quebras de rota utilizada na maioria dos protocolos existentes. Um pacote link_error é devolvido à fonte para notificar a quebra de rota. A fonte inicia o processo de reencaminhamento se ainda tiver dados para enviar. No entanto, esta abordagem conduzirá a um aumento do atraso e da sobrecarga de extremo a extremo.

Para recuperar rotas de forma eficiente, é utilizado um método mais eficiente baseado no tempo de vida do chefe de agrupamento dinâmico no agrupamento do nó de destino. Neste método, o nó de destino transmite sinalizações retroactivas à fonte. Assim que a fonte de dados recebe as balizas retroactivas, escolhe a rota adequada relativamente ao caminho com o mínimo de interferência. No entanto, devido à mobilidade frequente e às mudanças de topologia, as balizas de retorno podem não chegar à fonte num período de tempo predefinido. A fonte de dados pode desencadear uma nova descoberta de rota através da difusão de um novo pedido de rota **(Ganesh & Amutha, 2013)**. O processo de recuperação de rota pode ser iniciado sem demora se ocorrer qualquer perda de dados devido a uma falha de rota. Se a falha de rota for detectada no interior do cluster, o processo de descoberta de rota é iniciado pelo CH através dos nós de retransmissão. O CH atribui todos os nós dentro da vizinhança do salto ao CH e atribui o papel de retransmissor aos nós colocados dentro da vizinhança do salto **(Akila & Venkatesan, 2016)**. Os nós de retransmissão reparam o caminho interrompido com um mínimo de sobrecarga. Se este método falhar, o par de nós em que a ligação foi desligada deve transmitir o seu estado aos nós vizinhos, encontrar uma forma alternativa de ligação e reiniciar a descoberta de uma rota. O algoritmo proposto respeita as seguintes restrições:

1. Cada nó é identificado pelo seu vizinho de dois saltos.
2. Cada nó deve pertencer a pelo menos um cluster com um CH estático ou dinâmico
3. Cada cluster deve conter um mínimo de um cluster head e
4. Todos os nós vizinhos devem receber a informação inicial de inundação mais tarde no processo com operação multicast baseada na localização do destino.

5. 4 PROPOSTA DE UM MECANISMO MELHORADO DE SELECÇÃO DE CABEÇAS DE AGRUPAMENTO (ICHS)

A VANET tem a propriedade de mudar rapidamente a topologia e de ter uma mobilidade de rede de alta velocidade. A transmissão de dados ocorre sempre que há uma oportunidade de enviar informações para outros veículos. O método unicast é utilizado para enviar informações do nó veicular de origem para o nó veicular de destino, que se baseia na comunicação ponto-a-ponto. O método multicast é utilizado quando existe uma situação em que é necessário enviar informações a um grupo de nós veiculares na rede. O método de difusão é utilizado quando todos os nós veiculares actuam como o método de difusão múltipla. O nó de origem envia pedidos de itinerário aos nós próximos na rede para chegar ao nó de destino. Os nós vizinhos reencaminham os pedidos de itinerário até os pedidos chegarem ao nó de destino. O trajeto é estabelecido utilizando as informações de encaminhamento para a transmissão de informações. O nó veicular utiliza este caminho até a comunicação estar concluída. A quebra de ligação ocorre quando não existem informações de encaminhamento para os nós veiculares. O protocolo de encaminhamento Ad hoc on-demand multipath distance vetor (AOMDV) é concebido quando um protocolo de encaminhamento de caminho único, como o Ad hoc on-demand distance vetor (AODV), é alargado ao encaminhamento multipath. Este protocolo garante a ausência de ciclos e a disjunção de caminhos alternativos. O AOMDV partilha várias caraterísticas com o AODV. Utiliza uma abordagem de encaminhamento hop-by-hop baseada no conceito de vetor de distância. Ao contrário do AODV, o AOMDV encontra rotas a pedido utilizando um procedimento de descoberta de rotas. A diferença em relação ao AODV é encontrar o número de rotas em cada descoberta de rota. Assim, estamos a utilizar o protocolo AOMDV com o método de seleção de cabeças de agrupamento para melhorar o desempenho do sistema. A Figura 4.4 mostra o pseudocódigo de implementação do CBE-B proposto.

Etapa 1: Inicialização: *V = conjunto de veículos*

Passo 2: NOV **= Número de veículos no agrupamento**

Passo 3: s_i **= Velocidade do veículo em V**

Passo 4: S_{avg} *= velocidade média de todos os veículos*

Passo 5 (x_i, y_i) *= coordenadas actuais do veículo*

Passo 6: w_1 **= distância**

Passo 7: w2 = número de mensagens recebidas

Passo 8: *w3 = percentagem de perda de pacotes* ($0 < W_1, W_2, W_3 < 1$ *e* $W_1 + W_2 + W_3 = 1$).

Passo 9: velocidade de um veículo *r^calculada utilizando*

$v_i^m =$ **velocidade de um veículo i no agregado m**

$$\Delta v = \frac{\sum i \in v^m |v_i^m - v_j^m|}{Nov\ x\ w_1(w_2 - w_3)}$$

Passo 10: Função de utilidade do CH em m

$$u_i^m = \frac{Nov^m, s_{avg}}{1 + e^{-s\left(\frac{s_{avg} * w_2}{v_{(x_i, y_i)} * w_2}\right)}}$$

Passo 11: A função de utilidade média é identificada

$$\Delta v^m, i^n = s_i \Delta s_{avg} w_2 + s_i \Delta nov w_2$$

Passo 12:Se

$\Delta v^m, i^n \leq 0$ **do que**

Etapa 13: A eleição do CH é efectuada por defeito

Etapa 14: Caso contrário

Etapa 15: O CH é eleito com base na *vf* **proposta**

Figura 6.3: Pseudocódigo do mecanismo melhorado de seleção de cabeças de cluster

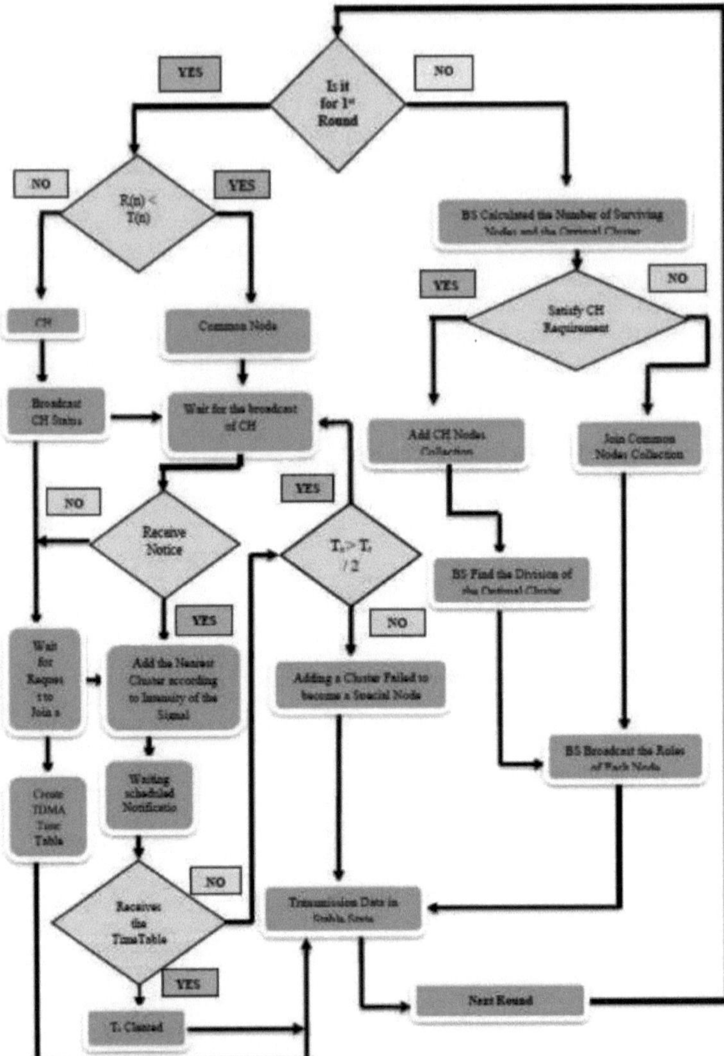

Figura 6.4: Fluxograma do protocolo ICHS proposto

O protocolo AOMDV concentra-se na descoberta de múltiplos caminhos sem laços e desarticulados. No AOMDV, a propagação do RREQ da fonte para o destino estabelece múltiplos caminhos inversos nos nós intermédios e de destino. Múltiplos RREP atravessam estes caminhos inversos a partir de múltiplos caminhos diretos para o destino nos nós de origem e intermédios. Ao contrário do AODV, o AOMDV pode incluir campos extra na tabela de encaminhamento e utiliza-os para encontrar múltiplos caminhos. A fonte recebe respostas de rota extra, facilita a descoberta de rotas multipercurso e trata os erros de rota para a manutenção de rotas multipercurso.

Com base nos problemas identificados no protocolo original, é proposto nesta investigação um protocolo revisto denominado Enhanced Head Selection Mechanism. Esta investigação utiliza um mecanismo fiável de seleção de CH para melhorar a comunicação das mensagens. A BS seleciona o CH com base na sua distância da BS, na velocidade do nó, no número de mensagens, no número de vezes escolhido e no número de nós adjacentes. Isso é mostrado na Figura 6.4. Após a primeira ronda, a BS escolhe o próximo nó CH. A BS estabelece nós CH alternativos para um encaminhamento inter-cluster multi-hop mais lógico e racional. O mecanismo de seleção CH melhorado é proposto para evitar eficazmente as tempestades de difusão.

O agrupamento é feito com uma seleção óptima de CHs com base num mecanismo de encaminhamento de agrupamento melhorado. Embora o cluster tenha um desempenho superior, ocasionalmente, o CH pode morrer e a comunicação entre os nós membros é interrompida. Assim, há uma necessidade imediata de seleção do CH para ultrapassar esta situação. Assim, é implementado um método proposto de seleção de CH para antecipar a comunicação do cluster e minimizar as tempestades de difusão. Este método de seleção de CH melhora a eficiência do protocolo e supera todos os parâmetros propostos.

6.5 INDICADORES DE DESEMPENHO

Esta secção apresenta a avaliação do protocolo ICHS, medida através de simulações utilizando o simulador NS-3. Os resultados das simulações ajudam a observar o desempenho dos protocolos de encaminhamento em cenários e métricas de desempenho distintas. Este capítulo também aborda este trabalho de investigação sobre a comparação de protocolos de encaminhamento. Esta comparação qualitativa permite escolher o melhor protocolo de encaminhamento para o nosso trabalho no cenário VANET.

A Tabela 6.1 explica a comparação do rendimento efectuada com os protocolos existentes, como o CDP e o ROAC-B, e o ICHS no que respeita ao rendimento e à PDR.

Tabela 6.1: Resultados de desempenho de taxa de transferência para os protocolos CDP, ROAC-B e ICHS

Tempo de simulação (S)	Rendimento (%)		
	Protocolos existentes		Protocolo proposto
	CDP	ROAC-B	ICHS
100	10	12	25
200	23	26	40
300	30	40	60
400	39	58	70
500	60	63	80
600	80	84	89

A Figura 6.5 explica os resultados da comparação da taxa de transferência e o protocolo existente CDP atinge 80%, o ROAC-B atinge 84% e o ICHS proposto 89% de pacotes por unidade de comprimento de intervalo de tempo. Isto mostra claramente que o sistema proposto envia mais pacotes por unidade de intervalo de tempo. O ICHS proposto é significativamente superior a 9% e 5% dos resultados do CDP e do ROAC-B existentes.

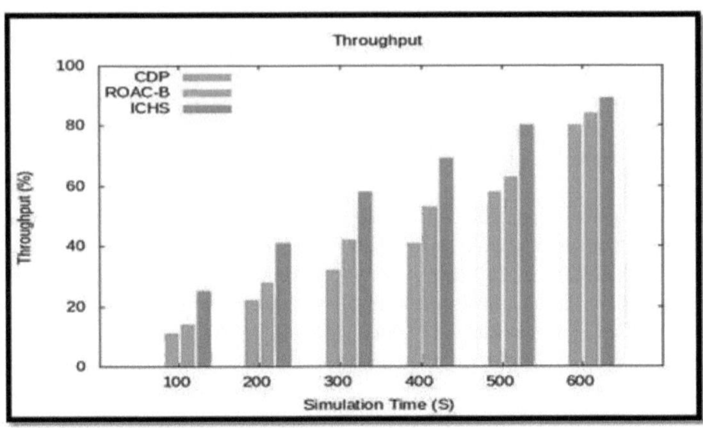

Figura 6.5: Resultado da taxa de transferência do ICHS proposto em comparação com os protocolos existentes

O CDP e o ROAC-B são comparados com o ICHS proposto em termos de PDR e são apresentados no Quadro 6.2.

Tabela 6.2: Resultados do desempenho do rácio de entrega de pacotes para CDP, ROAC-B e Protocolos ICHS

Tempo de simulação (S)	Rácio de entrega de pacotes (%)		
	Protocolos existentes		Protocolo proposto
	CDP	ROAC-B	ICHS
100	17	19	21
200	25	27	38
300	40	42	50
400	52	55	62
500	58	62	72
600	63	72	83

A figura 6.6 explica os resultados da comparação da PDR (em percentagem). Isto mostra que a PDR do sistema proposto é superior à dos protocolos existentes. Os algoritmos existentes CDP atingem 63% e o ROAC-B atinge 72%. O protocolo ICHS proposto tem um rácio de 83% entre o número de pacotes de dados fornecidos pela fonte e o número de pacotes recebidos pelos destinos. O ICHS proposto é significativamente superior a 20% e 11% dos resultados actuais do CDP e do ROAC-B.

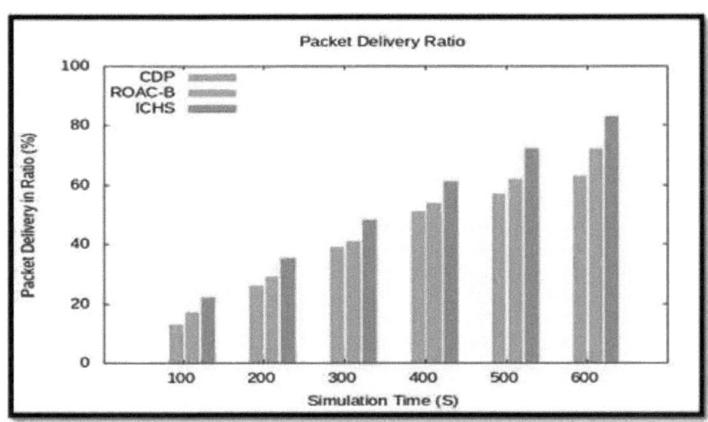

Figura 6.6: PDR do ICHS proposto em comparação com os protocolos existentes

Figure 5:

A Tabela 6.3 explica a comparação PDRR dos protocolos existentes, o CDP e o ROAC-B com o ICHS proposto.

Tabela 6.3: Resultados do desempenho do rácio de queda de pacotes para os protocolos CDP, ROAC-B e ICHS

Tempo de simulação (S)	Rácio de queda de pacotes (%)		
	Protocolos existentes		Protocolo proposto
	CDP	ROAC-B	ICHS
100	0	0	0
200	7	2	0
300	10	3	0
400	12	7	1
500	15	10	4
600	17	12	6

A Figura 6.7 explica os resultados da comparação da PDRR (em percentagem). Os algoritmos existentes CDP atingem 17% e o ROAC-B 12%. Isto mostra que o PDRR ou perda de bolso do ICHS proposto é inferior ao dos protocolos existentes. O protocolo ICHS proposto tem um rácio de 6% de pacotes que nunca chegam ao destino em relação aos pacotes provenientes da fonte. O ICHS proposto é inferior a 11% e 6% dos resultados do CDP e do ROAC-B existentes.

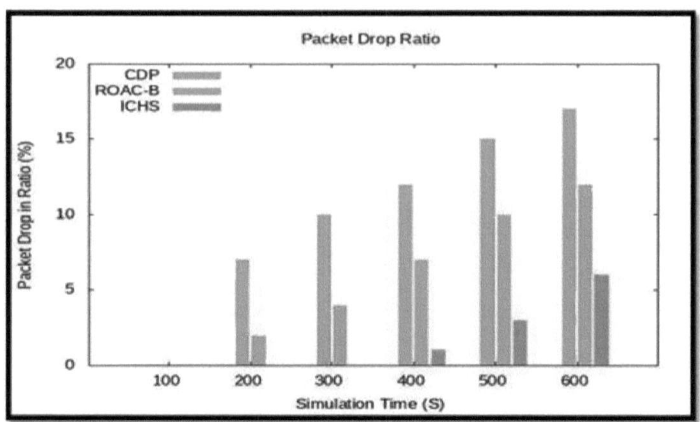

Figura 6.7: PDRR do CBE-B proposto em comparação com os protocolos existentes

O desempenho do atraso extremo-a-extremo dos protocolos CDP e ROAC-B em comparação com o ICHS proposto é apresentado na Tabela 5.4.

Tabela 6.4: Resultados do desempenho do atraso extremo-a-extremo para CDP, ROAC-B e Protocolos ICHS

Tempo de simulação (S)	Atraso de ponta a ponta (seg)		
	Protocolos existentes		Protocolo proposto
	CDP	ROAC-B	ICHS
100	0.10	0.07	0.00
200	0.12	0.10	0.00
300	0.25	0.18	0.05
400	0.40	0.30	0.11
500	0.50	0.39	0.15
600	0.60	0.45	0.20

A figura 6.8 explica os resultados da comparação do atraso extremo-a-extremo (em segundos); a mensagem do protocolo ICHS existente chega ao veículo de origem para o veículo de destino, tal como o tempo de atraso extremo-a-extremo do CDP chega em 0,60 segundos, o ROAC-B chega em 0,45 segundos. Isto mostra que o atraso extremo-a-extremo do ICHS proposto ou o tempo necessário para chegar ao destino é inferior ao dos protocolos existentes. O ICHS proposto demora apenas 0,20 segundos entre a invocação de uma mensagem de segurança e o último nó que recebe a difusão dentro da região de destino. O sistema proposto é relativamente 0,40 segundos e 0,25 segundos dos tempos mínimos de CDP e ROAC-B existentes para chegar à fonte de destino.

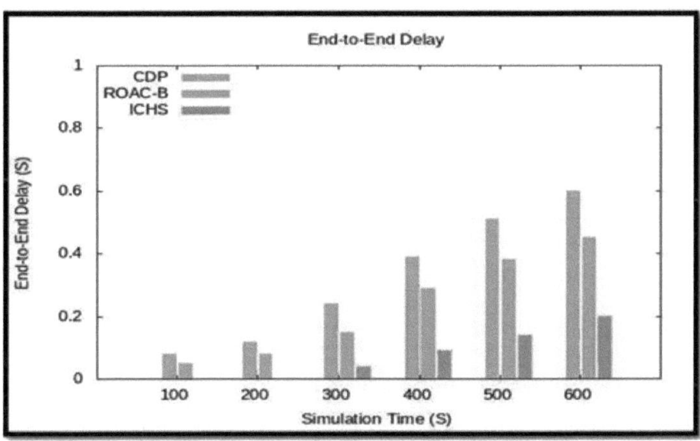

Figura 6.8: Atraso de ponta a ponta do ICHS proposto em relação aos protocolos existentes

As informações relacionadas com os clusters são trocadas rapidamente, provocando um maior consumo de largura de banda e uma redução do desempenho da rede, o que leva a um aumento das despesas gerais. Em condições de alta densidade, o reagrupamento pode causar uma sobrecarga de comunicação significativa na rede quando há desconexões frequentes do CH na arquitetura do agrupamento. No movimento em grupo de nós em áreas urbanas, a criação e manutenção de estruturas de clusters numa rede Adhoc acarreta custos adicionais de comunicação e computação. No entanto, no ICHS, todos os nós se tornam membros do chefe do cluster. Durante a alta mobilidade, se um nó não se tornar membro de um cluster, declara-se CH. Forma um cluster em torno do seu alcance de transmissão até que um CH pré-definido entre nele. Este mecanismo de seleção de CH reduzirá o número de agrupamentos e minimizará a sobrecarga.

1.6 RESUMO DO CAPÍTULO

Este capítulo discute o desempenho em pormenor e o mecanismo de seleção de cabeças de cluster melhoradas (ICHS) é desenvolvido no NS3. A combinação do mecanismo de seleção de CHs reduz as despesas gerais e as taxas de mudança de CH. O protocolo existente CDP e ROAC-B é comparado com o protocolo proposto. Para 100 nós, os resultados da simulação de 5 a 10 taxas de pacotes mostram que o ICHS proposto apresenta melhorias em termos de taxa de transferência de 89%, taxa de entrega de pacotes de 83%, taxa de queda de pacotes de 6%, atraso de fim a fim de 0,20 segundos com o alcance de comunicação do veículo de 200m. Isto mostra que, na maioria dos cenários propostos, o algoritmo ICHS tem um melhor desempenho.

O veículo pode ser um meio para minimizar o atraso de ponta a ponta para uma entrega eficiente da informação. Este protocolo tem uma caraterística notável: se o chefe de agrupamento morrer, o chefe de agrupamento alternativo assume a responsabilidade de trocar as mensagens entre os nós para que não ocorra o truncamento das mensagens. Sempre que o número de veículos aumenta, a contagem de reafiliação dos nós é elevada devido ao movimento dos nós e, consequentemente, o atual chefe de grupo pode não ser reeleito.

Como resultado, os protocolos ICHS propostos descobriram uma técnica eficaz de retransmissão de dados para a Zona de Interesse para eliminar a tempestade. O desempenho do ICHS demonstra que a tempestade de difusão já não está presente na VANET.

1.7 RESULTADOS DA SIMULAÇÃO

Os resultados da simulação demonstram o desempenho do protocolo ICHS proposto para a Fase III. As figuras 6.9-6.11 mostram o ambiente de simulação do protocolo ICHS no NS3. Nas figuras, o CH é representado a azul. Do mesmo modo, o CH suplente é representado a azul brilhante e os outros nós a vermelho.

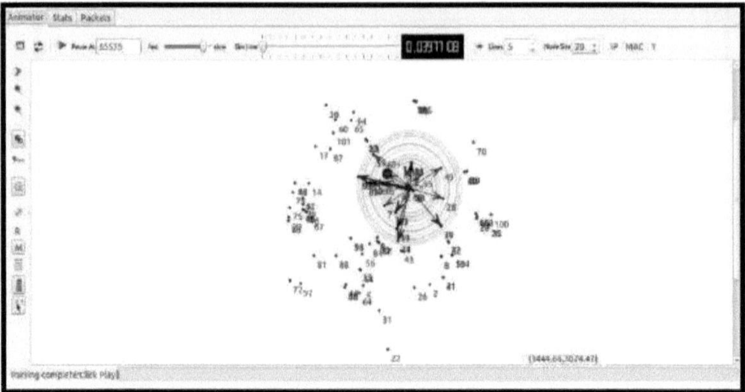

Figuras 6.9: Formação de clusters, eleição de CH e CH alternativo

Figure 9 9 ilustram isso,

- Os veículos serão agrupados em clusters com base em posições geográficas, direcções de movimento, velocidade e outras métricas.
- O CH é eleito simultaneamente. Foi também eleito um CH suplente do agrupamento.

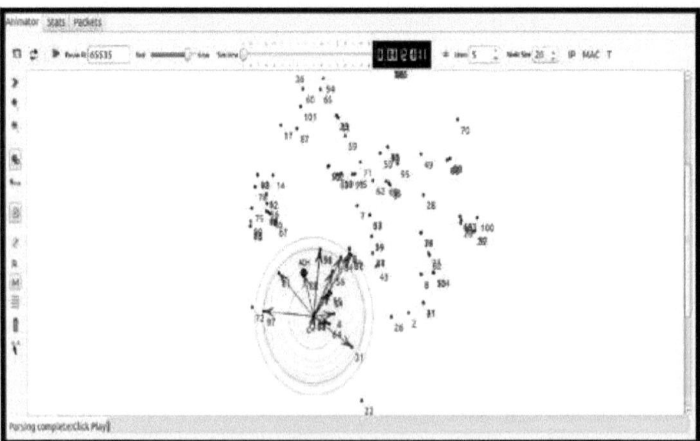

Figura 6.10: O CH transmite a mensagem aos seus nós do cluster

Figure 10 0 provar que

- O CH é responsável pela transmissão das mensagens de aviso aos seus nós de cluster.
- O ACH TRANSMITE a mensagem apenas em caso de emergência.

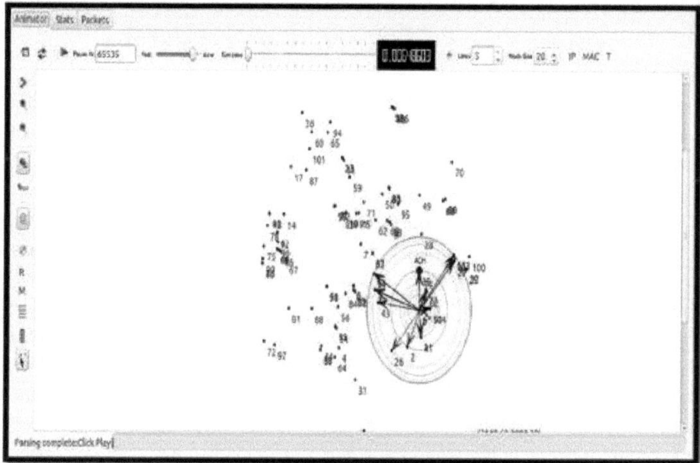

Figuras 6.11: Nó CH alternativo

Figure 11 1 apresenta as seguintes formas de controlar a tempestade de difusão:

- O CH é o único nó que retransmite mensagens para os seus membros do cluster.
- Em caso de emergência, se o CH expirar ou não conseguir transmitir as mensagens. O nó CH alternativo está pronto para transmitir as mensagens aos seus nós membros para reduzir a retransmissão da mensagem.
- Com base na distância do CH, o nó pode continuar ou deixar o cluster atual e juntar-se ao novo cluster.

CAPÍTULO 7

CONCLUSÃO E ÂMBITO PARA O FUTURO

7.1 CONCLUSÃO

Nos últimos anos, a indústria automóvel e os investigadores desenvolveram muitos projectos de investigação. As redes ad hoc veiculares têm sido um domínio emergente e em crescimento. A natureza realista desta rede tem motivado e atraído mais atenção entre os jovens investigadores. Este trabalho centra-se principalmente em duas questões cruciais das redes ad hoc veiculares. Difundir informação numa rede e fazer com que essa mensagem chegue a todos os nós da rede é um desafio. Este efeito secundário da difusão tem um impacto maior no desempenho global da rede. Numa determinada fase, pode provocar o colapso da rede. Esta questão de investigação é considerada um problema. Foram propostos três métodos. Cada método centra-se na seleção de técnicas de agrupamento e de cabeças de agrupamento para reduzir o problema das tempestades de difusão. Esta investigação considera uma ferramenta de simulação NS-2 e analisa o mecanismo eficiente e fiável para lidar com as tempestades de difusão. A transmissão de mensagens enfrentaria o problema da tempestade de difusão na comunicação veicular, tendo em conta a velocidade e a localização do veículo. A retransmissão e a redundância das mensagens devem ser reduzidas ao mínimo numa via de comunicação. A difusão de uma mensagem deve melhorar com a transmissão proeminente de pacotes. O desempenho da comunicação é medido através do rácio de entrega de pacotes e da taxa de transferência

O primeiro protocolo implementa um protocolo de difusão eficaz baseado em clusters para diminuir o número de transmissões de pacotes e sincronizar as posições dos veículos. O veículo pode ser um meio para minimizar o atraso de ponta a ponta para uma entrega eficiente da informação. A partir de agora, o protocolo de agrupamento é avaliado para evitar tempestades de difusão. O algoritmo Cluster-Based Efficient-Broadcast (CBE-B) melhora a estabilidade dos clusters em VANET. É comparado com o método existente, o algoritmo CDP. Os resultados da simulação mostram que o protocolo proposto melhora a estabilidade dos clusters, o rácio de queda de pacotes (em percentagem), o atraso de ponta a ponta (em segundos) e a PDR a diferentes velocidades do veículo. Isto mostra que o algoritmo proposto (CBE-B) tem um desempenho desejável na maioria dos cenários.

Em segundo lugar, o protocolo de trajetória de comunicação proposto elimina as tempestades de difusão. Criaria uma via de comunicação fiável e eficaz com menos atrasos de propagação. O sistema proposto demorou 0,30 segundos, 15 segundos e 20 segundos dos tempos mínimos actuais do CDP, do ROAC-B e do CBE-B para chegar à fonte de destino. Isto mostra que o atraso extremo-a-extremo do SRC proposto ou o tempo necessário para chegar ao destino é inferior ao do sistema existente. Este protocolo de vias de comunicação proposto mostra que o algoritmo proposto SRC tem um melhor desempenho na maioria dos cenários. Para uma entrega eficiente da informação, o veículo pode ser um meio para minimizar o atraso extremo-a-extremo e outros parâmetros de desempenho.

O terceiro protocolo é o ICHS. Este protocolo considera dois valores para a seleção do chefe de agrupamento de um agrupamento, denominado Improved Cluster Head Selection Mechanism (ICHS). O chefe de grupo é escolhido com base no valor do peso de um nó e na distância Dmin. Esta consideração tem um impacto significativo na cabeça do agrupamento. Com o cluster head, a difusão é efectuada na rede. Assim, a seleção correta dos agrupamentos desempenha um papel vital e o chefe do agrupamento deve poder cobrir um número máximo de vizinhos, o que constitui o principal objetivo do protocolo proposto. Os resultados mostram uma redução significativa na geração de mensagens de difusão e na tempestade de difusão. A difusão de mensagens é efectuada dinamicamente com os chefes de agrupamento. O protocolo permite a difusão da mensagem com menos retransmissão e atraso de propagação. Assim, espera-se que o protocolo proposto tenha um melhor desempenho do que os outros esquemas existentes. Como resultado, o protocolo ICHS proposto foi descoberto, uma técnica eficaz para retransmitir dados para a Zona de Interesse para eliminar a tempestade. O desempenho do ICHS mostra que a tempestade de difusão já não está presente na VANET.

Esta investigação contribui para o problema da tempestade de difusão das VANET, a fim de reduzir a redundância de mensagens dos vizinhos, e para a transferência de veículos entre RSUs e chefes de agrupamento, a fim de obter uma transferência suave para manter o nó desejado durante a viagem.

7.2 ÂMBITO DA INVESTIGAÇÃO FUTURA

No futuro, a segurança pode ser adicionada ao protocolo proposto para a transmissão de dados e pode ser implementada na Internet dos Veículos (IoV). Os protocolos propostos podem ser implementados em veículos baseados na IoT para melhorar a segurança e preservar a transferência de dados.

Além disso, minimiza a transmissão de pacotes através da fusão do cluster e assegura uma comunicação estável entre os nós. Além disso, melhorar a densidade dos clusters para uma transmissão de pacotes bem sucedida numa rede altamente congestionada.

BIBLIOGRAFIA

Aadil, F., Ahsan, W., Rehman, Z. U., Shah, P. A., Rho, S., & Mehmood, I. (2018). Algoritmo de agrupamento para a internet de veículos (IoV) baseado no otimizador de libélula (CAVDO). *The Journal of Supercomputing*, *74*(9), 4542-4567.

Abbas, F., & Fan, P. (2018). Esquema de roteamento confiável de baixa latência baseado em clustering usando o método ACO para redes veiculares. *Comunicações Veiculares*, *12*, 66-74.

Abboud, K., Omar, H. A., & Zhuang, W. (2016). Interfuncionamento de DSRC e tecnologias de rede celular para comunicações V2X: A survey. *IEEE Transactions on Vehicular Technology*, *65*(12), 9457 -9470.

Abdul-Salaam, G., Abdullah, A. H., &Anisi, M. H. (2017). Comunicação de dados com eficiência energética para navegação em redes de sensores sem fios híbridas sem posição. *IEEE Sensors Journal*, *17*(7), 2289-2297.

Abolhasan, M., Wysocki, T., & Dutkiewicz, E. (2004). A review of routing protocols for mobile ad hoc networks (Uma revisão dos protocolos de encaminhamento para redes móveis ad hoc). *Ad hoc Networks*, *2*(1), 1-22.

Abrougui, K., Boukerche, A., & Pazzi, R. W. N. (2011). Conceção e avaliação de protocolos de descoberta de serviços sensíveis ao contexto e baseados na localização para redes veiculares. *IEEE Transactions on Intelligent Transportation Systems*, *12*(3), 717735.

Abuashour, A., & Kadoch, M. (2017). Melhoria de desempenho do protocolo de roteamento baseado em cluster em VANET. *IEEE Access*, *5*, 15354-15371.

Abu-Mahfouz, A. M., & Hancke, G. P. (2017). Algoritmo de localização ALWadHA: Ainda mais eficiente em termos energéticos. *IEEE Access*, *5*, 6661-6667.

Ahizoune, A., & Hafid, A. (2012, outubro). Um novo algoritmo de agrupamento baseado em estabilidade (SBCA) para VANETs. Na *37ª Conferência Anual do IEEE sobre Redes Locais de Computadores-Workshops* (pp. 843-847). IEEE.

Aissa, M., Belghith, A., & Bouhdid, B. (2015). Métricas de garantia de conetividade de cluster em redes ad hoc veiculares. *Procedia Computer Science*, *52*, 294-301.

Akhtar, N., Ozkasap, O., & Ergen, S. C. (2013). Caraterísticas da topologia VANET sob modelos realistas de mobilidade e canal. Em *2013 IEEE Wireless Communications and Networking Conference (WCNC),* (pp. 1774-1779). IEEE.

Akila, I. S., & Venkatesan, R. (2016). Uma abordagem de agrupamento cognitivo multi-hop para redes de sensores sem fios. *Wireless Personal Communications*, *90*(2), 729-747.

Almalag, M. S., Olariu, S., & Weigle, M. C. (2012, junho). Mac baseado em cluster Tdma para VANETs (tc-mac). Em *2012 IEEE International Symposium on a World of Wireless, Mobile and Multimedia Networks (WoWMoM)* (pp. 1-6). IEEE.

Aravindhan, K., & Dhas, C. S. G. (2019). Protocolo de roteamento baseado em contexto com reconhecimento de destino com algoritmo de cluster de computação suave híbrido para VANET. *Soft Computing*, *23*(8), 2499-2507.

Ashtaiwi, A., Saoud, A., & Almerhag, I. (2014). Avaliação de desempenho de protocolos de roteamento VANETs. *Ciência da Computação e Tecnologia da Informação*, *4*, 305-315.

Aswathy, M. C., & Tripti, C. (2012). Um aprimoramento baseado em cluster para AODV para comunicação inter-veicular em VANET. *Revista Internacional de Computação em Grade e Aplicações*, *3*(3), 41.

Awerbuch, B., Holmer, D., & Rubens, H. (2004). High throughput route selection in multi-rate ad hoc wireless networks. *InIFIP Working Conference on Wireless On- Demand Network Systems* (pp. 253-270). Springer, Berlim, Heidelberg.

Bali, R. S., Kumar, N., & Rodrigues, J. J. (2014). Clustering em redes ad hoc veiculares:

taxonomia, desafios e soluções. *Vehicular Communications*, *1*(3), 134-152.

Bao, L., & Garcia-Luna-Aceves, J. J. (2002). Programação da transmissão em redes ad hoc com antenas direcionais. In *Proceedings of the 8th annual International Conference on Mobile Computing and Networking* (pp. 48-58).

Bedi, P., & Jindal, V. (2014). Uso de tecnologia de big data em redes ad-hoc veiculares. Em *2014, Conferência Internacional sobre Avanços em Computação, Comunicações e Informática (ICACCI)* (pp. 1677-1683). IEEE.

Bi, Y., Shan, H., Shen, X. S., Wang, N., & Zhao, H. (2015). Um protocolo de transmissão multi-hop para disseminação de mensagens de emergência em redes ad hoc veiculares urbanas. *IEEE Transactions on Intelligent Transportation Systems*, *17*(3), 736-750.

Bilal, S. M., Madani, S. A., & Khan, I. A. (2011). Mecanismo de seleção de junção melhorado para protocolo de encaminhamento em VANETs. *Int. Arab J. Inf. Technol.*, *8*(4), 422-429.

Biswas, S., & Misic, J. (2012). Verificação baseada na relevância de mensagens de segurança VANET. Em *2012 IEEE International Conference on Communications (ICC)* (pp. 5124-5128). IEEE.

Chai, R., Yang, B., Li, L., Sun, X., & Chen, Q. (2013, outubro). Algoritmos de transmissão de dados baseados em clustering para VANET. Em *2013, Conferência Internacional sobre Comunicações Sem Fio e Processamento de Sinais* (pp. 1-6). IEEE.

Chen, H. X., Chen, W., Liu, X., Liu, Y. R., & Zhu, S. L. (2017). Uma revisão dos sistemas de charme aberto e de fundo aberto. *Relatórios sobre o progresso da física*, *80*(7), 076201.

Chen, J., Low, K. H., Tan, C. K. Y., Oran, A., Jaillet, P., Dolan, J. M., & Sukhatme, G. S. (2012). Fusão descentralizada de dados e deteção ativa com sensores móveis para modelação e previsão de fenómenos de tráfego espácio-temporais. *arXiv preprint arXiv:1206.6230.*

Cheng, J., Yuan, G., Zhou, M., Gao, S., Huang, Z., & Liu, C. (2020). Um modelo de agrupamento dinâmico baseado em previsão de conetividade para VANET em um cenário urbano. *IEEE Internet of Things Journal*, *7*(9), 8410-8418.

Chiti, F., Fantacci, R., Dei, E., & Han, Z. (2015, junho). Clustering ciente do contexto em VANETs: Uma perspetiva de teoria dos jogos. Em *2015, Conferência Internacional do IEEE sobre Comunicações (ICC)* (pp. 6584-6588). IEEE.

Cooper, C., Franklin, D., Ros, M., Safaei, F., & Abolhasan, M. (2016). Um levantamento comparativo das técnicas de agrupamento VANET. *IEEE Communications Surveys & Tutorials*, *19*(1), 657-681.

Deosarkar, B. P., Yadav, N. S., & Yadav, R. P. (2008). Cluster head selection in clustering algorithms for wireless sensor networks (Seleção de cabeças de agrupamento em algoritmos de agrupamento para redes de sensores sem fios): A survey. In *2008 International Conference on Computing, Communication and Networking* (pp. 1-8). IEEE.

Djenouri, D., Soualhi, W., & Nekka, E. (2008). Modelos de mobilidade e ultrapassagem de VANETs: Uma visão geral. In *2008 3rd International Conference on Information and Communication Technologies: Da Teoria às Aplicações* (pp. 1-6). IEEE.

Devangavi, A. D., & Gupta, R. (2017). Protocolos de roteamento em VANET-Uma pesquisa. Em *2017, Conferência Internacional sobre Tecnologias Inteligentes para Nação Inteligente (SmartTechCon)* (pp. 163-167). IEEE.

Dietzel, S., Gurtler, J., & Kargl, F. (2016). Um mecanismo de agregação resiliente na rede para VANETs baseado na redundância de disseminação. *Ad Hoc Networks*, *37*, 101-109.

Dong, B., Wu, W., Yang, Z., & Li, J. (2016). Protocolo de roteamento on- demand baseado em rede definida por software em redes ad hoc de veículos. Em *2016, 12ª Conferência Internacional sobre Redes Móveis Ad-Hoc e de Sensores (MSN)* (pp. 207-213). IEEE

El Sayed, H., Zeadally, S., & Puthal, D. (2020). Projeto e avaliação de uma nova abordagem hierárquica de avaliação de confiança para redes veiculares. *Vehicular Communications*, *24*, 100227.

Esmaeilyfard, R., Khiadani, N. H., Hendessi, F., & SafaviHemami, S. M. (2017). Uma rede veicular para serviços sociais usando disseminação de dados. *Transacções sobre tecnologias de telecomunicações emergentes*, *28*(1), e2911.

Fatemidokht, H., & Rafsanjani, M. K. (2020). QMM-VANET: Um algoritmo de agrupamento eficiente baseado na QoS e na monitorização de veículos maliciosos em redes ad hoc veiculares. *Journal of Systems and Software*, *165*, 110561.

Fazio, P., De Rango, F., & Sottile, C. (2015). Gerenciamento preditivo de interferência em camadas cruzadas em um MAC multicanal com roteamento reativo em VANET. *IEEE Transactions on Mobile Computing*, *15*(8), 1850-1862.

Ferentinos, K. P., & Tsiligiridis, T. A. (2007). Otimização da conceção adaptativa de redes de sensores sem fios utilizando algoritmos genéticos. *Computer Networks*, *51*(4), 1031-1051.

Feukeu, E. A., & Zuva, T. (2017). Abordagem DBSMA para mitigação de congestionamento em VANETs. *Procedia Computer Science*, *109*, 42-49.

Ganesh, S., & Amutha, R. (2013). Protocolo de roteamento eficiente e seguro para redes dc sensores sem fio por meio de mecanismos de agrupamento dinâmico baseados em SNR. *Journal of Communications and Networks*, *15*(4), 422-429.

Gayathridevi, S., & Gunavathi, R. (2015). Deteção e recuperação eficientes de falhas baseadas em clusters em redes de sensores sem fio. *Energia*, 3(5).

Ghazy, A., & Ozkul, T. (2009). Conceção e simulação de uma VANET artificialmente inteligente para resolver o congestionamento do tráfego. In *2009 6th International Symposium on Mechatronics and its Applications* (pp. 1-6). IEEE.

Girinath, D. R., & Selvan, S. (2013). Um novo modelo hierárquico para a regulação do tráfego veicular. *Telecommunication Systems*, *52*(4), 2101-2114.

Grossglauser, M., & Vetterli, M. (2006). Locating mobile nodes with ease: efficient learning routes from encounter histories alone. *IEEE/ACM Transactions on Networking*, *14*(3), 457-469.

Gupta, N., Prakash, A., & Tripathi, R. (2017). Beaconing adaptativo em protocolo MAC baseado em clustering ciente da mobilidade para disseminação de mensagens de segurança em VANET. *Comunicações sem fio e computação móvel*, *2017*.

Hosmani, S., & Mathpati, B. (2017). Pesquisa sobre protocolo de roteamento baseado em cluster em VANET. Em *2017, Conferência Internacional sobre Eletricidade, Eletrónica, Comunicação, Computador e Técnicas de Otimização (ICEECCOT)* (pp. 1-6). IEEE.

Huang, C. M., Chen, Y. F., Xu, S., & Zhou, H. (2018). A partilha baseada na rede social veicular (VSN) de dados geográficos descarregados utilizando o esquema de agrupamento baseado em crédito. *IEEE Access*, *6*, 58254-58271.

Jain, J., & Chahal, N. (2016). Uma revisão dos tipos de VANET, caraterísticas e várias abordagens. *Revista Internacional de Ciências da Engenharia e Tecnologia de Investigação*, 239-245.

Johansson, B., Jain, S., Montoya-Torres, J., Hugan, J., & Yucesan, E. (2010). Mobilidade em auto-estradas e redes ad-hoc veiculares em NS-3. Em *Proceedings of the 2010 Winter Simulation Conference* (pp. 2991-3002).

Jung, W. S., Lim, K. W., Ko, Y. B., & Park, S. J. (2009). Uma abordagem híbrida para a agregação de dados baseada em clustering em redes de sensores sem fios. Em *2009, Terceira Conferência Internacional sobre Sociedade Digital* (pp. 112-117). IEEE.

Kadota, I., Sinha, A., & Modiano, E. (2018). Otimizando a idade da informação em redes sem fio com restrições de rendimento. Em *IEEE INFOCOM 2018-IEEE Conference on Computer*

Communications (pp. 1844-1852). IEEE.
Kakkasageri, M. S., & Manvi, S. S. (2013). Uma pesquisa sobre disseminação de informações em vanets. Em *Roadside Networks for Vehicular Communications: Architectures, Applications, and Test Fields* (pp. 212-236). IGI Global.
Kang, S. H., & Nguyen, T. (2012). Limiares baseados na distância para a seleção de cabeças de cluster em redes de sensores sem fios. *IEEE Communications Letters*, *16*(9), 1396-1399.
Kolandaisamy, R., Noor, R. M., Kolandaisamy, I., Ahmedy, I., Kiah, M. L. M., Tamil, M. E. M., & Nandy, T. (2021). Um modelo de análise de desempenho de posição de fluxo baseado na deteção de ataque DDoS para roteamento baseado em cluster em VANET. *Jornal de Inteligência Ambiental e Computação Humanizada*, *12*(6), 6599-6612.
Kuklinski, S., & Wolny, G. (2009). Algoritmo de agrupamento baseado na densidade para VANETs. In *2009 5th International Conference on Testbeds and Research Infrastructures for Developing Networks & Communities and Workshops* (pp. 1-6). IEEE.
Kumar, R., & Dave, M. (2011). A comparative study of Various Routing Protocols in VANET. *arXiv preprint arXiv:1108.2094*.
Kumar, R., & Dave, M. (2015). DDDRC: Disseminação descentralizada de dados em VANET usando códigos raptor. *Jornal Internacional de Eletrónica*, *102*(6), 946-966.
Kumar, S., & Verma, A. K. (2015). Protocolos de roteamento baseados em posição em VANET: A survey. *Wireless Personal Communications*, *83*(4), 2747-2772.
Li, J., Ma, J., Miao, Y., Yang, F., Liu, X., & Choo, K. K. R. (2021). Pesquisa segura com consciência semântica sobre dados espaciais dinâmicos em VANETs. *IEEE Transactions on Vehicular Technology*, *70*(9), 8912-8925.
Liu, L., Chen, C., Qiu, T., Zhang, M., Li, S., & Zhou, B. (2018). Um esquema de disseminação de dados baseado em clustering e transmissão probabilística em VANETs. *Comunicações Veiculares*, *13*, 78-88.
Liu, Y., Li, X., Yu, F. R., Ji, H., Zhang, H., & Leung, V. C. (2017). Agrupamento e cooperação entre pontos de acesso em redes ultra-densas centradas no utilizador com acesso múltiplo não ortogonal. *IEEE Journal on Selected Areas in Communications*, *35*(10), 2295-2311.
Luhach, A. K., & Gao, X. Z. (2018). Análise da abordagem híbrida aprimorada usando o roteamento sem estado do perímetro guloso em VANET. Na *Conferência Internacional sobre Tendências Futuristas em Tecnologias de Rede e Comunicação* (pp. 464-471). Springer, Singapura.
Luo, J., Gu, X., Zhao, T., & Yan, W. (2010). Um protocolo de roteamento VANET baseado em infraestrutura móvel no ambiente urbano. Em *2010, Conferência Internacional sobre Comunicações e Computação Móvel* (Vol. 3, pp. 432-437). IEEE.
Macedo, R., Benmansour, R., Artiba, A., Mladenovic, N., & Urosevic, D. (2017). Programação de atividades de manutenção ferroviária preventiva com restrições de recursos. *Notas Electrónicas em Matemática Discreta*, *58*, 215-222.
Maratha, B. P., Sheltami, T. R., & Shakshuki, E. M. (2017). Avaliação de desempenho de protocolos de roteamento baseados em topologia em um cenário de rodovia VANET. *Revista Internacional de Sistemas e Tecnologias Distribuídas (IJDST)*, *8*(1), 34-45.
Marzak, B., Toumi, H., Benlahmar, E., & Talea, M. (2017). Analisando o desempenho dos protocolos de roteamento de agrupamento para redes veiculares. Nos *Anais da 2ª Conferência Internacional sobre Big Data, Nuvem e Aplicações* (pp. 1-7).
Mehta, K., Malik, L. G., & Bajaj, P. (2013). VANET: Challenges, issues and solutions. Em *2013, 6ª Conferência Internacional sobre Tendências Emergentes em Engenharia e Tecnologia* (pp. 78-79). IEEE.

Mittal, S., Kaur, R., & Purohit, K. C. (2016). Melhorando a taxa de transferência de dados criando um caminho alternativo para o protocolo de roteamento AODV em VANET. In *2016 2nd International Conference on Advances in Computing, Communication, & Automation (ICACCA) (Fall)* (pp. 1-5). IEEE.

Mostafa, A., Vegni, A. M., & Agrawal, D. P. (2014). Um roteamento probabilístico usando previsão de retransmissão multihop com restrições conscientes de colisão de pacotes em redes veiculares. *Ad Hoc Networks*, *14*, 118-129.

Naghshegar, A., Darehshoorzadeh, A., Dana, A., & Karimpoor, K. (2008). O esquema de controlo de topologia em MANETs para o encaminhamento AODV. In *2008 3rd International Conference on Information and Communication Technologies: Da Teoria às Aplicações* (pp. 1-6). IEEE.

Nakamura, S., Sugino, M., & Takizawa, M. (2018). Algoritmos para mensagens de transmissão com eficiência energética em redes sem fio. *Journal of High-Speed Networks*, *24*(1).

Nazhad, S. H. H., Shojafar, M., Shamshirband, S., & Conti, M. (2018). Um protocolo de roteamento eficiente para o suporte à QoS de MANETs em larga escala. *Revista Internacional de Sistemas de Comunicação*, *31*(1), e3384.

Paul, B., & Islam, M. J. (2012). Pesquisa sobre protocolos de roteamento VANET para a comunicação veículo a veículo. *IOSR Journal of Computer Engineering (IOSRJCE)*, *7*(5), 1-9.

Perkins, C., Belding-Royer, E., & Das, S. (2003). RFC3561: Roteamento Ad hoc on-demand distance vetor (AODV).

Pramuanyat, N., Nakorn, K. N., Kawila, K., & Rojviboonchai, K. (2016). LARB: Protocolo de transmissão confiável com reconhecimento de localização em VANET. Em *2016, 13ª Conferência Internacional Conjunta sobre Ciência da Computação e Engenharia de Software (JCSSE)* (pp. 1-6). IEEE.

Ramalingam, M., & Thangarajan, R. (2020). Algoritmo k-means mutado para agrupamento dinâmico para realizar uma transmissão eficaz e inteligente em vigilância médica usando o protocolo de transmissão confiável seletiva em VANET. *Computer Communications*, *150*, 563-568.

Rasheed, A., Gillani, S., Ajmal, S., & Qayyum, A. (2017). Vehicular ad hoc network (VANET): Uma pesquisa, desafios e aplicações. Em *Vehicular Ad-Hoc Networks for Smart Cities* (pp. 39-51). Springer, Singapura.

Raza, N., Jabbar, S., Han, J., & Han, K. (2018, junho). Modelo de comunicação social veículo-para-tudo (V2X) para sistemas de transporte inteligentes com base no cenário 5G. Nos *Anais da 2ª Conferência Internacional sobre Redes Futuras e Sistemas Distribuídos* (pp. 1-8).

Ren, M., Khoukhi, L., Labiod, H., Zhang, J., & Veque, V. (2017). Um esquema baseado em mobilidade para agrupamento dinâmico em redes ad-hoc veiculares (VANETs). *Vehicular Communications*, *9*, 233-241.

Rezaei, Z., & Mobininejad, S. (2012). Economia de energia em redes de sensores sem fio. *Revista Internacional de Ciência da Computação e Pesquisa de Engenharia*, *3*(1),

Roy, D., & Das, P. (2017). Modelo baseado em confiança e líder de grupo para evitar o problema da tempestade de transmissão em redes ad-hoc veiculares. *Avanços em Ciências Computacionais e Tecnologia*, *10*(4), 575-597.

Senouci, O., Zibouda, A., & Harous, S. (2017). Pesquisa: Protocolos de roteamento em redes ad hoc veiculares. Em *Proceedings of the Second International Conference on Advanced Wireless Information, Data, and Communication Technologies* (pp. 1-6)

Shajin, F. H., & Rajesh, P. (2020). Protocolo de encaminhamento geográfico seguro e fiável: deteção de ataques externos em redes ad hoc móveis através da adoção de um protocolo de encaminhamento geográfico seguro e fiável. *International Journal of Pervasive Computing and Communications.*

Singh, S., & Agrawal, S. (2014). Protocolos de roteamento VANET: Issues and challenges. Em *2014, Avanços recentes em engenharia e ciências computacionais (RAECS)* (pp. 1-5). IEEE.

Slavik, M., & Mahgoub, I. (2011). Aplicação da aprendizagem automática à conceção de protocolos de difusão multi-hop para VANET. Em *2011 7th International Wireless Communications and Mobile Computing Conference* (pp. 1742-1747). IEEE.

Spaho, E., Mino, G., Barolli, L., & Xhafa, F. (2011). Análise de Goodput e PDR dos protocolos AODV, OLSR e DYMO para redes veiculares usando CAVENET. *International Journal of Grid and Utility Computing, 2*(2), 130-138.

Srivastava, A., Prakash, A., & Tripathi, R. (2020). Protocolos de encaminhamento baseados na localização em VANET: Issues and existing solutions. *Vehicular Communications, 23*, 100231.

Stojmenovic, I., Seddigh, M., & Zunic, J. (2002). Conjuntos dominantes e algoritmos de difusão baseados na eliminação de vizinhos em redes sem fios. *IEEE Transactions on Parallel and Distributed Systems, 13*(1), 14-25.

Su, M. Y. (2010). WARP: A wormhole-avoidance routing protocol by anomaly detection in mobile ad hoc networks. *Computers& Security, 29*(2), 208-224.

Suriyapaiboonwattana, K., Pornavalai, C., & Chakraborty, G. (2009). Um protocolo adaptativo de disseminação de mensagens de alerta para VANET para melhorar a segurança rodoviária. Em *2009 IEEE International Conference on Fuzzy Systems* (pp. 1639-1644). IEEE.

Suto, K., Nishiyama, H., Kato, N., & Huang, C. W. (2015). Um sistema de computação sem fio eficiente em termos de energia e sensível a atrasos para redes de sensores sem fio industriais. *IEEE Access, 3*, 1026-1035.

Taleb, A. A. (2018). Protocolos e arquitecturas de encaminhamento VANET: An Overview. *J. Comput. Sci., 14*(3), 423-434.

Tambawal, A. B., Noor, R. M., Salleh, R., Chembe, C., Anisi, M. H., Michael, O., & Lloret, J. (2019). Estratégias de agendamento de acesso múltiplo por divisão de tempo para protocolos emergentes de controle de acesso médio de redes ad hoc veiculares: uma pesquisa. *Sistemas de Telecomunicações, 70*(4), 595-616.

Tanuja, K., Sushma, T. M., Bharathi, M., & Arun, K. H. (2015). Um inquérito sobre as tecnologias VANET.

Tellaroli, P., Bazzi, M., Donato, M., Brazzale, A. R., & Draghici, S. (2016). Crossclustering: Um algoritmo de clustering parcial com estimativa automática do número de clusters. *PloS one, 11*(3), e0152333.

Tian, H., & Wu, Y. (2019). Um método de correção de erros de avanço da camada de aplicação da comunicação de transmissão de rede sem fio para o sistema de vigilância por vídeo inteligente. *Jornal de Inteligência Ambiental e Computação Humanizada*, 1-9.

Tripp-Barba, C., Zaldwar-Colado, A., Urquiza-Aguiar, L., & Aguilar-Calderon, J. A. (2019). Pesquisa sobre protocolos de roteamento para redes Ad hoc veiculares baseadas em multibiometria. *Eletrónica, 8*(10), 1177.

Tsado, Y., Gamage, K. A., Adebisi, B., Lund, D., Rabie, K. M., & Ikpehai, A. (2017). Melhorando a confiabilidade do roteamento otimizado do estado do link em uma rede de malha sem fio baseada em rede de área vizinha de rede inteligente usando várias métricas. *Energias, 10*(3), 287.

Velmurugan, S., & Logashanmugam, E. (2016). Verificação de localização segura baseada em

criptografia de curva elíptica em WSN em cluster.
Verma, K., Hasbullah, H., & Kumar, A. (2013). Um método de defesa eficiente contra o tráfego de inundação UDP spoofed de ataques de negação de serviço (DoS) em VANET. Em *2013, 3ª Conferência Internacional de Computação Avançada do IEEE (IACC)* (pp. 550-555). IEEE.
Vignesh Ramamoorthy, H., & Gunavathi, D. R. (2019). Um novo protocolo de roteamento baseado em confiança para redes de sensores sem fio. Revista Internacional de Pesquisa Científica e Tecnológica, *8*(9), 1152-1156.
Wang, K., Chen, Z., & Liu, H. (2014). Redes convergentes sem fios baseadas em push para entrega massiva de conteúdos multimédia. *IEEE Transactions on Wireless Communications, 13*(5), 2894-2905.
Wang, W., Mosse, D., & Papadopoulos, A. V. (2020). Atribuição de prioridade de pacotes para sistemas de controlo sem fios de múltiplos sistemas físicos. *Journal of Systems Architecture, 107*, 101708.
Xia, Y., Yeo, C. K., & Lee, B. S. (2009). Hierarchical cluster-based routing for highly mobile heterogeneous Manet. Em *2009, Conferência Internacional sobre Segurança de Redes e Serviços* (pp. 1-6). IEEE.
Xu, S., Guo, P., Xu, B., & Zhou, H. (2013). Avaliação de QoS de protocolos de roteamento VANET. *Journal of Networks, 8*(1), 132.
Yang, M., Ai, B., He, R., Chen, L., Li, X., Li, J., ...& Zhong, Z. (2019). Um modelo de canal tridimensional baseado em cluster para telecomunicações veículo-a-veículo . *IEEE Transactions on Vehicular Technology, 68*(6), 5208-5220.
Ying, B., Makrakis, D., & Mouftah, H. T. (2013). Protocolo de autenticação de mensagens de difusão com preservação da privacidade para VANETs. *Journal of Network and Computer Applications, 36*(5), 1352-1364.
Zaman, N., Tang Jung, L., & Yasin, M. M. (2016). Melhorar a eficiência energética das redes de sensores sem fios através da conceção de um protocolo de encaminhamento eficiente em termos energéticos. *Journal of Sensors, 2016.*
Zareei, M., Islam, A. M., Mansoor, N., Baharun, S., Mohamed, E. M., & Sampei, S. (2016). CMCS: Um protocolo MAC ciente da mobilidade de camada cruzada para redes de sensores de rádio cognitivos. *EURASIP Journal on Wireless Communications and Networking, 2016*(1), 1-15.
Zhang, D., Ge, H., Zhang, T., Cui, Y. Y., Liu, X., & Mao, G. (2018). Novo algoritmo de agrupamento multi-hop para redes ad hoc veiculares. *IEEE Transactions on Intelligent Transportation Systems, 20*(4), 1517-1530.
Zhang, X. M., Wang, E. B., Xia, J. J., & Sung, D. K. (2012). Uma retransmissão probabilística baseada na cobertura do vizinho para reduzir a sobrecarga de roteamento em redes ad hoc móveis. *IEEE Transactions on Mobile Computing, 12*(3), 424-433.
Zhang, X., Yan, L., & Li, W. (2016). Geo cast eficiente e fiável baseado em conjuntos de portadoras para redes ad hoc veiculares. *IEEE Wireless Communications Letters, 5*(6), 660-663.
Zhao, H., & Zhu, J. (2012). Efficient data dissemination in urban VANETs: parked vehicles are natural infrastructures - International *Journal of Distributed Sensor Networks, 8*(12), 151795.
Zhao, Q., Zhu, Y., Chen, C., Zhu, H., & Li, B. (2013). Quando a 3G encontra a VANET: Entrega de dados assistida por 3G em VANETs. *IEEE Sensors Journal, 13*(10), 3575-3584.
Zhu, T., Li, J., Gao, H., & Li, Y. (2019). Programação de transmissão em redes de sensores sem fio sem bateria. *ACM Transactions on Sensor Networks* (TOSN), *15*(4), 1-34.

FONTES WEB PARA OS NÚMEROS <https://i.ytimg.com/vi/DrH-1505-Mg/maxresdefault.jpg<
<https://www.researchgate.net/figure/Proactive-topology-based-routing-protocols-route_fig2_285371410<
<http://www.ijesrt.com/issues%20pdf%20file/Archive-2016/September-2016/32.pdf<
<https://www.researchgate.net/figure/Sybil-attack-scenario-RSU-road-side-unit_fig6_274731284<
<https://www.researchgate.net/profile/Irshad-Sumra/publication/269272854/figure/fig7/ /DDoS-Attack-in-Vehicle-to-RSU-Communication-C-Broadcast-Tampering- Attack-Safety-messages.png>
<https://www.semanticscholar.org/paper/Distance-Based-Advanced-Energy-Efficient-Cluster-Pandey-Niras/ec876aadc72c793f9bdc02c3e0ccc5bd2577ff07>
<https://image.slidesharecdn.com/seminarppt-150707150011-lva1-app6891/85/energy-efficient-routing-approaches-in-adhoc-networks-4-320.jpg?cb=1486070026>
<https://journals.plos.org/plosone/article/figures?id=10.1371/journal.pone.0143383>
<https://www.google.com/url?sa=i&url=https%3A%2F%2Fwww.semanticscholar.org%2Fpaper%2fsimulation-based-and-analysis-of-routing-protocols- >
https://www.google.com/url?sa=i&url=https%3A%2F%2Fwww.researchgate.net%2Ffig <ure%2FVanets-Cluster-Architecture_fig1_ >
<https://www.researchgate.net/figure/VANET-system-architecture_fig1_318742950
<https://media.springernature.com/lw685/springer-static/image/art%3A10.1007%2Fs11276-019-02019-1/MediaObjects/Fig4_HTML.png>
<https://www.researchgate.net/profile/Kponyo- Jerry/publication/265599982/figure/fig1/ /Junction-Scenario-for-Cluster-Based-VANET.png>
<https://ars.els-cdn.com/content/image/1-s2.0-S0164121220300431-gr5.jpg

PUBLICAÇÕES

Um estudo sobre a aplicação da travagem automática e da segurança dos peões no sistema de transportes inteligente, *International Journal of Science and Technology, 4*(9), setembro de 2016. (Revista de referência da UGC).

Um novo protocolo de transmissão eficiente baseado em cluster em VANETs *Jornal Internacional de Pesquisa Científica Recente,* 9 (2B), 23874-23878, fevereiro de 2018. (Revista referenciada pela UGC).

Mecanismo de seleção de cabeças de agrupamento eficiente e fiável para transmitir informações de colisão numa rede ad-hoc veicular, *Solid State Technology, 63*(2s) Nov 2020. (Revista de referência da UGC).

Uma comunicação fiável selectiva para reduzir a difusão em VANET baseadas em clusters, *Turkish Journal of Computer and Mathematics Education* (Scopus Index), 12(3) (JAN 2021), 4450-4457.

Transmissão proficiente baseada em clustering para VANET usando os protocolos LEACH e AOMDV, *Neuro Quantology*, (Scopus Index), *20*(7), 3831-3836, agosto de 2022.

CONFERÊNCIAS

Aplicações de segurança para peões idosos em sistemas de transporte inteligentes. No dia 11 de janeiro de 2017, a Conferência Nacional sobre Desafios na Investigação Computacional e Aplicações

Protocolo de estratégias multi-hop veiculares baseadas em probabilidade avançada para transmissão de emergência em Vanets. Na Conferência Nacional de Finanças e Análise de Negócios (ICFBA 2021), 21 de maio de 2021, Universidade CHRIST, Pune.

A REVISTA INTERNACIONAL DE CIÊNCIA E TECNOLOGIA

Um estudo sobre a aplicação da travagem automática e da segurança dos peões no sistema de transporte inteligente

R. Shiddharthy
Bolseiro de doutoramento, Departamento de Aplicações Informáticas, Sree Saraswathi Thyagaraja College, Pollachi, Índia
Dr. R. Gunavathi
HoD, Departamento de Aplicações Informáticas, Colégio Sree Saraswathi Thyagaraja, Pollachi, Índia

Resumo:
A segurança dos peões é um dos problemas mais comuns em muitas situações. O principal objetivo é criar uma capacidade não só para a segurança dos peões, mas também para tornar a condução mais segura, especialmente em cenários específicos. Esta lógica é robusta, com especial enfoque na área dos peões no trânsito para evitar acidentes utilizando dispositivos instalados a bordo dos veículos e também para aumentar a segurança dos veículos. O serviço inovador é importante para identificar atempadamente os peões no trânsito e alertar o veículo que está mais próximo para a travagem automática e também para todos os veículos sucessores para reduzir as consequências dos acidentes. Assim, é necessário um estudo aprofundado sobre a segurança dos peões e a travagem automática no Sistema de Transporte Inteligente (ITS). No presente documento, foi efectuado um levantamento pormenorizado para estudar a importância do problema. Esta pesquisa centra-se principalmente na aplicação de algoritmos baseados na evolução para a segurança dos peões em ITS. No final, é formulado um problema juntamente com algumas direcções para investigação futura.

Palavras-chave: *Sistema de transporte inteligente, segurança dos peões, travagem automática, algoritmos evolutivos, algoritmo genético*

1. Introdução

O principal objetivo da deteção de peões na videovigilância é a segurança das pessoas em todo o mundo. Uma vez que todos os dias morrem muitas pessoas em acidentes rodoviários, deve existir um sistema que possa reduzir o número de mortes por acidentes com peões no mundo. Outro problema é o controlo do tráfego. A frequência dos acidentes de viação e o bloqueio do tráfego tornaram-se um problema significativo para o controlo do tráfego. Assim, para gerir o tráfego, é necessário um sistema de videovigilância eficaz. Foram propostas investigações sobre sistemas de transporte inteligentes e algoritmos para aumentar a precisão, a fim de melhorar a segurança do tráfego rodoviário e diminuir os bloqueios de trânsito. A deteção de veículos e de pessoas é um dos principais problemas actuais no mundo. Por isso, para efeitos de deteção, foram propostas até agora muitas metodologias diferentes e também está em curso investigação avançada para melhorar as técnicas existentes e obter resultados de deteção mais precisos. O cenário atual foi melhorado através da emissão de um alarme para o peão ou o condutor do veículo.

Esta técnica foi implementada no automóvel VOLVO S60. O veículo dispõe de deteção automática de peões com capacidade de travagem totalmente automática. Assim, se o condutor não responder ao alarme, o travão será aplicado automaticamente. Os algoritmos de deteção de objectos variam consoante a aplicação. Tanto a deteção de pessoas como a deteção de veículos requerem abordagens diferentes para obter melhores resultados. A forma, a altura, a largura, a área e o comprimento são diferentes tanto para o ser humano como para o veículo. Por isso, temos de desenvolver um sistema que possa detetar e reconhecer o objeto de acordo com a aplicação. A deteção requer as seguintes fases básicas Pré-processamento, remoção de fundo, filtragem, deteção de objectos e seguimento de objectos. Existem várias formas de detetar um peão ou um ser humano através da forma ou do padrão, da cor da pele e do movimento do objeto. Além disso, as condições de luminosidade e as condições ambientais afectam o resultado da deteção no caso das técnicas de deteção baseadas na pele e no movimento. Utilizando a combinação de duas ou mais informações, é possível detetar os peões com maior precisão. A deteção baseada no movimento é útil no caso dos sinais de trânsito, uma vez que os peões estão a atravessar a estrada. A maioria das vítimas de peões encontra-se em cruzamentos ou em sinais de trânsito.

O resto do documento está organizado da seguinte forma: a secção II apresenta uma visão geral para guiar os peões para longe de ruas e pontos de passagem perigosos (segurança rodoviária); a secção III apresenta uma visão geral para guiar os peões na sua situação perigosa e travagem automática; a secção IV apresenta uma pesquisa bibliográfica detalhada sobre o sistema de transporte inteligente; a secção V apresenta problemas e direcções para iniciar ideias para investigação futura; a secção VI resume o trabalho e as referências citadas são fornecidas no final do documento.

2. Afastar os peões de ruas e pontos de passagem perigosos

É possível melhorar a orientação e a segurança dos fluxos de tráfego pedonal através da localização atual dos peões e dos veículos. A tecnologia GIS está muito melhorada em relação ao GPS para monitorizar o movimento dos peões numa determinada rede ou zona. Podemos seguir os seguintes métodos para proteger as pessoas que precisam de ajuda na altura de atravessar a estrada.

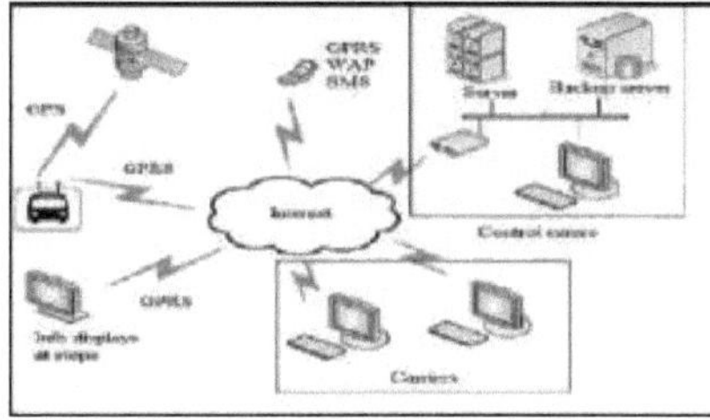

Figura 1: Componentes do sistema de localização de peões Cortesia [1]

i) As pessoas com deficiência utilizam sempre cadeiras de rodas e não podem utilizar as escadas devido à sua deficiência. Podem chegar ao seu destino através de uma interface PDA *(Personal Digital Assistants)*. Um trabalho apresentado por Simunovle, Ivan Bosnjak [1] é um dos sistemas ITS. Através de voz, interface gráfica e tátil e utilizando canetas especiais *(ecrãs tácteis)*, podem receber informações sobre como encurtar a distância e o tempo de viagem e como navegar até ao seu destino. Assim, os peões deficientes dirigem-se para as escadas rolantes, ou seja, para o elevador apresentado na Figura 2.

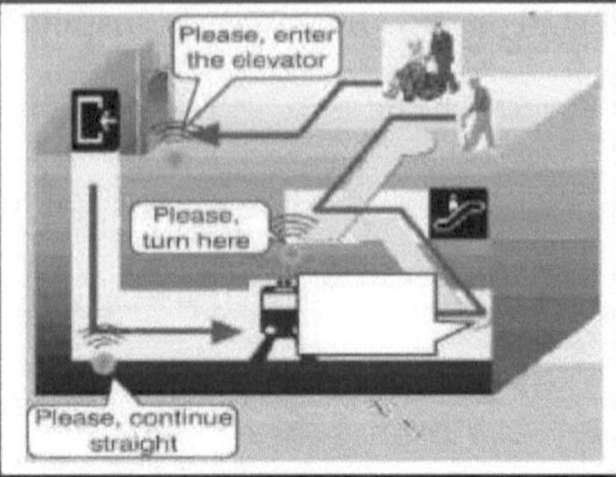

Figura 2: Navegação pedonal com interface de ecrã tátil Cortesia [18]

ii) Os peões cegos orientam-se pelo tato ou contacto e pelo sentido da audição. Têm sempre uma bengala e, nalguns casos, trazem os seus cães treinados como guia. Demoram sempre mais tempo a atravessar a rua. Sentem dificuldades em manter a direção do caminho no cruzamento. Navegação pedonal utilizando a tecnologia RFID *(identificação por radiofrequência)*, sensores de ultra-sons e sensores IR *(sensores de infravermelhos)* - No caso das pessoas cegas, deve ser determinado com precisão onde podem andar ao longo da estrada, onde a estrada pode ser atravessada, etc.

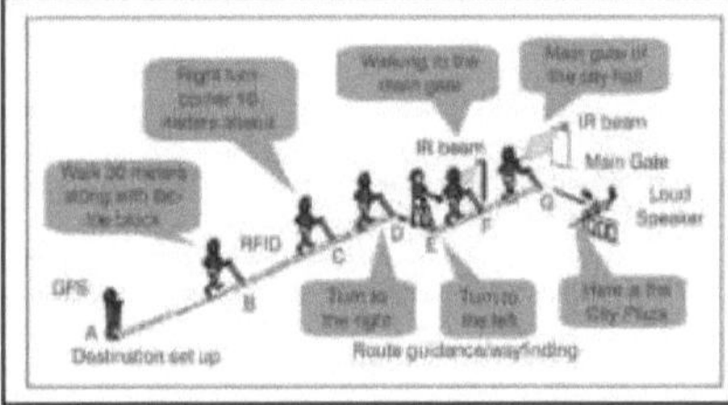

Figura 3: Navegação pedonal utilizando tecnologia RFID e sensores IR Cortesia [18]

iii) Os peões surdos e mudos dependem de indicadores de grande visibilidade e de um ambiente livre de obstruções visuais. Os peões com retardo mental têm falta de observação, identificação, compreensão, interpretação e reação à informação. Não lêem a informação recebida, mas utilizam imagens, formas, símbolos e cores como sinais no trânsito. Por exemplo, é bom utilizar uma animação para peões no indicador do sinal de trânsito em vez de escrever a mensagem "VAI" nos sinais de trânsito.

Figura 4: Semáforo com um peão Animação Cortesia [18]

3. Orientações para peões em situação de perigo e travagem automática

A segurança não diz respeito apenas aos peões, mas também aos veículos. É necessário dar mais importância às situações em que se registam frequentemente acidentes entre veículos e peões. Na Figura 5, os condutores conseguem detetar facilmente os peões que se encontram à frente do veículo. Não podemos negligenciá-lo facilmente, temos de nos concentrar em função da situação, porque os movimentos dos peões não devem ser predefinidos até que o peão passe para a zona mais segura.

Figura 5: Passagem de peões num cenário sem colisões - cortesia [17]

O cenário mais comum é que, quando o veículo se desloca numa estrada, o peão pode misturar-se com o veículo, pelo que é importante uma deteção bem sucedida. Temos de verificar a presença de peões mesmo em caso de fusão com a visão. Há algumas situações em que os veículos estão estacionados ou parados na estrada ou nas bermas da estrada, por exemplo: passadeira, paragem de autocarro, avaria de veículo, obstáculos. Os veículos acima referidos bloqueiam a visibilidade dos peões, o que constitui uma das principais causas de acidentes. Utilizando a Pesquisa Orientada por Cenários (SDS), podemos procurar possíveis peões no cenário específico para essa posição em particular, para além de localizar veículos parados e depois procurar peões na sua proximidade ou nas áreas parcialmente escondidas por eles. As principais aplicações do SDS são

1. Quando um peão aparece subitamente por detrás de um obstáculo, com um perigo de colisão particularmente elevado - Detetar rapidamente o peão dentro da curta área de trabalho.
2. Detetar os peões assim que aparecem, mesmo quando ainda estão parcialmente ocultos;
3. Limitar a pesquisa a áreas específicas, que são determinadas por um rápido pré-processamento.

Na Figura: 6, a primeira linha mostra alguns exemplos de situações em que a visibilidade de um peão que atravessa a rua é parcial ou totalmente obstruída por veículos parados. A segunda linha da Figura: 6 destaca, para cada situação, as áreas em que o sistema irá efetuar uma verificação da presença de um possível peão.

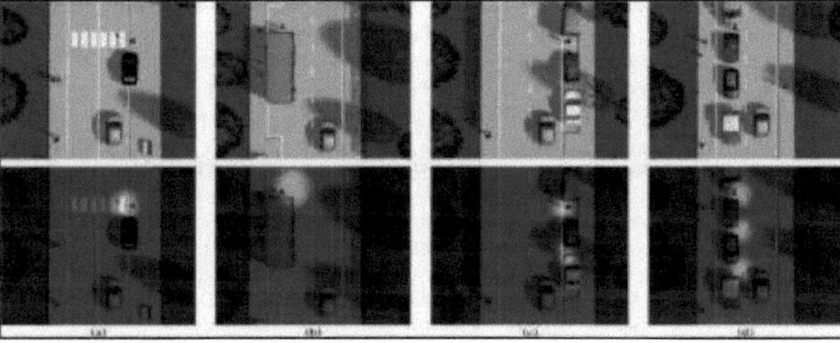

Figura 6: Veículos a bloquear a visibilidade dos peões, cortesia [17]

A fusão do scanner laser é colocada no para-choques dianteiro. A visão monocular e a câmara de visão de infravermelhos próximos (NIR) colocadas no interior da cabina de condução, perto do espelho retrovisor, podem proporcionar uma deteção rápida e robusta em caso de aparecimento súbito de peões: O scanner a laser fornece uma lista de áreas em que um peão pode aparecer, enquanto a câmara é capaz de detetar o peão, mesmo quando este ainda não é visível para o scanner a laser.

Os passos seguintes salvam a vida do peão e do condutor e também evitam o embate do veículo, como se pode ver na figura: 7.

> É enviado um aviso ao condutor, quando o peão é detectado com um nível de confiança suficientemente elevado.

> Quando o condutor não reage prontamente ao aviso, para controlar a velocidade do automóvel. O sistema emitiria um segundo nível de aviso, accionando a buzina do veículo. O principal objetivo deste aviso sonoro é chamar a atenção do peão e, mais uma vez, do condutor.

> Se o nível de Perigo não for reduzido devido a uma ação contínua do condutor *(ou* do *peão)*, o veículo inteligente accionará a travagem automática.

4. Levantamento bibliográfico do trabalho

Têm sido apresentadas muitas abordagens para a deteção de peões e veículos. Há muito mais investigação em curso para melhorar os métodos de deteção. Muitos investigadores propuseram métodos para detetar peões e veículos. Em [2], os autores apresentaram um método híbrido que utiliza um algoritmo avançado de deslocamento médio para detetar e seguir vários objectos e também para lidar com o problema da oclusão. Em [3], os autores utilizaram a cor da pele humana, a forma e o movimento para detetar pessoas num cenário dinâmico. Os autores utilizaram a transformada de Hough para extrair a posição da cabeça do ser humano. Este trabalho apresenta resultados de deteção muito bons em diferentes condições de luminosidade. Em [4], também são utilizadas as estatísticas de cor e movimento para a deteção do ser humano. Neste trabalho, os autores utilizaram o descritor Histogram Oriented Graph (HOG) e o histograma de cor 4-D para detetar uma pessoa.

Os resultados são bastante satisfatórios, mas se duas pessoas usarem roupas da mesma cor, a deteção falha. Em [5], o modelo Gaussiano é utilizado para modelar o fundo e o HOG é utilizado para a extração de caraterísticas. Neste trabalho, é utilizado um novo método para detetar a forma da cabeça e dos ombros de uma pessoa. Em [6], para diferenciar os peões de outros objectos, os autores consideraram a análise da forma. As caraterísticas dos peões, como a área, a altura e o perímetro, são consideradas para uma melhor deteção do peão. Os autores utilizaram uma combinação de Mean-shift e filtro de partículas para uma melhor deteção de peões em tempo real. Em [7], os autores propuseram um algoritmo mais robusto para a deteção de objectos em movimento. Neste documento, a travagem automática é aplicada se o objeto for detectado e for possível parar o veículo, caso contrário, é aplicada uma direção evasiva automática. Em [8], o autor utiliza um método de deteção baseado em blob. Aqui, a análise periódica do movimento da trajetória é utilizada para fins de deteção e seguimento de pessoas e a posição vertical é utilizada para uma melhor previsão do objeto.

Em [8], são apresentados resultados dos métodos baseados em Blob motion e HOG, mas a combinação de ambos os métodos dá resultados mais exactos. Precisamos de tornar as nossas cidades aptas a serem percorridas por todos os tipos de seres humanos, pelo menos a partir de uma certa idade. Mas, atualmente, muitas pessoas sentem que as suas cidades não são seguras, mesmo para a idade adulta. Um planeamento de tráfego inadequado em relação às necessidades dos peões pode levar a um "ambiente pedonal" pouco amigável, com as pessoas a sentirem-se inseguras. Isto levou a um verdadeiro medo de andar a pé nas cidades. Além disso, os transportes públicos não podem levar as pessoas de porta em porta, pelo que o sistema de transportes deve também dar importância aos peões. Os peões no trânsito podem ser divididos nas seguintes categorias

- Peões lentos - por exemplo, crianças, idosos, mulheres grávidas, peões com bagagem e carrinhos de bebé.
- Peões com deficiência - por exemplo: deficientes físicos, pessoas com baixa visão, deficiência auditiva e perturbações mentais.
- Encurralar peões - por exemplo: carros estacionados na berma da estrada, veículos temporariamente parados na estrada, veículos em fila de espera em frente a um semáforo ou passadeira, ou simplesmente carros engarrafados, paragem de autocarro.

Não avançaremos para uma sociedade sustentável se não aceitarmos que os peões são pessoas com necessidades de transporte. Teremos de tornar as nossas cidades aptas para os peões, pelo menos para aqueles acima de uma certa idade. É difícil avaliar um movimento de peões porque cada peão tem um comportamento diferente. As crianças não conhecem as regras de trânsito e demonstram uma reação irregular, pelo que necessitam de um supervisor adulto para além da solução da segurança dos peões. Os idosos têm uma reação mais fraca, uma visão e audição mais fracas, bem como uma atenção e memória limitadas. A determinação da localização atual do peão é necessária porque alguns peões precisam de assistência de emergência devido a ataque cardíaco, assalto a peões e, por vezes, ferimentos durante a caminhada. O comportamento humano é o objeto principal e é incerto, pelo que não podemos prever facilmente o movimento do peão.

A deteção do peão é mais complexa quando a visibilidade é oculta por um veículo parado na estrada. Existem três funções de notificação previstas para a segurança dos peões: localização, mapeamento (atribuição da posição ao mapa) e comunicação. A ideia subjacente é localizar o veículo parado e depois procurar os peões na sua proximidade ou nas zonas parcialmente ocultas por eles. Quando se verifica que um veículo está parado, as bermas da estrada são acionadas para procurar o peão. No caso da travagem automática, o número de falsas detecções é zero, porque o número de falsas detecções é ainda mais importante do que o número de detecções corretas. Além disso, cada semáforo afecta a função de avaliação de outros cruzamentos e é a combinação da mistura do fluxo de tráfego de todos os cruzamentos. Além disso, tem havido muito trabalho no domínio da estimativa de multidões e da contagem de pessoas. Alguns dos trabalhos anteriores neste domínio basearam-se em ambientes fortemente confinados.

Por exemplo, Terada et al. [10] contam as pessoas que passam por uma porta de entrada que só permite a passagem de um pequeno número de pessoas ao mesmo tempo. As câmaras estéreo utilizadas neste sistema são montadas no alto para evitar oclusões. O trabalho de Velipasalar et al.

- 11] utilizam uma configuração semelhante de câmaras montadas no teto para evitar o problema das oclusões. A visão da câmara é também muito estreita e não cobre uma cena grande, ao contrário do que estamos a tentar conseguir. O trabalho realizado por Zhao e Nevatia [12], [13] segmenta e segue os seres humanos em cenas com muita gente utilizando um modelo humano composto por elipses correspondentes às diferentes partes do corpo. Este modelo ajuda a seguir o rasto dos indivíduos e é, portanto, capaz de fornecer uma contagem de pessoas na cena. Em [14], Rabaud e Belongie descrevem um método de contagem de objectos em movimento com aglomeração de pessoas. A sua técnica de contagem baseia-se no agrupamento de um conjunto de caraterísticas numa sequência de vídeo e na estimativa das trajectórias destes diferentes agrupamentos detectados ao longo do tempo. A contagem de objectos é então efectuada com base nessas trajectórias. Kong et al. [15] apresentam uma forma de contagem de pessoas numa multidão que não depende do ponto de vista. A ideia chave deste trabalho é utilizar histogramas de caraterísticas em conjunto com a normalização de caraterísticas para tornar o algoritmo invariante ao ponto de vista. Em [16], Kilambi et al. apresentam uma técnica para contar grupos de peões utilizando a informação de calibração da câmara. Projectam as manchas de primeiro plano em diferentes planos e utilizam uma heurística baseada na área para estimar o número de pessoas num grupo.

5. Problemas e direcções

No fluxo de tráfego, o peão e o veículo partilham frequentemente uma superfície comum, o que causa inúmeros problemas a ambos. É difícil alargar as estradas existentes e construir uma nova estrada devido à falta de espaço nas zonas urbanas. Para ultrapassar este problema, todos os participantes no tráfego devem ser tratados da mesma forma. A resposta de emergência é necessária no momento em que se enfrenta a dificuldade de utilização num ambiente de tráfego misto. Em muitos cenários de tráfego, deparamo-nos com a dificuldade de aglomeração de peões - por exemplo: Procissão, rali, festival automóvel, procissão de noivos, PadaYatra, funeral, etc.

A ideia inovadora aqui presente é a importância da deteção atempada dos peões aglomerados no trânsito e alertar o veículo que está mais próximo e aplicar a travagem automática sempre que necessário. Isto pode ser conseguido com a ajuda da mensagem de aviso. É enviada uma mensagem de aviso ou um alarme a todo o veículo sucessor que se encontra num ambiente de tráfego misto para reduzir as consequências de colisões ou a possibilidade de uma colisão e de travagens. Se a multidão de peões continuar a mover-se em tal situação, o tempo de verde no semáforo é prolongado e a informação é transmitida aos veículos herdeiros, de modo a que os peões e os automóveis possam partilhar o mesmo espaço. Esta estrutura pode ser optimizada e os peões são detectados. Os veículos da retaguarda podem ser avisados com a ajuda de um algoritmo evolutivo baseado na seleção de veículos.

6. Conclusão

Este documento apresenta uma breve introdução sobre a segurança dos peões no sistema de transportes inteligente e um breve resumo sobre uma década de desenvolvimentos no domínio do sistema de transportes inteligente. Pelas suas novas abordagens e soluções, os ITS ocupam um lugar de destaque que dará resposta ao problema dos transportes em todo o mundo. A implantação de tecnologias ITS tem o potencial de aumentar a segurança e a mobilidade. Por este motivo, a presente investigação começou com a identificação dos cenários críticos de que o utilizador necessita, a fim de encontrar os sistemas ITS mais promissores. Aumentar a segurança passiva, especialmente em ambientes críticos, para melhorar o fluxo de tráfego.

Além disso, é possível evitar a colisão entre veículos e peões. Por outro lado, verificou-se repetidamente que velocidades situacionais demasiado elevadas dos veículos são um fator muito importante nas colisões fatais de peões. É sabido que mesmo pequenas reduções nas velocidades de deslocação dos veículos evitam um grande número de mortes de peões. Por este motivo, a adaptação inteligente da velocidade, bem como o controlo automático da velocidade, têm um potencial significativo para reduzir as consequências das lesões. Este documento aborda as poucas limitações dos actuais ITS e sugere também algumas direcções para investigação futura.

7. Referências

i. Simunovic, L., Bosnjak, I., & Mandzuka, S. (2009). Sistemas de transporte inteligentes e tráfego pedonal. PROMET-Traffic&Transportation, 21(2), 141-152.

ii. Talu, M. F., Turkoglu, I., & Cebeci, M. (2011). Um método de rastreio híbrido para objectos à escala e orientados em cenas com muita gente. Expert Systems with Applications, 38(11), 13682-13687.

iii. Zhang, X., Gao, Y., Wang, X., Li, J., & Wang, B. (2012, maio). Um método para detetar pedestres em cenas de vigilância por vídeo. Em Sistemas e Informática (ICSAI), 2012 International Conference on (pp. 2016-2019). IEEE.

iv. Jiang, Z., Huynh, D. Q., Moran, W., Challa, S., & Spadaccini, N. (2010, dezembro). Rastreamento de múltiplos pedestres usando modelos de cor e movimento. InComputação de imagem digital: Techniques and Applications (DICTA), 2010 International Conference on (pp. 328-334). IEEE.

v. Zheng, J., Zhang, W., & Li, B. (2012, julho). Deteção de pedestres baseada em modelagem de fundo e reconhecimento cabeça-ombro. Em 2012, Conferência Internacional sobre Análise Wavelet e Reconhecimento de Padrões (pp. 227-232). IEEE.

vi. Wang, H., Lu, R., Wu, X., Zhang, L., & Shen, J. (2009, julho). Projeto de algoritmo de deteção e seguimento de peões em sistema de monitorização de vídeo de transportes. Em Tecnologia da Informação e Ciência da Computação, 2009. ITCS 2009. Conferência Internacional sobre (Vol. 2, pp. 53-56). IEEE.

vii. Keller, C. G., Dang, T., Fritz, H., Joos, A., Rabe, C., & Gavrila, D. M. (2011). Segurança ativa dos peões através de travagem automática e direção evasiva. IEEE Transactions on Intelligent Transportation Systems, 12(4), 1292-1304.

viii. Borges, P. V. K. (2013). Deteção de pedestres baseada em estatísticas de movimento de blob. IEEE Transactions on Circuits and Systems for Video Technology, 23(2), 224-235.

ix. Ge, W., Collins, R. T., & Ruback, R. B. (2012). Análise baseada na visão de pequenos grupos em multidões de peões. Transacções IEEE sobre análise de padrões e inteligência artificial, 34(5), 1003-1016.

x. Terada, K., Yoshida, D., Oe, S., & Yamaguchi, J. (1999, outubro). Um método para contar as pessoas que passam usando imagens estéreo. Em Image Processing, 1999. ICIP 99. Actas. Conferência Internacional de 1999 sobre (Vol. 2, pp. 338-342). IEEE.

xi. Velipasalar, S., Tian, Y. L., & Hampapur, A. (2006, julho). Contagem automática de pessoas em interação utilizando uma única câmara não calibrada. Em 2006 IEEE International Conference on Multimedia and Expo (pp. 1265-1268). IEEE.

xii. Zhao, T., & Nevatia, R. (2003, junho). Segmentação humana bayesiana em situações de multidão. Em Computer Vision and Pattern Recognition, 2003. Proceedings. Conferência da Sociedade de Computação IEEE de 2003 (Vol. 2, pp. II-459). IEEE.

xiii. Zhao, T., & Nevatia, R. (2004, julho). Tracking multiple humans in crowded environment. Em Visão Computacional e Reconhecimento de Padrões, 2004. CVPR 2004. Actas da Conferência da Sociedade de Computadores IEEE de 2004 (Vol. 2, pp. II-406). IEEE.

xiv. Rabaud, V., & Belongie, S. (2006, junho). Counting crowded moving objects. Em 2006 IEEE Computer Society Conference on Computer Vision and Pattern Recognition (CVPR'06) (Vol. 1, pp. 705-711). IEEE.

xv. Kong, D., Gray, D., & Tao, H. (2005, setembro). Counting Pedestrians in Crowds Using Viewpoint Invariant Training. Em BMVC.

xvi. Kilambi, P., Ribnick, E., Joshi, A. J., Masoud, O., & Papanikolopoulos, N. (2008). Estimating pedestrian counts in groups (Estimativa da contagem de peões em grupos). Computer Vision and Image Understanding, 110(1), 43-59.

xvii. Broggi, A., Cerri, P., Ghidoni, S., Grisleri, P., & Jung, H. G. (2009). Uma nova abordagem à deteção de peões urbanos para travagem automática. IEEE Transactions on Intelligent Transportation Systems, 10(4), 594-605.

xviii. Garder, P., Monterde-i-Bort, H., Johansson, C., Leden, L., Basbas, S., & Schirokoff, A. (2012). Em que medida podem os ITS melhorar a mobilidade e a segurança dos peões - crianças em foco.

ISSN: 0976-3031

Available Online at http://www.recentscientific.com

CODEN: IJRSFP (USA)

International Journal of Recent Scientific Research
Vol. 9, Issue, 2(x), pp. xxx, February, 2018

Inlesnalional Jousnal oJ Recenl JcienliJic Rereasch

DOI: 10.24327/IJRSR

Disponível online em http://www.recentscientific.com

CODEN: IJRSFP (EUA)

Revista Internacional de Investigação Científica Recente

Vol. 9, Issue, 2(x), pp. xxx, Fe6ruary, 2018

ArtiC1e de resedrCh

um novo protocolo de radiodifusão eficaz baseado em clusters em vans

Shiddharthy R e Gunavathi R

Departamento de Aplicações Informáticas, Colégio Sree Saraswathi Thyagaraja, Pollachi, Índia

DOI: http://dx.doi.org/10.24327/ijrsr.2018.0901.xxx

INFORMAÇÕES SOBRE O ARTIGO

Histórico do artigo: xxxxx

Palavras chave:
Broadcast, Vehicular Ad Hoc Network (VANET), Cluster, Broadcast Storm Problem e Cluster Based Efficient Radiodifusão (CBE-B)

RESUMO

O avanço da tecnologia e das redes levou à introdução de sistemas de segurança nos veículos. As redes Ad Hoc veiculares são uma das áreas emergentes para o alerta de situações de emergência, uma vez que a segurança do tráfego é uma preocupação de todos. As VANET são redes veiculares Ad-Hoc entre veículos equipados com meios de comunicação. As áreas de aplicação das VANET incluem os veículos autónomos, os sistemas de alerta, a prevenção/notificação de colisões e a otimização do tráfego. A tempestade de difusão surge devido à contenção frequente e às colisões na transmissão entre veículos vizinhos. Para limitar o número de transmissões de pacotes através de um sistema de Efficient- Broadcast (CBE-B). O principal objetivo é difundir mensagens a partir do nó mais distante e reduzir as colisões entre os nós. Devido ao agrupamento distribuído, este protocolo pode ultrapassar os desafios da tempestade de difusão de dados. Os pacotes serão então encaminhados apenas para veículos selecionados, oportunamente eleitos como chefes de agrupamento. O desempenho do CBE-B foi avaliado em cenários veiculares, principalmente em auto-estradas, e o desempenho é medido em termos de rácio de entrega de pacotes e débito.

INTRODUÇÃO

A Vehicular Ad Hoc Network (VANET) é um subconjunto da Mobile Ad hoc Network (MANET). As VANET baseiam-se fortemente na transmissão por difusão. As redes ad hoc veiculares (VANET) são acedidas entre os veículos para comunicarem entre si por razões de segurança. A maioria dos trabalhos de investigação recentes centrou-se na análise das VANET como redes bem ligadas, proporcionando uma elevada densidade de tráfego de veículos em comunicações sem fios de baixo custo. As VANET são constituídas por dispositivos de comunicação básicos para desenvolver redes de comunicação ponto a ponto. Os veículos são considerados como nós de origem e de destino na rede VANET. A rede VANET desenvolve uma estação de base para efetuar a distribuição da informação entre os nós, a fim de evitar colisões. O router da rede desenvolvido na VANET permite viajar em segurança nas estradas, transmitindo mensagens entre os nós. Durante a transmissão, a informação dos nós deve ser recebida no momento certo, sem qualquer atraso.

As VANET podem ser utilizadas tanto em aplicações ligeiras como pesadas. Existem algumas limitações na utilização das VANET, principalmente no que respeita à colisão de tráfego elevado. A difusão de mensagens na rede de tráfego provoca falhas de transmissão que resultam em colisão. A redundância nas topologias de rede resulta na colaboração da transmissão de mensagens entre os nós do veículo. Se houver uma falha, o veículo retransmitirá a mensagem uma e outra vez na rede afetada, criando mais mensagens redundantes.

[1] **Autor correspondente:* **Shiddharthy R**
Departamento de Aplicações Informáticas, Colégio Sree Saraswathi Thyagaraja, Pollachi, Índia

Os trabalhos de investigação têm-se centrado na análise das VANET como redes bem ligadas, com elevada densidade de tráfego de veículos. Quando um veículo retransmite uma mensagem, é um facto que os veículos vizinhos já a receberam, o que resulta num grande número de mensagens redundantes. Quando um veículo detecta uma situação perigosa, vai inevitavelmente difundir mensagens relacionadas com o mesmo acontecimento, o que conduz a uma redundância excessiva de mensagens, dando origem a um problema de tempestade de difusão. A conceção de protocolos de encaminhamento fiáveis e eficientes para suportar topologias de redes veiculares altamente diversificadas e, sobretudo, com ligações intermitentes, continua a ser um desafio. As soluções híbridas baseadas tanto nas comunicações V2V como nas comunicações veículo-infraestrutura (V2I) constituem uma alternativa viável aos protocolos de encaminhamento que exploram apenas o paradigma V2V [14].

Neste documento, é implementada uma técnica de difusão baseada em clusters para aplicações de segurança em VANETs. A abordagem designada por Cluster Based Effective Broadcast (CBE-B), com o objetivo de reduzir o efeito de tempestade de difusão, utiliza a agregação de veículos na estrada. Esta abordagem é muito eficiente devido ao facto de utilizar um número limitado de veículos para formar o Cluster Head (CH).

Como resultado, o CBE-B limita o número de transmissões, transmitindo mensagens com alta eficiência e velocidade de propagação e preservando o bom desempenho da rede.

O resto deste artigo está organizado da seguinte forma. Na Secção 2 resumem-se vários protocolos e alguns dos esforços de investigação dirigidos à sua avaliação. A Secção 3 apresenta um cenário de avaliação do protocolo proposto e a descrição dos algoritmos em investigação, seguida da explicação. A Secção 4 apresenta os critérios de desempenho e a comparação dos algoritmos. Finalmente, a Secção 5 resume as conclusões.

Trabalhos relacionados

Fasolo *et.al* (2006) [3] centrou-se numa rede Ad Hoc veicular (VANET) que utiliza a norma IEEE 802.11 para comunicação inter-veicular (IVC) com base no protocolo de difusão distribuída baseada na posição Smart Broadcast (SB). O protocolo SB tem como objetivo minimizar o atraso de retransmissão. Quando as áreas de cobertura são divididas entre sectores adjacentes em que cada nó tem a capacidade de estimar a sua posição. O SB é empregado principalmente para minimizar o tempo de realização de um hop, já que não gasta mais tempo para resolver as colisões. Considera um procedimento de resolução de contenção para eleger os nós retransmissores que permite a propagação rápida e fiável de mensagens numa VANET.

A difusão é principalmente utilizada para resolver problemas de rede.

Devido à mobilidade dos anfitriões, as operações como encontrar uma rota para um determinado anfitrião, enviar uma mensagem de paginação para um determinado anfitrião e enviar um sinal de alarme são executadas com maior frequência. A tempestade de difusão surge devido à sobreposição de sinais de rádio por inundação, resultando em redundância, contenção e colisão. Para resolver este problema, Tsang *et.al* [10] propuseram vários esquemas para reduzir as retransmissões redundantes e diferenciar o momento das retransmissões, inibindo alguns hospedeiros de retransmitir. Foram propostos vários esquemas para resolver este problema, nomeadamente esquemas baseados na distância, na localização, probabilísticos, baseados em clusters e baseados em contadores. O esquema baseado na localização é o melhor método, pois pode eliminar a maioria das retransmissões redundantes em todos os tipos de distribuição de anfitriões sem comprometer a acessibilidade.

Vegni *et.al* [11] apresentaram uma comunicação híbrida para redes veiculares baseada em infra-estruturas de rede (p. ex., pontos de acesso a redes sem fios) através de um protocolo veículo-infraestrutura e redes tradicionais veículo-veículo. As comunicações veiculares de curto alcance são suportadas por protocolos veículo-veículo (V2V), considerando veículos inteligentes equipados com computadores de bordo com sensores (p. ex., radar, radar, etc.) e múltiplas placas de interface de rede.

A técnica de seleção do caminho ótimo é adoptada pelo V2X, permitindo a mudança de protocolo para veículos que comunicam através de V2V ou V2I. Representa uma política para decidir qual o protocolo de comunicação veicular ótimo (ou seja, V2V ou V2I) entre dois nós finais para melhorar o desempenho da rede.

O projeto de uma solução de MAC e clustering em camadas cruzadas para suportar a rápida propagação de mensagens de broadcast em uma Vehicular Ad Hoc Network (VANET) é proposto por Luciano e Marco (2015) [14]. Para criar um backbone virtual dinâmico na rede veicular através de algoritmo de clusterização dinâmica distribuída. Ele é responsável por implementar uma propagação eficiente de mensagens e encaminhar mensagens de broadcast balanceando as conexões do backbone, bem como o trade-off de custo ou eficiência e a redução de hops.

Para melhorar as transmissões sem colisões e com limites de atraso para aplicações de segurança em várias condições de tráfego Ning *et.al*
[10] (2014) propôs um mecanismo de difusão técnica baseado no protocolo MAC. O mecanismo de difusão adaptativa Dedicated Multi-channel MAC (DMMAC) permite que todos os veículos da rede tenham a oportunidade de efetuar transmissões sem colisões e com atrasos limitados para aplicações de segurança. No DMMAC, todos os veículos estão equipados com um único transcetor de rádio half-duplex e os rádios múltiplos implementados com o hardware atual podem sofrer demasiadas interferências entre canais.

Trabalho proposto

Espera-se que um algoritmo de difusão eficiente baseado em clusters (CBE-B) minimize o número de mensagens retransmitidas agrupando os veículos na estrada. Este algoritmo funciona de forma eficiente para eleger os chefes de agrupamento com base nos seguintes critérios.

Os protocolos fiáveis utilizam três métodos: (i) retransmissão, em que o nó transmissor retransmite a mesma mensagem várias vezes; (ii) ACK seletivo, em que o transmissor exige ACK a um pequeno conjunto de vizinhos; e (iii) alteração dos parâmetros, em que o transmissor altera os parâmetros de transmissão em função do estado previsto da rede. O problema dos protocolos fiáveis consiste em conceber um protocolo que possa entregar uma mensagem de uma única fonte a todos os nós no seu raio de transmissão com a maior fiabilidade possível e um atraso mínimo.

As VANETs consistem numa rede veicular dividida em vários clusters, em que os veículos dentro de uma partição podem comunicar diretamente ou através de múltiplos saltos entre si, mas não existe uma ligação direta entre partições, como se pode ver na Fig. 1. Os veículos que pertencem ao mesmo agrupamento podem comunicar entre si, mas, devido aos intervalos entre agrupamentos consecutivos, não há comunicações entre agrupamentos. Uma classe particular de protocolos de encaminhamento, nomeadamente as abordagens baseadas em clusters, utiliza este pressuposto explorando a formação de clusters [9]. Com base nas localizações geográficas, direcções de movimento, velocidade e muitas outras métricas, os veículos podem agrupar-se em diferentes clusters.

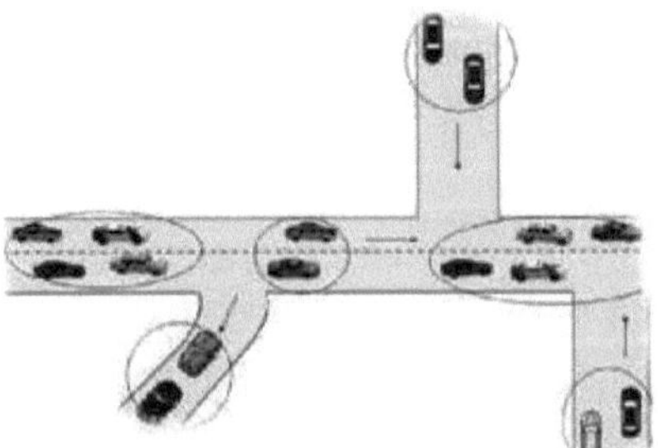

Fig 1 Diagrama esquemático dos agregados de veículos.

Eficiente baseado em clusters - Difusão

O algoritmo Cluster-Based Efficient Broadcast (CBE-B) permite a difusão de mensagens com elevada eficiência e velocidade de propagação. Ultrapassa sobretudo a limitação do algoritmo existente, que inclui tempestades de difusão devido à colisão de mensagens duplicadas em VANET. A difusão de mensagens na rede VANET é desejável utilizando o trabalho proposto com um menor número de nós de transmissão e atraso. Para o efeito, são utilizados três parâmetros principais, como a possibilidade de retransmissão (Pij), a velocidade do veículo (V) e a ordem de receção das mensagens pelos nós (MSG_No). Detecta o agrupamento de veículos de forma rápida e eficiente e elege um veículo como CH para cada agrupamento detectado. O novo chefe de agrupamento é responsável pela retransmissão das mensagens.

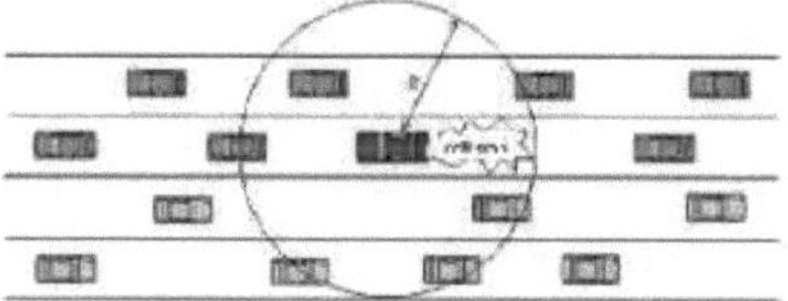

Fig 2 Difusão de mensagens na gama de transmissão do veículo acidentado

Algoritmo do protocolo CBE-B proposto

Com base nos três parâmetros acima referidos, o algoritmo proposto recolhe a informação sobre a posição do veículo no recetor GPS.

As estradas bilaterais são consideradas unilaterais pelo algoritmo para evitar a colisão. Se o nó de um veículo estiver congestionado em colisão, envia automaticamente uma mensagem com a identificação do veículo para a rede. A figura 2 mostra essa mensagem (ID do veículo, localização).

O algoritmo proposto é composto por duas fases, a fase de configuração e a fase de estado estacionário, do seguinte modo

Fase de instalação

Se o veículo sofrer uma colisão, actua como uma estação de base e calcula automaticamente o raio de alcance do rádio para formar o agrupamento. A difusão da mensagem de confirmação entre os nós no interior do agrupamento é enviada para a estação de base. A mensagem de confirmação contém os nós que ligam a velocidade, o identificador e a direção do veículo em movimento. A direção do movimento divide os veículos em duas categorias, ao passo que, com base na velocidade dos nós, a estação de base seleciona o cabeçalho do agrupamento para cada categoria, sendo preferível o veículo mais rápido. Com base no fluxograma seguinte, o funcionamento da fase de configuração é apresentado na figura 3.

Fase de estado estacionário

A retransmissão de mensagens de aviso é efectuada por cada chefe de agrupamento e, com base na velocidade do veículo, é determinado um novo chefe de agrupamento para melhorar rapidamente o processo. Há várias etapas na fase de estado estacionário, em cada etapa é selecionado um novo chefe de agrupamento. As mensagens são numeradas por ordem, como variáveis a retransmitir, e mantêm-se fixas até à definição do cluster seguinte. Esta fase segue algumas regras para selecionar o chefe do grupo, como se segue: - O cluster head é selecionado com elevada probabilidade, mesmo que o nó seja pai. É calculado utilizando o parâmetro de retransmissão de pi, j formulado como Pi, j = Di, j/ R. - O parâmetro seguinte é a velocidade do nó em movimento. - Além disso, se o nó receber menos mensagens de aviso com maior probabilidade, é selecionado como chefe de agrupamento.

O algoritmo da fase de estado estacionário é dado como

Passo 1 - Inicialização do Cluster_Head entre os nós.

Etapa 2 - Difusão de mensagens de aviso.

Passo 3 - Receber mensagens de confirmação (ack_msg) dos nós do grupo, que contêm o identificador do nó (ID), a velocidade do nó (V), a localização do nó (Loc), a direção do movimento do nó (Dir_Veh).

Passo 4 - Os nós que se deslocam na direção da cabeça de agrupamento, colocados no grupo Cluster_Mems, devem satisfazer a seguinte condição

For (j=1, j<=Tamanho_do_agrupamento;j++) If Dir_Vehi = Dir_Vehj Membros_do_agrupamento ← Vehj;

Passo 5 - Cada membro do grupo deve seguir os critérios com três factores: distância, velocidade e mensagem de aviso de cada nó.

```
For (j=1, j<= Size (Cluster_Mems); j++)
then calculate P_{i,j} = D_{i,j} / R
Result_j ← P_{i,j} * V_j * 1/MSG_No;
```

Passo 6 - Criar a tabela_Vehi é formada pelo atual chefe de agrupamento a partir das informações obtidas.
Passo 7 - A seleção do próximo Cluster Head (CH) pode ser obtida a partir da tabela acima entre os nós do Cluster_Mems

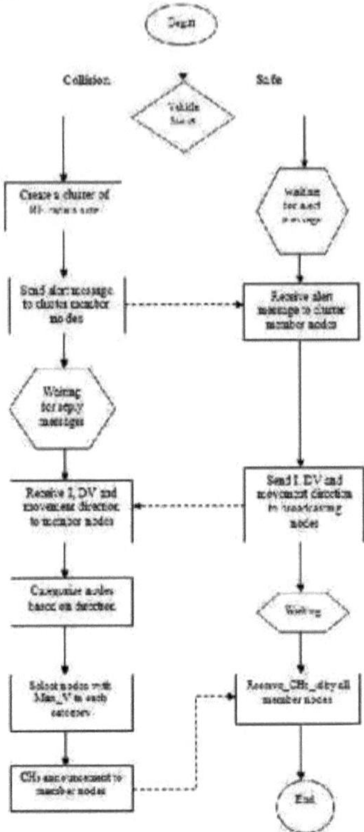

No algoritmo do método proposto, quando um veículo recebe uma mensagem de aviso, responde ao remetente com uma mensagem ACK. Se a sua direção de movimento for a mesma do nó de difusão, com base no algoritmo de seleção do próximo chefe de agrupamento, participará no algoritmo de seleção do chefe de agrupamento ideal para ser o próximo chefe de agrupamento.

RESULTADOS EXPERIMENTAIS

Configuração de rede

O algoritmo CBE-B proposto foi validado em auto-estradas para evitar o número de veículos em zonas rurais. O ambiente de simulação utilizado para o trabalho proposto é apresentado no Quadro I seguinte. Esta descreve os vários parâmetros utilizados para a simulação.

Tabela I Parâmetros e valores da simulação

Parâmetros	Valor
Canal	Canal sem fios
Antena	Antena Omni/Direcional
Protocolo MAC	IEEE 802.11
Protocolo de	AODV
N.º de nós	100

Parâmetros de desempenho

A análise do desempenho da VANET com base no algoritmo de difusão efectiva baseado em clusters é simulada no NS2. O desempenho do protocolo proposto é analisado através de parâmetros como o débito e o rácio de entrega de pacotes e comparado com o protocolo Cisco Discovery Protocol (CDP) existente. - Throughput - O Throughput indica que a deteção correta do cluster ocorreu se a quantidade de troca de pacotes tiver aumentado significativamente. - *Rácio de entrega* de *pacotes* - O rácio de entrega de pacotes é definido como o rácio entre o número de pacotes recebidos com êxito e o número de pacotes transmitidos. Aumenta devido à transmissão bem sucedida de pacotes pelos nós intermédios.

Tabela II Parâmetros de desempenho do algoritmo CBE-B

Protocols	Throughput (%)	Packet Delivery Ratio
CBE-B	85	95.8
CDP	72	81.2

Fig 4 Taxa de transferência para CBE-B

A Fig.4 mostra o débito obtido pelos veículos em movimento num cenário de autoestrada. A taxa de transferência do protocolo CBEB proposto é superior à do método existente. Fig 5 Rácio de entrega de pacotes para o protocolo CBE-B. A partir dos resultados, é evidente que o protocolo CBE-B proposto reduz o número de transmissões de pacotes.

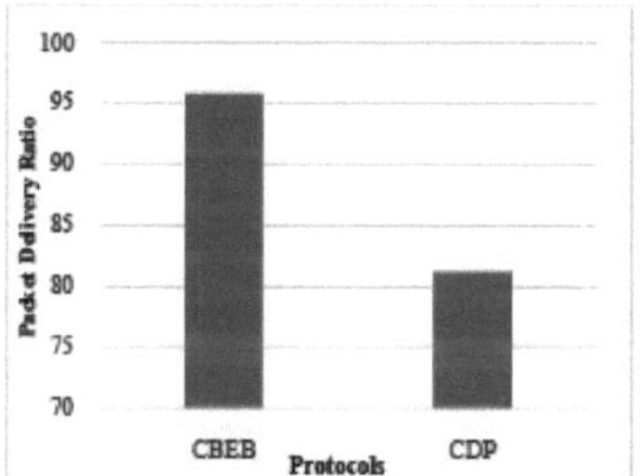

Fig 5 Rácio de entrega de pacotes para CBE-B

CONCLUSÃO

A tempestade de difusão é um problema comum nas redes. Para atenuar esta questão, é concebido um protocolo que difunde seletivamente a mensagem dentro do seu próprio alcance de transmissão, o que reduzirá a sobrecarga da rede e limitará a retransmissão da mensagem. Os protocolos de encaminhamento baseados em clusters são implementados na rede Ad-Hoc veicular para reduzir o número de transmissões de pacotes e para alinhar as posições dos veículos através do algoritmo de difusão efectiva baseado em clusters. A fim de detetar congestionamentos de tráfego de uma forma rápida e com pouca sobrecarga. Apenas um número limitado de veículos é eleito como chefe de agrupamento para encaminhar mensagens. Os resultados da simulação mostram que funciona eficazmente através de uma deteção mais rápida da área congestionada.

Referências

Referências

1. Bur K, Kihl M. Evaluation of selective broadcast algorithms for safety applications in vehicular ad hoc networks (Avaliação de algoritmos de difusão selectiva para aplicações de segurança em redes ad hoc veiculares). *Int J Veh Technol* 2011:13 (2011).
2. Chen W, Guha RK, Kwon TJ, Lee J, Hsu IY. Uma pesquisa e desafios no roteamento e disseminação de dados em redes ad-hoc veiculares. In: Actas da conferência internacional do IEEE sobre eletrónica e segurança veiculares, Columbus, OH, EUA; 2008. p. 328-333.
3. Fasolo E, Zanella A, Zorzi M. Um esquema de difusão eficaz para a propagação de mensagens de alerta em redes ad hoc veiculares. In: Anais da Conferência Internacional de Comunicações do IEEE (ICC), vol. 9; 2006. p. 3960-3965.
4. Gunter Y, Wiegel B, Grossmann H. Cluster-based medium access scheme for VANETs. In: Actas da conferência sobre sistemas de transporte inteligentes; 2007.

5. Hartenstein H, Laberteaux K. VANET: vehicular applications and internetworking technologies. Wiley & sons, Ltd.; 2010.
6. Hafeez KA, Zhao L, Liao Z, Ma BN-W. Um algoritmo de seleção de cabeças de cluster baseado em lógica difusa em VANETs. In: Actas da conferência internacional do IEEE sobre comunicações (ICC); 2012. p. 203-207.
7. Kakarla J, Sathya S, Laxmiand GB, Babu RB. Uma pesquisa sobre protocolos de roteamento e seus *problemas em VANET. Int J Comput Appl* 2011;28(4):38-44.
8. Koyamparambil Mammu AS, Hernandez-Jayo U, Sainz N. Cluster-based MAC in VANETs for safety
9. aplicações. In: Anais da conferência internacional sobre avanços em computação, comunicações e informática (ICACCI); 2013. p. 1424-1429. 9. Luo Y, Zhang W, Hu Y. Um novo protocolo de roteamento baseado em cluster para VANET. In: Anais da segunda conferência internacional sobre segurança de redes comunicações sem fio e computação confiável (NSWCTC), vol. 1; 2010. p. 176-180. 10. Ni S, Tseng Y, Chen Y, Sheu J. O problema da tempestade de difusão numa rede ad hoc móvel. In: Proceedings on the fifth annual ACM/IEEE international confer-ence on mobile computing and networking (MobiCom); 1999. p. 151-162.
10. 11. Vegni AM, Little TDC. Comunicações veiculares híbridas baseadas no protocolo V2V-V2I
11. comutação. IJVICS (Sistema *de comunicação de veículos e informação)*
12. 2011;2(3/4):213-31.
13. 12. Ramakrishnan, B., Rajesh, R.S. e Shaji, R.S., 2011.
14. CBVANET: Um modelo de rede adhoc veicular baseado em clusters para comunicação simples em auto-estradas. *Internacional*
15. *Journal of Advanced Networking and Applications*, 2(4),
16. pp.755-761. 13. isitpongphan N, Tonguz O, Parikh J, Mudalige P, Bai F, Sadekar V. Broadcast storm mitigation techniques in vehicular ad hoc networks. IEEE Wirel Commun 2007;14(6):84-94. 14. Bononi, L. e Di Felice, M., 2007, outubro. Um esquema de mac e clustering em camadas cruzadas para difusão eficiente em vanets. Em Mobile Adhoc and Sensor Systems, 2007. MASS 2007. Conferência Internacional do IEEE (pp. 1-8). IEEE.
17. Ghodrati, A.D. e Mohammadkhanli, L., 2013. Um novo algoritmo de difusão eficiente baseado em clusters para a disseminação de mensagens de alerta em VANETs.
18. *Revista Internacional de Investigação Aplicada e*
19. *Ciências Básicas*, 4, pp.1235-1244.
20. Vidhya, B. e Ramalingam, M., 2016.
21. Transmissão Oportunista Baseada em Clusters Usando Transmissão Selectiva Confiável em VANET. Comunicação Sem Fio, 8(1), pp.35-40.
22. Tonguz, O.K., Wisitpongphan, N., Parikh, J.S., Bai, F., Mudalige, P. e Sadekar, V.K., 2006, outubro.
23. Sobre o problema de broadcast storm em redes ad hoc sem fios. Em Broadband Communications, Networks and Systems, 2006. BROADNETS 2006. 3ª Conferência Internacional sobre (pp. 1-11). IEEE.

Revista Turca de Educação em Informática e MatemáticaVol .12 No.3(2021), 4450-4457

InvestigaçãoArtigo

Uma comunicação fiável selectiva para reduzir a difusão em VANET baseadas em clusters

R. Shiddharthy[a], Dr. R. Gunavathi[b]

[a]Bolseiro de investigação, Departamento de Aplicações Informáticas, Sree Saraswathi Thyagaraja College, Pollachi, Índia
[b]Professor Associado, Departamento de Aplicações Informáticas, Sree Saraswathi Thyagaraja College, Pollachi, Índia
[a]shiddharthy@gmail.com,[b] gunaganesh2001@gmail.com

Histórico do artigo: Recebido: 10 novembro 2020; Revisto 12 janeiro 2021 Aceite: 27 janeiro 2021; Publicado online: 5 abril de 2021

Resumo: A Vehicular Ad hoc Network (VANET) é um dos subconjuntos da Mobile Ad hoc Network (MANET) e é um sistema auto-organizado com um grupo de veículos capazes de comunicar a curta distância utilizando a On Board Unit (OBU). Esta unidade é composta pelos veículos que podem comunicar com os veículos próximos. As VANET dependem de uma transmissão de difusão intensa devido à partilha de dados (mensagens) entre os veículos próximos sobre o tráfego, colisões, etc. Esta informação redundante prejudica a natureza das VANET, afectando a comunicação inter-veicular, a retransmissão e a informação sobre colisões. Esta transmissão de mensagens aumenta consideravelmente à medida que o número de veículos aumenta. Este problema é normalmente designado por tempestade de difusão e é relativamente reduzido através do protocolo proposto de comunicação fiável selectiva (SRC). Através de uma comunicação fiável, os pacotes são retransmitidos para reduzir o número de transmissões na rede dentro de um nível aceitável de QoS. O protocolo SRC proposto detecta automaticamente os grupos de veículos como "Zona de Interesse". Em geral, o protocolo proposto encaminha os pacotes para os chefes de agrupamento e estes encaminham os pacotes para os membros do agrupamento. O protocolo proposto tem um desempenho superior ao dos protocolos existentes em termos de taxa de transferência, rácio de entrega de pacotes (PDR) e atraso médio.

Palavras-chave: VANET; MANET; QoS; Comunicação fiável; Comunicação em cluster

1. Introdução

As VANETs estão a emergir das MANET, em que a rede é preferencialmente concebida para o Sistema de Transporte Inteligente (ITS), que proporciona uma comunicação inter-veicular de curto alcance para o apoio comum a aplicações de segurança. Com o rápido crescimento do sistema de transportes, o tráfego e outras questões relacionadas com os veículos aumentaram nas últimas décadas. Por este motivo, os acidentes rodoviários e os congestionamentos de tráfego registaram um enorme aumento nos últimos anos. A Organização Mundial de Saúde (OMS) refere que mais de um milhão de mortes são causadas anualmente por acidentes de viação [1-4]. Por conseguinte, a necessidade de segurança rodoviária, as informações sobre a gestão do tráfego e outras informações relevantes devem ser partilhadas com os veículos através de uma rede definida designada VANET. De um modo geral, as VANET permitem a comunicação veículo-veículo (V2V) e veículo-infraestrutura (V2I) para partilhar informações entre veículos [3]. As VANET são um STI composto por veículos interligados e por unidades de controlo da estrada (RSU).

A comunicação V2V é efectuada utilizando alguns equipamentos de hardware e software especialmente concebidos para VANETS [5-7]. Trata-se de OBU com placas de interface de rede (NIC), que podem ligar-se a IEEE 802.11p, WiMAX, Long Term Evolution (LTE), recetor de Sistema Global de Navegação por Satélite (GNSS), etc. Os veículos são ligados entre si para formar um agrupamento que pode comunicar facilmente. No entanto, a comunicação entre diferentes clusters pode ser interrompida devido a algumas alterações na topologia da rede, à velocidade variável entre veículos e a cenários de desconexão [8].

Além disso, a transmissão de mensagens e a duplicação de mensagens aumentam consideravelmente e prejudicam o desempenho da rede. A transmissão de dados é efectuada para descobrir veículos vizinhos e para transferir informações relacionadas com o tráfego para os veículos próximos através de aplicações sensíveis ao contexto. Embora a difusão seja conseguida, pode levar a contenção e colisão frequentes devido à transmissão redundante entre os veículos numa rede de alta densidade [9-11]. Este problema é geralmente designado por problema da tempestade de difusão e afecta as comunicações entre veículos, aumentando a contenção e a colisão devido à retransmissão de uma mensagem entre os veículos [10].
4450

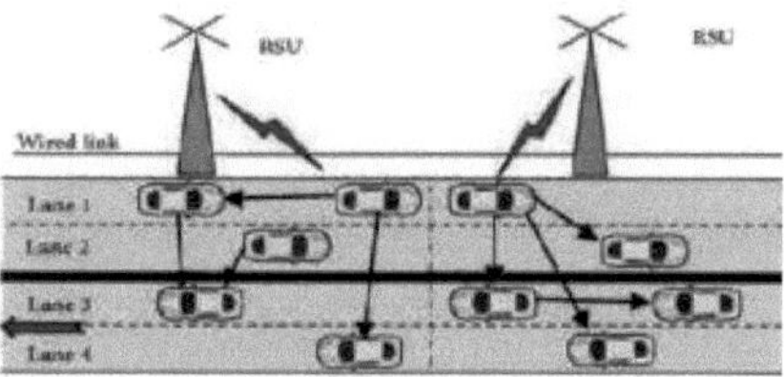

Fig. 1. Arquitetura VANET.

A Figura 1 mostra a arquitetura básica da VANET. Aqui os veículos recebem as mensagens da RSU e encaminham os dados para os veículos próximos. As RSUs estão associadas à ligação com fios e reencaminham os dados através do modo sem fios. Num ambiente MANET, são propostas soluções para atenuar o efeito da tempestade de difusão no ambiente VANET. Alguns trabalhos de investigação recentes centraram-se na análise das VANET como uma rede bem ligada que proporciona uma elevada densidade de tráfego. Os veículos que se encontram numa área próxima, ao sentirem a situação do tráfego da mesma situação, transmitem a mensagem aos outros veículos, o que conduz a uma redundância excessiva de mensagens. Por outro lado, a baixa densidade de veículos com RSU e o baixo tráfego resultam numa conetividade de rede fraca e intermitente. A conceção de um protocolo de encaminhamento fiável e eficiente constitui um desafio. Uma solução híbrida é uma forma eficaz de propor um protocolo de encaminhamento alternativo para melhorar a comunicação V2V [12].

Este artigo apresenta um protocolo de comunicação fiável seletivo para proporcionar uma melhor técnica de difusão baseada em clusters. O artigo está organizado nas secções seguintes: A Secção II fornece informação sobre a revisão da literatura dos trabalhos anteriores na mesma área. A Secção III apresenta a declaração do problema e a Secção IV fala sobre o protocolo SRC proposto. A Secção V apresenta os resultados da simulação e a Secção VI conclui o artigo com conclusões e trabalho futuro.

2. Trabalhos relacionados

Esta secção descreve em pormenor os trabalhos anteriores sobre VANET para evitar a tempestade de difusão em abordagens baseadas em clusters.

Benrhaiem et al. propõem o protocolo M-HRB (Multi-Hop Reliable Broadcasting), para uma vasta gama de aplicações VANET na área urbana [13]. O protocolo é proposto com base em informações sobre o estado local, em que as ruas são divididas em várias células. Estas células múltiplas são agrupadas para formar zonas semelhantes a uma grelha. Propõe-se um processamento proactivo do estado local para explorar as caraterísticas das balizas periódicas. Assim, estima-se a qualidade do vizinho e identificam-se os reencaminhadores adequados, obtendo-se uma fiabilidade desejável em cada salto na difusão multi-hop. Além disso, o consumo de largura de banda é minimizado e melhora o tempo de vida da rede. O M-HRB obtém um melhor desempenho do que os esquemas existentes em termos de fiabilidade e consumo de largura de banda. Apesar de obter um melhor desempenho em termos de fiabilidade e de seleção dos encaminhadores, não é fiável em MANET, onde a seleção dos encaminhadores deve ser mantida e selecionada para cada transmissão, o que prejudica o desempenho numa rede com um grande número de veículos.

Selvi & Ramakrishnan apresentam uma técnica eficiente de priorização de mensagens com a partição programada para a transferência de mensagens de emergência em VANET [14]. O trabalho focado em priorizar as mensagens antes de iniciar a transmissão reduz a retransmissão das mesmas mensagens para os mesmos nós. Por isso, a primeira prioridade é a priorização da transmissão em VANET. Para estabelecer prioridades, a identificação dos dados centra-se na sua divisão em dados normais e dados relacionados com a emergência. Uma vez que os dados de emergência chegam aos nós com maior antecedência do que os dados normais. Assim, a transmissão de dados de emergência é identificada como de alta prioridade e transferida para os nós. Em segundo lugar, a transmissão de emergência e a transmissão de dados normais são processadas utilizando duas técnicas: i) com base na métrica de semelhança do SMTP e ii) com base na técnica de partição programada adaptável. O SMTP flui com dados normais e a técnica de programação adaptativa segue para a transmissão de mensagens de emergência. Este esquema obtém melhores resultados na transmissão de dados, mas a escolha da técnica de transmissão e a deteção do tipo de mensagem é um processo fastidioso quando o número de mensagens é enorme e o alcance da transmissão é elevado.

Pramuanyat et al. propuseram uma difusão fiável baseada na localização para VANET [15]. Os ITS em VANET permitem um grande número de aplicações de segurança que requerem rapidez e segurança na transmissão, fiabilidade e disseminação em áreas restritas para transferir informação de alta prioridade para os veículos certos. A capacidade de localização é identificada maioritariamente através de sistemas de posicionamento global (GPS), o que dá origem a imprecisões em áreas fechadas. Por conseguinte, o trabalho proposto centra-se num protocolo de difusão fiável baseado na conservação de energia distribuída

Energia (DECA). A DECA fornece melhores serviços de localização para identificar os nós na VANET. Assim, a precisão da transmissão de dados é melhorada.

Oliveira et al., propuseram um protocolo de transmissão de dados fiável para transferir informação sobre segurança de tráfego em VANET [16]. Um dos maiores desafios em VANET é conceber um protocolo de difusão adaptativo para detetar a tempestade de difusão. Este trabalho propõe um novo protocolo de difusão de dados adaptativo (Addp) para lidar com a tempestade de difusão utilizando um ajuste periódico e dinâmico para a periodicidade das balizas e reduzindo as balizas e as mensagens na rede. A eficácia do protocolo proposto é avaliada e atinge um melhor desempenho do que os outros protocolos existentes. Embora o trabalho proposto atinja um melhor desempenho do que o trabalho existente em termos de débito para as áreas urbanas, o mesmo protocolo mantém o seu nível a um débito mínimo para as grandes áreas metropolitanas.

Ramalingam & Thangarajan concentraram-se no agrupamento com base no valor do peso obtido e na difusão da mensagem de emergência através da difusão selectiva fiável (SRB) [17]. De um modo geral, os veículos são fabricados com uma unidade de bordo para comunicar com outros veículos, tendo em vista uma experiência de condução global e a segurança. A comunicação V2V e V2I fornece aos veículos informações sobre o trajeto e o tráfego, mas a topologia dinâmica das VANET mantém a desconexão frequente. No entanto, o trabalho proposto garante a formação e a manutenção eficientes de agrupamentos com base no algoritmo de agrupamento ponderado proposto. A mensagem de emergência é disseminada com base no protocolo SRB proposto. O protocolo proposto atinge um melhor desempenho do que os outros protocolos existentes em termos de débito e transmissão de dados.

Abbasi et al. propuseram um protocolo de encaminhamento nultihop rápido e fiável denominado Intelligent Forwarding Protocol (IFP) em VANET para a difusão de mensagens de segurança (mensagens de segurança global) entre os veículos [18]. Num ambiente dinâmico, são propostos muitos protocolos para partilhar mensagens de segurança entre veículos. A maioria dos trabalhos propostos tem um desempenho adequado em condições de tráfego limitadas e mínimas. O protocolo proposto explora a comunicação sem aperto de mão com desacoplamento de ACK para uma resolução eficiente de colisões. O IFP é modelado teoricamente através de simulação e de experiências reais. O atraso na propagação da mensagem é reduzido, melhorando assim o rácio de entrega de pacotes (PDR) do protocolo proposto.

Sattar et al. propuseram a fiabilidade e a eficiência energética da difusão de mensagens de segurança em VANET [19]. O modelo centrou-se na fiabilidade do flooding como protocolo subjacente de disseminação de dados para a transmissão de mensagens de segurança em tempo crítico. A fiabilidade de extremo-a-extremo é fornecida através da camada de rede e resulta em conhecimentos sobre o mecanismo de inundação. A manutenção do valor-limite após um certo número de rondas de mensagens melhora a taxa de PDR, o que resulta numa melhoria do tempo de vida da rede. Os protocolos eficientes em termos energéticos são um requisito fundamental na futura Internet dos Veículos (IoV) e o protocolo proposto valida as melhorias através de resultados de simulação com os esquemas existentes.

Os trabalhos acima referidos mostram que a tempestade de difusão é uma questão importante na VANET, que deve ser resolvida para obter um melhor modelo de rede. O trabalho proposto SRC centra-se na minimização da tempestade de difusão através da retransmissão das mensagens para a rede com um nível aceitável de QoS.

3. Declaração do problema

O protocolo SRC proposto centra-se na redução da tempestade de difusão. Alguns problemas comuns devidos à tempestade de difusão na VANET são

- É a acumulação de tráfego de difusão e multicast.
- Os comutadores retransmitem repetidamente as mensagens de difusão e inundam a rede.
- O cabeçalho da camada 2 não suporta um tempo de vida (TTL).
- Sempre que um quadro é enviado para uma topologia em loop, ele fica em loop para sempre.

O trabalho proposto centra-se na minimização do número de retransmissões através da limitação do número de transmissão de pacotes. Através da implementação do Connected Set of Vehicles (CSV) e do Eliminated Set of Vehicles (ESV) num veículo equipado com GPS para transmitir a mensagem de sinalização intensiva entre os veículos próximos. Os detalhes do SRC proposto são apresentados na secção seguinte.

4. Proposta de protocolo SRC

O trabalho proposto centra-se no protocolo SRC para limitar a tempestade de difusão. O protocolo mantém os veículos como dois conjuntos distintos denominados CSV e ESV. O diagrama de blocos do protocolo SRC é apresentado na Fig. 2.

Antes do início da emissão, é verificada a fiabilidade do veículo. Com base na fiabilidade, os veículos são classificados em CSV e ESV. Através do CSV, a transmissão da mensagem será efectuada com êxito. Sempre que a fiabilidade dos veículos termina com o conjunto ESV, a difusão é eliminada do veículo e a transmissão é interrompida.

4452

Conjunto de veículos ligados

O CSV é identificado com base na fiabilidade do veículo. Por outro lado, a velocidade do veículo e o registo de data e hora são normalmente gerados com a estrutura básica dos pacotes. Com base no carimbo de data/hora e no valor de limiar básico, o veículo será considerado como CSV ou não. Sempre que o carimbo de data/hora atinge um valor superior, o veículo permanece no CSV. Em

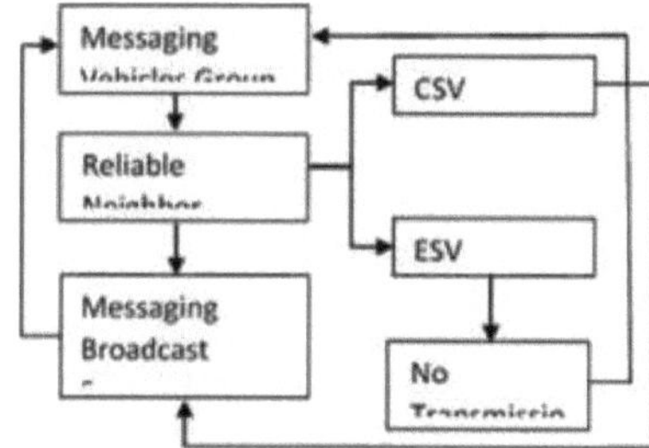

Figura 2. Diagrama de blocos do protocolo SRC

se a verificação da fiabilidade for bem sucedida, a transmissão da mensagem será processada.

Conjunto de veículos eliminados

O conjunto ESV é geralmente integrado após a verificação do CSV. Sempre que os veículos não conseguem juntar-se ao CSV, o veículo junta-se automaticamente ao ESV. Para cada mensagem, o veículo verifica novamente o seu valor limite e o valor do carimbo de data/hora para o agrupar em CSV ou ESV.

Além disso, os veículos no ESV verificam a distância dos veículos e o valor-limite básico da distância. Sempre que o veículo atinge uma distância inferior à distância limite, é claro que esses veículos são reconsiderados para se juntarem ao CSV, caso contrário o veículo permanece no ESV.

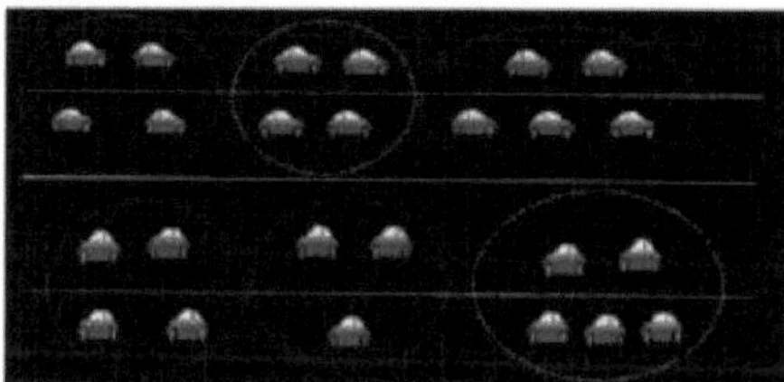

Figura 3. Proposta de CSV e ESV

A Fig. 3 mostra o protocolo SRC proposto com CSV e ESV. O círculo pontilhado vermelho é um CSV e o pontilhado amarelo é mencionado como ESV. Ambos os conjuntos podem variar devido ao tempo, à velocidade e a outros parâmetros comuns. Por conseguinte, a transmissão de dados será processada antes de cada transmissão de mensagem.

Em geral, a deteção de agregados é formulada com base na arquitetura de base da VANET. Neste caso, o SRC acrescenta um método de deteção de agrupamentos para formar um agrupamento melhor nos três casos diferentes:

- Caso - 1: o índice definido *j* é superior ao ID do veículo transmissor acessível. (*j* - como veículo mediano)
- Caso - 2: distância entre o par de veículos de distância mínima dentro do agrupamento.
- Caso - 3: distância entre o par de veículos de distância máxima dentro do agrupamento.

Através do mecanismo de deteção de clusters acima referido, é identificada a melhor formação de clusters. Além disso, os clusters são formados com o protocolo SRC proposto para transmitir uma mensagem num melhor ambiente VANET.

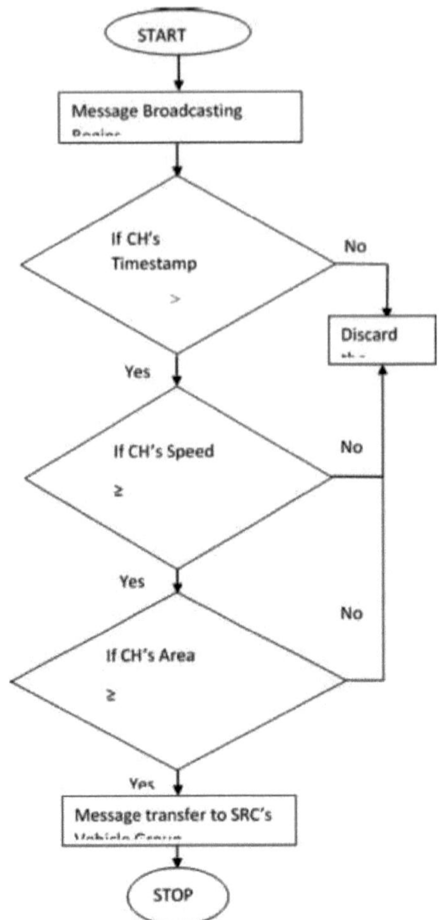

Fig. 4. Fluxo do protocolo SRC

A Figura 4 apresenta o fluxo do protocolo SRC. O CH encaminha os dados para o CM como Zona de Interesse.

5. Resultados da simulação

Esta secção apresenta o desempenho do protocolo SRC implementado no NS2.34. O desempenho do protocolo proposto é comparado com os esquemas existentes ROAC-B, EWCA e CDP. Os vários parâmetros utilizados para a simulação proposta são apresentados em pormenor no Quadro I.

4454

TABELA I. PARÂMETROS DE SIMULAÇÃO

Parâmetros	Valor
Canal	Canal sem fios
Antena	Omni/Direcional Antena
Protocolo MAC	IEEE 802.11
Protocolo de	Proposta de SRC
N.º de nós	100

Taxa de transmissão	250 Kbps
Cobertura da área	1000 x 1000m
Direção	Bidirecional
Tempo de simulação	500 seg.

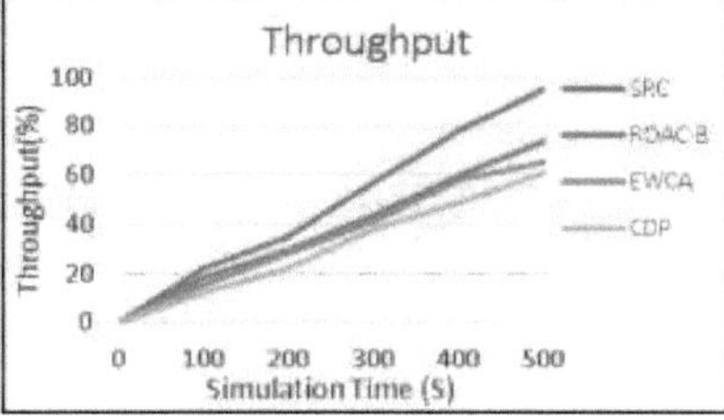

Fig. 5. Produtividade

A Figura 5 compara o protocolo SRC proposto com os esquemas existentes. O SRC atinge 95% de rendimento do que o ROAC-B (74%), o EWCA (65%) e o CDP (61%).

Rácio de entrega de pacotes

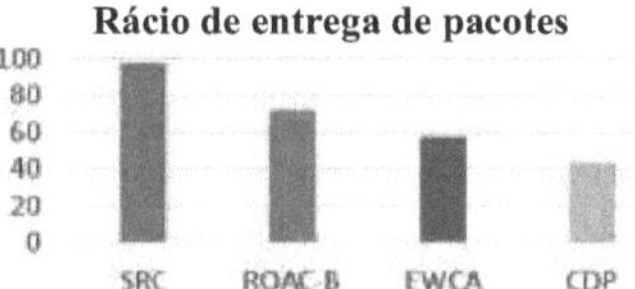

■ SRC ■ ROAC-B ■ EWCA "CDP

Fig. 6. Rácio de entrega de pacotes

A figura 6 mostra a PDR (%) entre o SRC proposto e os outros sistemas existentes. O SRC mantém 98% da PDR, enquanto o ROAC-B mantém 72%, o EWCA mantém 58% e o CDP 43%. Isto mostra que o SRC mantém uma PDR melhor do que os sistemas existentes.

4455

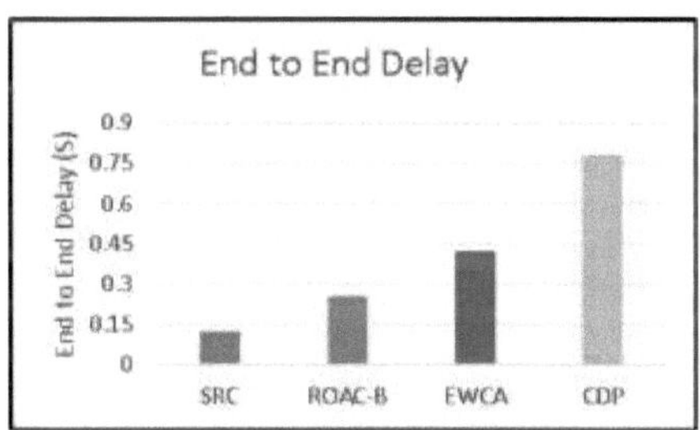

Fig. 7. Atraso de ponta a ponta

A Figura 7 apresenta o atraso de extremo a extremo entre o SRC proposto e os outros trabalhos existentes. O SRC proposto mantém um atraso menor, de 0,12 segundos, em comparação com o ROAC-B, de 0,25 segundos, o EWCA, de 0,42 segundos, e o CDP, de 0,78 segundos.

As figuras 5, 6 e 7 acima provam que o SRC proposto mantém um melhor desempenho do que os esquemas existentes acima mencionados.

6. Conclusão e trabalho futuro

A VANET é uma rede emergente em que os veículos estão a transmitir dados sobre a situação do tráfego e outras informações relevantes para os veículos próximos. Apesar de a VANET ser eficiente na comunicação e na transferência de dados, a tempestade de difusão ocorre frequentemente, prejudicando o desempenho da rede. Para ultrapassar a tempestade de difusão, foram definidos vários protocolos eficazes. No entanto, a tempestade de difusão não é erradicada na rede. Por conseguinte, os protocolos SRC propostos encontraram uma técnica eficaz para retransmitir os dados para a zona de interesse a fim de erradicar a tempestade e o desempenho do SRC prova que a tempestade de difusão desapareceu na VANET. No futuro, para melhorar a segurança na preservação da transmissão de dados, pode ser incluído o SRC para implementar o mesmo protocolo na Internet dos Veículos (IoV).

Referências

Mchergui, A., Moulahi, T., & Nasri, S. (2019, junho). Seleção de relé baseada em aprendizado profundo para transmissão em VANET. Em 2019 15ª Conferência Internacional de Comunicações Sem Fio e Computação Móvel (IWCMC) (pp. 865-870). IEEE.

Jia, K., Hou, Y., Niu, K., Dong, C., & He, Z. (2019). A transmissão com restrição de atraso combinada com mecanismo de reserva de recursos e teste de campo em VANET. IEEE Access, 7, 59600-59612.

Das, D., & Misra, R. (2020). EASBVN: esquema de aproximação eficiente para difusão em redes veiculares. Wireless Networks, 1-11.

Li, S., Liu, Y., & Wang, J. (2019). Um esquema de transmissão eficiente para serviços relacionados à segurança em VANETs distribuídas baseadas em TDMA. IEEE Communications Letters, 23(8), 1432-1436.

Mchergui, A., Moulahi, T., Othman, M. T. B., & Nasri, S. (2020). Melhorando o desempenho de transmissão de VANETs com previsão de mobilidade para estradas inteligentes. Comunicações pessoais sem fios, 1-13.

Ramalingam, M., & Thangarajan, R. (2020). Algoritmo k-means mutado para agrupamento dinâmico para realizar uma transmissão eficaz e inteligente em vigilância médica usando protocolo de transmissão confiável seletivo em VANET. Computer Communications, 150, 563-568.

Lin, Z., Sun, Y., Tang, Y., & Liu, Z. (2020). Um protocolo MAC de transmissão de mensagens eficiente para VANETs. Wireless Networks, 26(8), 6043-6057.

Mchergui, A., Moulahi, T., & Nasri, S. (2020). BaaS: Transmissão como uma abordagem baseada em aprendizagem de camada cruzada de serviço em VANETs assistidos por nuvem. Redes de Computadores, 182, 107468.

Selvi, M., & Ramakrishnan, B. (2020). Sistema confiável de transmissão de mensagens de emergência baseado em algoritmo de otimização de leão (LOA) em VANET. Soft Computing, 24(14), 10415-10432.

Naderi, M., Zargari, F., & Ghanbari, M. (2019). Transmissão adaptativa de beacon no roteamento oportunista para VANETs. Ad Hoc Networks, 86, 119-130.

Srivastava, A., Prakash, A., & Tripathi, R. (2020). Protocolos de encaminhamento baseados na localização em VANET: Issues and existing solutions. Vehicular Communications, 23, 100231.

Hamdi, M. M., Audah, L., Rashid, S. A., Mohammed, A. H., Alani, S., & Mustafa, A. S. (2020, junho). Uma revisão de aplicações, caraterísticas e desafios em redes ad hoc veiculares (VANETs). Em 2020 Congresso Internacional de Interação Humano-Computador, Otimização e Aplicações Robóticas (HORA) (pp. 1-7). IEEE.

4456

Benrhaiem, W., Hafid, A. S., & Sahu, P. K. (2016, maio). Confiabilidade multihop para VANET baseado em broadcast em ambientes urbanos. Em 2016 IEEE International Conference on Communications (ICC) (pp. 1-6). IEEE.

Selvi, M., & Ramakrishnan, B. (2018, outubro). Uma técnica eficiente de priorização de mensagens e particionamento programado para transmissão de mensagens de emergência em VANET. Em 2018, 3ª Conferência Internacional sobre Sistemas de Comunicação e Eletrônica (ICCES) (pp. 776-781). IEEE.

Pramuanyat, N., Nakorn, K. N., Kawila, K., & Rojviboonchai, K. (2016, julho). LARB: protocolo de transmissão confiável com reconhecimento de localização em VANET. Em 2016 13ª Conferência Internacional Conjunta sobre Ciência da Computação e Engenharia de Software (JCSSE) (pp. 1-6). IEEE.

Oliveira, R., Montez, C., Boukerche, A., & Wangham, M. S. (2017). Protocolo de disseminação de dados fiável para aplicações de segurança de tráfego em VANET. Ad Hoc Networks, 63, 30-44.

Ramalingam, M., & Thangarajan, R. (2017). Clustering baseado em valor de peso para disseminação de mensagem de emergência com transmissão confiável seletiva em VANETs. Jornal Asiático de Pesquisa em Ciências Sociais e Humanas, 7(1), 492-500.

Abbasi, H. I., Voicu, R. C., Copeland, J., & Chang, Y. (2019). Rumo a um roteamento multi-hop rápido e confiável em VANETs. IEEE Transactions on Mobile Computing.

Sattar, S., Qureshi, H. K., Saleem, M., Mumtaz, S., & Rodriguez, J. (2018). Análise de confiabilidade e eficiência energética da transmissão de mensagens de segurança em VANETs. Comunicações por computador, 119, 118-126

4457

Seleção eficiente e fiável de cabeças de agrupamento Mecanismo de transmissão de informações de colisão em Rede Ad-hoc Veicular

R. Shiddharthy, Dr. R. Gunavathi,

Bolseiro de investigação, Departamento de Aplicações Informáticas, Sree Saraswathi Thyagaraja College, Pollachi, Índia.

Professor Associado, Departamento de Aplicações Informáticas, Colégio Sree Saraswathi Thyagaraja, Pollachi, Índia.

Resumo

Os recentes desenvolvimentos tecnológicos e a investigação em todos os aspectos das tecnologias da informação levam as redes veiculares adhoc (VANET) a desenvolver as terminologias de comunicação para a sua própria rede, a fim de realizar uma comunicação eficaz. Algumas das áreas comuns da VANET consideradas para investigação, como o encaminhamento, a segurança, a difusão de mensagens, etc., foram melhoradas para comunicar e transmitir os pacotes de forma proeminente. Por conseguinte, a arquitetura da VANET é remodelada de acordo com os três cenários comuns, nomeadamente o puramente ad hoc, o celular e o híbrido. Como a topologia da VANET está sempre a mudar devido à mobilidade dos nós, o encaminhamento torna-se mais vital e necessita de uma abordagem eficaz para transmitir dados entre o nó de origem e o nó de destino. Além disso, as VANET incluem uma série de protocolos de encaminhamento para ultrapassar esses problemas e é considerado um dos protocolos de encaminhamento multipercurso baseados em agrupamentos mais potentes e eficientes, o AOMDV. Este artigo propõe um novo esquema de eleição da melhor e mais eficiente cabeça de agrupamento entre os nós, de acordo com a distância entre os membros do agrupamento e o número de saltos para a transmissão de dados, utilizando o protocolo AOMDV proposto. Os resultados experimentais mostram a eficácia do esquema proposto em relação aos modelos existentes com base no rendimento e na taxa de entrega de pacotes (PDR).

Palavras-chave: *VANET, AOMDV, Cabeça de cluster, Membro de cluster, Taxa de transferência*

INTRODUÇÃO

O número de tecnologias revolucionárias orientadas para a segurança dos veículos, como o ABS, os cintos de segurança, os airbags, as câmaras de visão traseira e o Controlo Eletrónico de Estabilidade (ESC), é alarmante no meio dos acidentes rodoviários. Os governos, as indústrias transformadoras e o meio académico têm visto como promissores os conceitos de uma futura implementação do Sistema de Transportes Inteligentes, conseguindo assim segurança e eficiência em auto-estradas quase lotadas, para o intercâmbio direto de dados cinemáticos entre automóveis através de ambientes de rede ad hoc, designada rede ad hoc veicular (VANET). A VANET é um subconjunto da MANET, com nós móveis. A comunicação interveicular (IVC) oferece quatro grandes vantagens em comparação com as MANET e outros sistemas celulares: ampla área de cobertura, latência relativamente baixa devido à comunicação direta sem fios, pouco ou nenhum problema de energia para as cargas de serviço (Eze et al.,2014).

A fim de criar um sistema de transportes inteligente, as VANET integram os poucos elementos das redes ad-hoc com fios e sem fios, comunicando entre os sistemas veículo-veículo e os sistemas de estrada. O principal objetivo das VANET é garantir a saúde e a proteção das pessoas, através de informações sobre acidentes, instabilidade no tráfego

Arquivos disponíveis em www.solidstatetechnology.us

informação no contacto com os condutores rodoviários. Cada nó ou veículo possui um sistema VANET que forma imediatamente uma rede Adhoc e pode transmitir as mensagens solicitadas através da rede sem fios. Um veículo pode comunicar diretamente com outros veículos, o que se designa por comunicações V2V, ou pode comunicar com uma infraestrutura fornecida, como uma unidade de estrada (RSU), o que se designa por V2I (Vehicle-to-Infrastructure) (Lakshmi et al., 2012).

No mundo atual, existem muitas aplicações VANET importantes. Essas utilizações vão desde os cuidados médicos críticos até ao conforto e ao lazer. Uma VANET tem de satisfazer as necessidades dos utilizadores em constante evolução e deve cumprir os requisitos tecnológicos e as arquitecturas disponíveis.

Algumas das principais aplicações (Saibh ur Rehman et al., 2013) da VANET podem ser resumidas da seguinte forma,

1. Segurança do tráfego rodoviário
2. Engenharia de tráfego ou eficiência
3. Conforto e qualidade das viagens rodoviárias
4. Topologia dinâmica
5. Desconexões frequentes

6. Padrões de mobilidade previsíveis
7. Utilização de outras tecnologias
8. Restrições rigorosas em termos de atrasos

O encaminhamento correto é uma das questões fundamentais da investigação sobre VANET. A manutenção e a exploração de rotas para a transmissão de mensagens em redes multi-hop em VANET é difícil devido à natureza dos nós ad hoc móveis. A maioria dos protocolos de encaminhamento está atualmente disponível e é utilizada em diferentes condições de estrada ((Hartenstein & Laberteaux, 2009), (Chekima et al., 2015)). As VANETs têm várias caraterísticas diferentes das MANETs, tais como limitações de padrão de estrada, sem limites de tamanho de rede, topologia dinâmica, modelos de movimento e fornecimento ilimitado de energia. Todas estas caraterísticas tornaram impossível para a comunidade VANET estabelecer protocolos de encaminhamento bem sucedidos. O aspeto fundamental são os nós móveis que se deslocam rapidamente (Dinesh & Deshmukh, 2014). Alguns dos parâmetros comuns das VANET são descritos no quadro I abaixo.

QUADRO I PARÂMETROS DO VANET

Arquivos disponíveis em www.solidstatetechnology.us

SNO	Parameter	Description
1	High Mobility	Usually in VANET the nodes are moving at high speed. This makes harder to predict a node's position and protecting the privacy.
2	Rapid topology changes	Due to high node mobility and random speed of vehicles, the position of node changes frequently. Therefore, the network topology in VANET tends to change frequently.
3	Unbounded network size	VANET may implemented in a city, several cities or for the whole country. Thus the network size is geographically unbounded.
4	Frequent exchange of information	The ad hoc nature of VANET motivates the nodes to gather information from the other vehicles and road side units. Hence the information exchange among nodes becomes frequent.
5	Wireless communication	Design of VANET is meant for the wireless environment. Nodes are connected and exchange their information via wireless. Therefore, some security measure must be considered in communication for safe and secure transmission.
6	Time critical	The information in VANET must be delivered to the nodes with in time limit so that a decision can be made by the node and perform action accordingly.
7	Energy sufficient	The VANET nodes have no issue of energy and computation resources. This allows VANET usage of demanding techniques such as RSA, ECDSA implementation and also provides unlimited transmission power.

Alguns dos problemas comuns nas VANET são apresentados em pormenor na Figura 1.

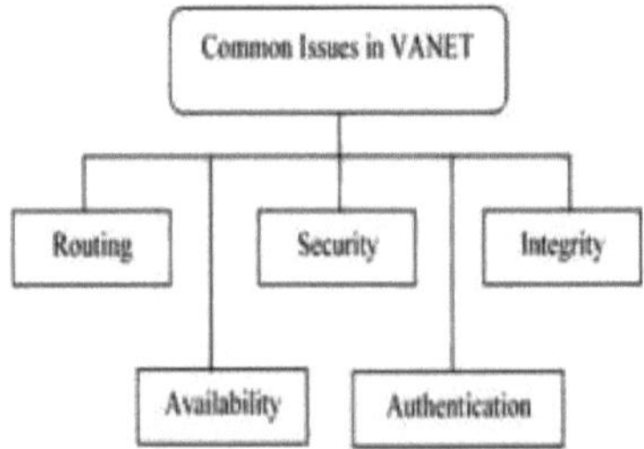

Fig. 1. Problemas comuns nas VANET.

Alguns dos principais factores das VANET considerados neste documento são Os problemas de encaminhamento nas VANET ocorrem devido à elevada topologia da rede (problema de encaminhamento) e as VANET são o principal componente do sistema de transportes. Devido ao volume do tráfego rodoviário, este afecta a segurança de um indivíduo, pelo que este problema deve ser erradicado (problema de segurança) (Samara et al., 2010). Tendo em conta as possibilidades acima mencionadas, a prevenção de acidentes de transporte futuros é um problema em aberto com o fluxo de tráfego alarmante nas auto-estradas, cidades e regiões metropolitanas. Foram desenvolvidas várias soluções de segurança rodoviária, incluindo o controlo e a canalização do tráfego, utilizando tecnologias como sistemas de alerta, mapas digitais, etc. Os dispositivos de alerta de colisão também foram introduzidos como uma parte importante da proteção ativa dos veículos. Podem ser incorporados sistemas VANET que utilizam a comunicação inter-veicular (IVC) para evitar acidentes e a rede de transportes inteligentes (ITS).

Geralmente, a mensagem dos veículos contém detalhes sobre o tempo, o espaço e os agentes da mensagem original que a fonte e o destino vão receber e partilhar. A validade desta mensagem depende da relevância e das condições da estrada. Por conseguinte, a validade da mensagem desempenha também um papel fundamental. Por vezes, as mensagens irrelevantes podem ser transferidas de um veículo para outro, o que também pode ter consequências. Em

Na VANET, a mensagem consiste em informação em tempo real, pelo que, sempre que a situação se altera, os veículos têm de captar o estado e atualizar o conteúdo mais antigo para o mais recente antes de o transmitirem aos outros veículos. Suponhamos que um acidente de viação numa determinada zona, antes de uma hora, pode criar um tráfego mais intenso, mas pode não haver engarrafamento imediato. Consequentemente, a verificação dos dados também desempenha um papel vital na VANET. Nestas circunstâncias, as VANET são procuradas sempre que se registam melhorias no mercado.

A secção II descreve em pormenor os trabalhos existentes sobre seleção de cabeças de agrupamento e difusão de colisões em VANET. A declaração do problema é apresentada na secção III e o trabalho proposto é detalhado na secção IV. A Secção V apresenta os resultados da simulação do trabalho proposto e a Secção VI conclui o artigo.

REVISÃO DA LITERATURA

(Haider et al 2020) apresentou um esquema de prevenção de colisões em cenários de tráfego bidirecional. O autor propôs um algoritmo K-medoid modificado para estimar a probabilidade de colisão com o estado esperado dos nós. O novo fator benigno é implementado com desaceleração adaptativa para evitar colisões. Além disso, o esquema atenua as colisões inter-cluster e intra-cluster para minimizar o congestionamento na comunicação e a latência na transmissão. O trabalho proposto permite um melhor aviso numa situação em que o nível de probabilidade excede o valor limite predefinido. Para além disso, a velocidade de segurança encapsulada garante a prevenção de colisões contra a ameaça que se aproxima. Este esquema tem um desempenho eficiente em termos de estabilidade entre e dentro do agrupamento e de prevenção de colisões.

(Srivastava et al., 2020) propuseram um mecanismo de difusão probabilística com base em fuzzy para a difusão de informações em VANET. Devido ao consumo insignificante de recursos, as VANET tornam-se uma rede congestionada e surgem frequentemente tempestades na rede. No entanto, para evitar tais insignificâncias, é proposta uma abordagem sem balizas para controlar o fluxo de pacotes e minimizar a taxa de colisão e de queda de pacotes. O objetivo deste trabalho é reduzir ao mínimo a difusão entre veículos para obter uma melhor taxa de entrega de pacotes através da técnica de supressão de difusão para utilizar eficientemente a memória intermédia do veículo. O trabalho proposto teve um desempenho superior em termos de atraso médio e retransmissão mínima em comparação com outras técnicas. O interesse crescente em redes de veículos ad hoc levou a enormes investimentos na última década. A VANET (Vehicle Ad-hoc Network) é um domínio da tecnologia moderna que é normalmente utilizado em sistemas autónomos. Devido às rápidas mudanças na topologia e às frequentes desconexões, é difícil conceber um protocolo de encaminhamento eficaz. Recentemente, foram propostos vários protocolos de encaminhamento para VANET. A maioria das abordagens ignorou parâmetros como as alterações ambientais que afectam o desempenho das aplicações VANET reais. As alterações ambientais nas VANET podem ter um impacto na eficiência e nos resultados. No artigo (Oranj et al., 2016) propuseram um algoritmo de encaminhamento de otimização de colónias de formigas e um protocolo DYMO (Dynamic MANET on- demand) para responder às alterações ambientais. O algoritmo de otimização de colónias de formigas é uma técnica probabilística normalmente utilizada para localizar caminhos gráficos. Neste documento, foram considerados dois parâmetros para avaliar os caminhos identificados: o tempo de atraso e (ii) a fiabilidade do caminho. O Ns-2 foi usado para implementar o algoritmo proposto e para monitorizar o seu desempenho através de uma variedade de alterações ambientais. Os resultados mostraram que o algoritmo de encaminhamento por colónia de formigas proposto é melhor do que outros métodos bem conhecidos, como o Ad Hoc on Demand Distance Vetor (AODV).

A rede ad hoc de veículos (VANET) é uma rede com nós ou veículos de elevada mobilidade. Foram propostas muitas técnicas para melhorar a eficiência da comunicação VANET; uma dessas técnicas é o agrupamento de nós de veículos. No processo de agrupamento, os nós de agrupamento (CN) e os chefes de agrupamento (CH) são selecionados ou escolhidos. O maior tempo de vida dos clusters e a rede menos eficiente das VANETs contribuem para o número de CHs. (Adil, 2016) propõe um novo método de agrupamento

algoritmo baseado em ACONET Ant Colony Optimization (ACO) chamado VANET. Este algoritmo cria agrupamentos optimizados para uma comunicação VANET robusta. O alcance da transmissão, a direção, a velocidade dos nós e os parâmetros do fator de equilíbrio de carga (LBF) são considerados para a otimização do agrupamento. O ACONET é comparado empiricamente com os métodos mais avançados, incluindo o Multi-Objective Particle Swarm Optimization (MOPSO) e o Clustering Techniques for Comprehensive Learning Particle Swarm Optimization (CLPSO). Para além da eficiência dos algoritmos, é realizada uma grande variedade de testes através da diferença de tamanho da grelha, da variedade de transmissão dos nós e do número total de nós da rede. Os resultados indicam que o ACONET superou significativamente os concorrentes.

As aplicações de sistemas de transporte inteligentes (ITS) foram implementadas pela primeira vez em VANET

Ad-Hoc de veículos, com o objetivo principal de fornecer veículos em rede e informações úteis sobre o estado do tráfego rodoviário. Além disso, foram redigidos vários artigos com melhorias no domínio dos ITS. A VANET deve ser capaz de interagir, independentemente da densidade do tráfego e da posição do veículo, em qualquer cenário. A utilização do algoritmo de cluster em VANET é bem sucedida, uma vez que o algoritmo torna a rede mais estável e escalável. No entanto, devido à elevada mobilidade dos nós, é difícil obter clusters estáveis. Muitas encomendas são perdidas e as reparações na estrada ou os avisos de avaria, com baixos rácios de entrega e longos atrasos de transmissão, provocam aumentos das despesas gerais. O trabalho de (Marzak et al., 2015) propõe um modelo que utiliza o algoritmo YATES para calcular o valor dos nós estáveis. Este processo tem como objetivo resolver a estabilidade dos clusters.

A rede ad hoc para veículos (VANET) é um subconjunto da rede móvel ad hoc. As VANET tornaram-se um sector de investigação ativo com o objetivo de melhorar a segurança dos veículos e das estradas, melhorar a qualidade do tráfego e aumentar o conforto dos condutores e passageiros. Devido à grande mobilidade e dinamismo, o encaminhamento das mensagens para o seu destino final nas VANET é uma tarefa difícil. Estes problemas podem ser resolvidos através de técnicas de agrupamento. A agregação é um mecanismo de agrupamento de veículos com base nalgumas métricas predefinidas, como a densidade, a velocidade e a posição geográfica dos veículos. O agrupamento de redes ad hoc de veículos (VANET) é um mecanismo de controlo dinâmico da topologia. Muitos dos algoritmos de agrupamento de VANET baseiam-se em redes móveis ad hoc (MANET). Os nós das VANET distinguem-se, no entanto, pela sua elevada mobilidade e a presença de nós VANET na mesma proximidade geográfica não significa que tenham os mesmos padrões de mobilidade. Por conseguinte, os esquemas de agrupamento VANET terão em conta a velocidade dos nós para criar uma estrutura de agrupamento estável. (Malathi & Sreenath, 2017) introduzem uma nova técnica de agrupamento adequada ao ambiente VANET, a fim de melhorar a estabilidade do agrupamento da rede. A distância e a velocidade são utilizadas como parâmetro nesta técnica para construir uma estrutura de clusters relativamente estável. Além disso, é proposto um algoritmo de seleção de super cabeças de cluster.

DECLARAÇÃO DO PROBLEMA

De um modo geral, a VANET considera todos os veículos como um nó e cada nó pode comunicar com outros sem fios. Além disso, transforma todos os veículos em routers sem fios ou nós para comunicarem entre si num raio de 100 300 metros. O principal objetivo da rede é transmitir o estado atual da estrada e informações sobre obstáculos com informações de localização de cada veículo para os outros, a fim de proporcionar uma melhor segurança rodoviária. O agrupamento noutras redes, como a WSN e a MANET, é uma tarefa fácil em comparação com a VANET devido à velocidade do nó, à transmissão de dados, à informação de localização, etc. No entanto, o agrupamento é necessário para ultrapassar a redundância do envio dos mesmos pacotes para os veículos num determinado intervalo. O agrupamento pode ser possível na VANET, fazendo de um veículo a cabeça do agrupamento, que recebe o cenário atual da estrada e reencaminha os mesmos dados para os veículos próximos dentro de um raio de ação. A cabeça do agrupamento deve atualizar continuamente a sua localização para os nós membros; por conseguinte, a redundância dos dados é aumentada

A presença de um número significativo de veículos na rede aumenta a transmissão de informações falsas. Por vezes, a mesma mensagem é também transmitida por mais do que um veículo no mesmo agrupamento, o que dá origem a redundância de dados. O veículo acidentado transmite as informações sobre o acidente e o veículo aos veículos bidireccionais sem qualquer atraso e, mesmo assim, o veículo acidentado é parado manualmente. Por conseguinte, a redundância de dados é a situação mais frequente nas VANET e necessita de um mecanismo eficaz de seleção de cabeças de agrupamento para melhorar a rede, tal como estabelecido neste documento.

METODOLOGIA PROPOSTA

As redes ad hoc de veículos (VANET) são criadas com base nos princípios das redes ad hoc móveis (MANET), criando espontaneamente uma rede de troca de dados sem fios no domínio dos veículos. O agrupamento de redes ad hoc para veículos é uma das estratégias utilizadas para transferir dados de um nó para o outro dentro de um agrupamento. Os sistemas geridos para o agrupamento de veículos adjacentes são fundamentais para a obtenção de comunicações de segurança seguras e eficazes. Entre veículos ilimitados (Offor, 2012),

1. Com as comunicações por radiofrequência, muitos veículos podem interagir.
2. Essas mensagens podem ser dispersas por todo o lado, danificando a rede.

As estratégias tradicionais de agrupamento em nós de VANETs podem não ser bem sucedidas na formação de grupos de agrupamento eficientes e na organização de veículos de agrupamento. É necessário desenvolver mais estratégias de organização tendo em conta o contexto das VANET. A disposição dos agrupamentos deve basear-se na estabilidade espácio-temporal das redes ad-hoc constituídas por nós móveis.

Componentes do cluster: A solução consiste em três partes, o cabeçalho do cluster, o gateway do cluster e o membro do cluster.

Cluster Head:- É o líder do cluster local que organiza a transmissão e a transmissão dos dados.

Gateway Cluster:-Um nó de cabeçalho não cluster que acede ao nó adjacente e transfere dados entre clusters.
Membro do cluster:-É geralmente referido como o nó de cluster normal que participa no mesmo cluster sem qualquer interligação de clusters vizinhos (Saravanan et al., 2018).

Gateway é um nó que liga os dois clusters da rede, o nó gateway é específico para os dois clusters separados que são mostrados na Figura 2, a fim de transferir informações de um nó para outro. Encaminhamento preferencial baseado em nós na criação de nós. Num cluster, um conjunto de nós identificados como parte de um cluster e um nó é configurado para transmitir o pacote como um cabeçalho de cluster para o outro cluster. Isto ajuda a garantir uma elevada escalabilidade em grandes redes, mas existe o risco de os nós altamente móveis sofrerem atrasos (Jiang et al., 2016).

Os veículos serão agrupados em vários clusters com base em posições geográficas, direcções de movimento, velocidade e muitas outras métricas. Os agrupamentos de veículos são apresentados na Figura 3.

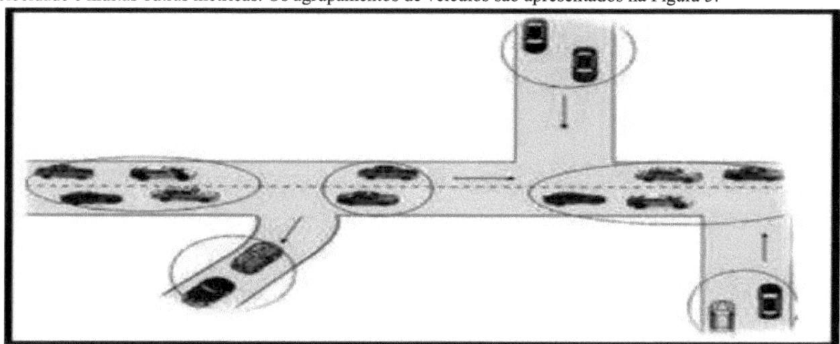

Fig.2 Diagrama esquemático dos agregados de veículos

Neste artigo, é proposto um algoritmo de alto nível para a seleção do CH no âmbito do protocolo MAC. O protocolo de encaminhamento VANET centra-se na localização, centrado nos dados e dependente da aplicação. A pesquisa primária o protocolo de roteamento de cluster em VANETS e examinar as vantagens e desvantagens do protocolo atual pertencente a VANETS. Com base nos problemas do protocolo original, a seleção dos chefes de agrupamento, o processamento de nós especiais e os problemas de encaminhamento entre agrupamentos, respetivamente, foi proposto um mecanismo melhorado de seleção dos chefes de agrupamento.

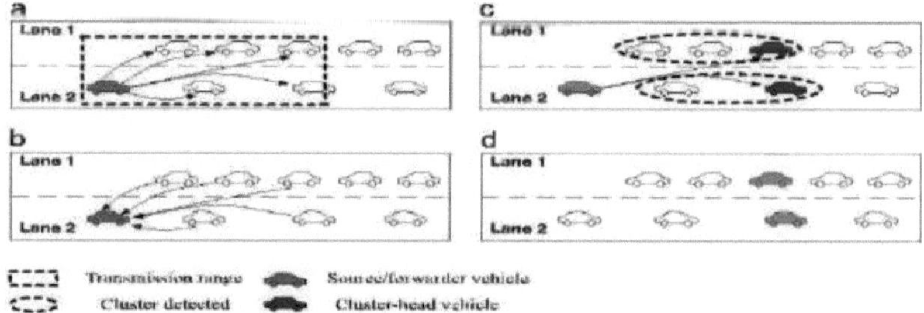

Fig. 3. Esquema de agrupamento da VANET

PROBLEMAS EXISTENTES NO MECANISMO DE SELECÇÃO DE CABEÇAS DE AGRUPAMENTO

Alguns dos problemas comuns existentes no mecanismo de seleção de cabeças de agrupamento são aqui descritos.

- A escolha do CH mais adequado e necessário entre os nós é uma questão vital.
- Mantém a evolução das alterações entre os nós CH e os nós membros.
- Seleção do CH com base no maior número de dados entregues ou recebidos.
- o acesso à localização e a partilha de informações com base na localização não podem determinar uma melhor seleção de CH.
- Mudança de estado entre o estado estável e o estado de eleição.
- Partição de clusters com base na localização e determinação de veículos com base em clusters.
- Determinação do itinerário único ponto-a-ponto e da potência de transmissão necessária.

- Numa situação em que um CH fica morto, a rede não elege outro CH e a transmissão da mensagem continua (até ao tempo inicial atribuído).
- O rácio entre o número de nós CH, a adição de novos nós e a eliminação de nós mortos existentes exige mais alterações topológicas.

A metodologia proposta centrou-se na resolução dos problemas acima referidos através do encaminhamento multipercurso e da eleição modificada do CH.

MECANISMO DE SELECÇÃO DE CABEÇAS DE AGRUPAMENTO PROPOSTO

Com base nos problemas identificados no protocolo original, o protocolo revisto, denominado Enhanced Head Selection Mechanism, é proposto neste documento e é apresentado na Fig.3. Após a primeira ronda, a BS com base na sua distância da BS, o número de vezes a ser escolhido, escolhe o próximo CH e o número de nós adjacentes, e nós CH alternativos e um encaminhamento inter-cluster multi-hop mais lógico e racional são estabelecidos.

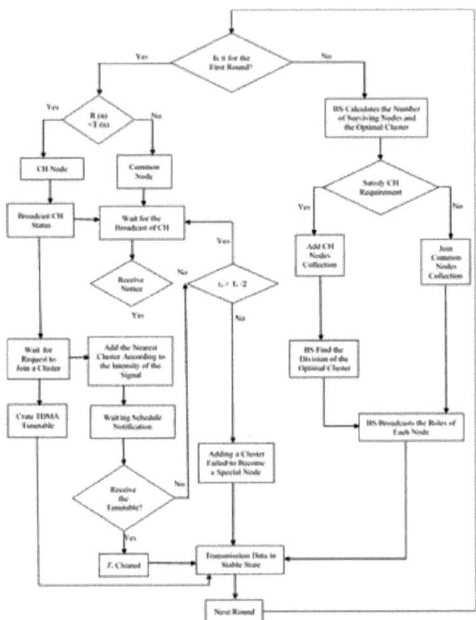

Fig. 3. Fluxo do mecanismo melhorado de seleção de cabeças de cluster

O algoritmo proposto é apresentado em pormenor na Figura 4.

Arquivos disponíveis em www.solidstatetechnology.us

Inicialização: *V = conjunto de veículos*
No_V *= Número de veículos no agrupamento*
S_i *= Velocidade do veículo em V*
S_{avg} *= velocidade média de todos os veículos*
(xiyi) = coordenadas actuais do veículo
wi = distância
w_2 *= número de mensagens recebidas*
W3 = percentagem de perda de pacotes ($0<W_i, W_2, W_3<1$ *e* $W_1+W_2+W_3=1$*).*
velocidade de um veículo calculada com

$V_i^m =$ *= velocidade de um veículo i no agregado m*

$$\Delta V = \frac{\sum i \in V^m \left| V_i^m - V_j^m \right|}{Nov \times w_1 (w_2 - w_3)}$$

Função de utilidade do CH

$$U_i^m = \frac{Nov^m . S_{avg}}{1 + e^{-S\left(\frac{S_{avg} \times w_2}{V_{(x_i,y)} \times w_2}\right)}}$$

A função de utilidade média é identificada

$$\Delta V_i^{m,n} = S_i \Delta S_{avg} w_2 + S_i \Delta Nov w_2$$

Se $\Delta V_i^{m,n} \leq 0$ Então
A seleção CH é seguida por defeito
Outros
O CH é eleito com base na proposta ;

ANÁLISE DE DESEMPENHO

AMBIENTE DE SIMULAÇÃO

O quadro II apresenta o modelo de simulação utilizado para a análise proposta. Descreve os diferentes parâmetros de simulação.

TABELA II PARÂMETROS E VALORES DA SIMULAÇÃO

PARÂMETROS	VALOR
Canal	Canal sem fios
Antena	Antena Omni/Direcional
Protocolo MAC	IEEE 802,11
Protocolo de encaminhamento	AOMDV
N.º de nós	100
Simulador	NS 2,35
Tempo de simulação	600 seg
Protocolo	AOMDV
Estado do tráfego	Chegada contínua

PARÂMETROS DE DESEMPENHO

A análise dos resultados da VANET é efectuada utilizando o parâmetro dependente da precisão limitada

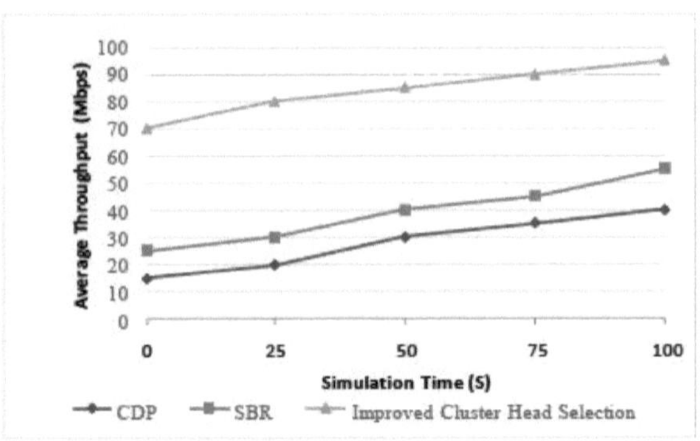

transmissão.

Fig. 4 Comparação da taxa de transferência

Arquivos disponíveis em www.solidstatetechnology.us

Taxa de transferência: A taxa de transferência mostra que a deteção correta de clusters ocorreu quando a taxa de troca de pacotes foi significativamente aumentada. A Figura 4 mostra o desempenho dos veículos no cenário da autoestrada. Em comparação com o método SBR, a eficiência do método proposto aumenta em 50%.

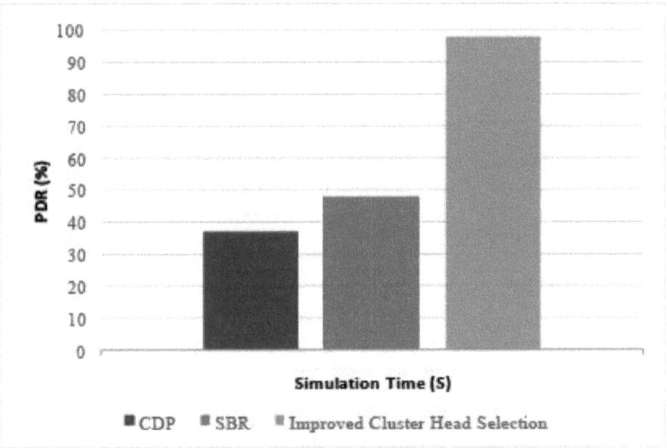

Fig. 5. Comparação do rácio de entrega de pacotes

Rácio de entrega de pacotes: O rácio de entrega de pacotes é definido como o número de pacotes recebidos e o número de pacotes transmitidos. Este rácio aumenta quando os pacotes são transmitidos de forma eficiente para os nós intermédios. A Figura 5 indica que a solução proposta é 50% superior à solução SBR.

Arquivos disponíveis em www.solidstatetechnology.us

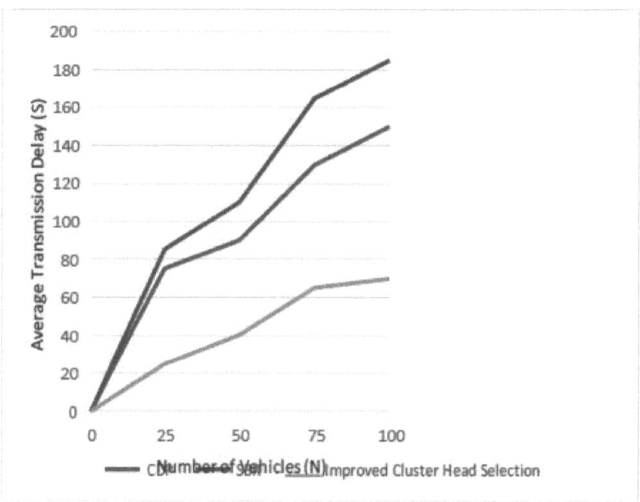

Fig. 6. Comparação do atraso médio de transmissão

Atraso médio de transmissão: O atraso médio de transmissão é definido como uma média do atraso em segundos entre os veículos de origem e de destino. A Figura 6 indica que a solução proposta tem um atraso 35% menor do que a solução SBR.

CONCLUSÕES

1. O algoritmo de clustering das VANET funciona através da combinação de nós móveis em grupos denominados clusters. De acordo com um conjunto de regras, e a escolha de um nó denominado chefe de agrupamento (CH) entre o agrupamento e a restante rede é a mesma que a do ponto de acesso da infraestrutura sem fios. Dependendo da especificação, as funções básicas do chefe de agrupamento variam, tal como o mecanismo pelo qual é selecionado. O algoritmo de agrupamento utilizado para ligar os nós do agrupamento deve, idealmente, ser resistente à instabilidade dos nós e a alterações imprevisíveis da topologia da rede e do agrupamento e assegurar uma comunicação estável entre a VANET e o resto da rede.

2. Os chefes de agrupamento são escolhidos e desempenham um papel fundamental na cooperação VANETS. Este documento apresenta uma nova abordagem para a seleção de clusters VANETS. O mecanismo de seleção de chefes de clusters proposto baseia-se no número e na distância entre os chefes dos clusters e os membros. Uma vez que todos os nós móveis se encontram em VANET, este artigo tem em conta a velocidade e a localização do veículo quando o chefe do grupo é selecionado. A análise dos resultados é efectuada com base no débito e na taxa de entrega dos pacotes. Os resultados mostram que a solução sugerida proporciona uma percentagem substancialmente mais elevada de melhorias em ambos os parâmetros.

Arquivos disponíveis em www.solidstatetechnology.us

REFERÊNCIAS

1. Eze, E. C., Zhang, S., & Liu, E. (2014, setembro). Redes ad hoc veiculares (VANETs): Estado atual, desafios, potencialidades e caminho a seguir. Em 2014, 20ª Conferência Internacional sobre Automação e Computação (pp. 176-181). IEEE.

2. Lakshmi, K., Thilagam, K., Rama, K., Jeevarathinam, A., & Priya, S. M. (2012). Comparação de três algoritmos de roteamento guloso para encaminhamento eficiente de pacotes em VANET. Revista Internacional de Tecnologia e Aplicações Informáticas, 3(1), 146-151.

3. Sharma, Vishal, Harsukhpreet Singh e M. Kaur. "Implementação e análise de OFDM baseado em IEEE 802.11 g VANET." *IJCNWMC, Trans-Tellar* (2013): 47-54.

4. Saibh ur Rehman, S., Khan, M. A., Zia, T. A., & Zheng, L. (2013). Vehicular ad-hoc networks (VANETs) - uma visão geral e desafios. Journal of Wireless Networking and Communications, 3(3), 2938.

5. Hartenstein, H., & Laberteaux, K. (Eds.). (2009). VANET: vehicular applications and inter-networking technologies (Vol. 1). John Wiley & Sons.

6. SRIVASTAVA, SAURABH, et al. "ALGORITMO DE INTERCONEXÃO DE TODAS AS UNIDADES PARA REDES AD-HOC VEICULARES." Jornal internacional de redes de computadores, comunicações sem fio e móveis (JCNWMC) 3.1, março de 2012, 123-130

7. Chekima, A., Wong, F., & Dargham, J. A. (2015, dezembro). Um estudo sobre redes Ad Hoc veiculares. Em 2015, 3ª Conferência Internacional sobre Inteligência Artificial, Modelagem e Simulação (AIMS) (pp. 422-426). IEEE.
8. Dinesh, D., & Deshmukh, M. (2014). Desafios na rede ad hoc de veículos (VANET). Revista Internacional de Tecnologia de Engenharia, Gestão e Ciências Aplicadas, 2(7), 76-88.
9. MALISUWAN, SETTAPONG, e WASSANA KAEWPHANUEKRUNGSI. "Redes Ad Hoc UAV LTE para comunicações críticas". *Revista Internacional de Redes de Computadores* 6.1 (2016).
10. Samara, G., Al-Salihy, W. A., & Sures, R. (2010, maio). Questões de segurança e desafios das redes ad hoc veiculares (VANET). Na 4ª Conferência Internacional sobre Novas Tendências em Ciência da Informação e Ciência dos Serviços (pp. 393-398). IEEE.
11. Haider, S., Abbas, G., Abbas, Z. H., Boudjit, S., & Halim, Z. (2020). P-DACCA: Um esquema de prevenção de colisão cooperativa com consciência de direção probabilística para VANETs. Future Generation Computer Systems, 103, 1-17.
12. PALIWAL, NEHA, e SHIV PRAKASH. "Atribuição de nó de retransmissão eficiente em termos de energia e controlada por congestionamento na rede Ad Hoc cooperativa". *Jornal Internacional de Redes de Computadores, Comunicações Sem Fio e Móveis (IJCNWMC)* 3.4 (2013): 67-76.
13. Srivastava, A., Prakash, A., & Tripathi, R. (2020). Transmissão probabilística sem balizas baseada em Fuzzy para

Disseminação de informação em VANET urbanas. Ad Hoc Networks, 102285.
14. Oranj, A. M., Alguliev, R. M., Yusifov, F., & Jamali, S. (2016). Algoritmo de roteamento para rede ad hoc veicular baseado na otimização dinâmica de colônias de formigas. Int. J. Electron. Elect. Eng, 4(1), 79-83.
15. Adil, F. (2016). Intelligent clustering in vehicular ad hoc networks (Dissertação de doutoramento, Universidade de Engenharia e Tecnologia de Taxila-Paquistão).
16. Marzak, B., Toumi, H., Talea, M., & Benlahmar, E. (2015, junho). Algoritmo de seleção de cabeças de cluster em redes Ad Hoc veiculares. Em 2015, Conferência Internacional sobre Tecnologias e Aplicações em Nuvem (CloudTech) (pp. 1-4). IEEE.
17. Malathi, A., & Sreenath, N. (2017). Um algoritmo de agrupamento eficiente para Vanet. Revista Internacional de Investigação em Engenharia Aplicada, 12(9), 2000-2005.
18. Offor, P. (2012). Rede ad hoc para veículos (vanet): Safety benefits and security challenges. Disponível em SSRN 2206077.
19. Saravanan, D., Janakiraman, S., Kumar, G. A., & Sathian, D. (2018). Otimização de rota ideal em redes veiculares - uma pesquisa. Revista Internacional de Matemática Pura e Aplicada, 119(14), 385393.
20. Jiang, X., & Du, D. H. (2016). PTMAC: Um protocolo TDMA MAC baseado em previsão para reduzir colisões de pacotes em VANET. Transacções IEEE sobre tecnologia veicular, 65(11), 9209-9223.
Arquivos disponíveis em www.solidstatetechnology.us

3831

Proficient Clustering based Broadcasting for VANET using LEACH and AOMDV Protocol

Clustering proficiente baseado em Broadcasting para VANET usando os protocolos LEACH e AOMDV

R. Shiddharthy
Bolseiro de investigação, Departamento de Aplicações Informáticas, Sree Saraswathi Thyagaraja College, Pollachi, Índia.
Dr. R. Gunavathi
Professor Associado, Christ University, Índia.

Resumo- Recentemente, as aplicações das redes ad hoc veiculares (VANET) registaram um enorme aumento. Devido à natureza ad hoc e à facilidade de instalação, mais aplicações são desenvolvidas. Além disso, a utilização de VANET aumenta a necessidade de segurança, eficiência energética e outros parâmetros necessários para aumentar a competência do tempo de vida da rede. Este documento PC-LEADV (Proficient Clustering - LEACH and AOMDV) centra-se na melhoria da eficiência energética da VANET através do protocolo LEACH. Além disso, a VANET inclui vários protocolos de encaminhamento para ultrapassar esses problemas, e é considerado um dos protocolos de encaminhamento multipercurso baseados em agrupamentos mais poderosos e eficientes, o AOMDV. Este trabalho proposto tenta a formação de clusters e a eleição do Cluster Head (CH) através de parâmetros de eficiência energética, como a distância e a energia residual. A eficácia do trabalho proposto é superior à dos resultados anteriores.

Palavras-chave: *tempo de vida da rede, eleição do chefe de agrupamento, formação de agrupamentos, eficiência energética, energia residual*

Number: 10.14704/nq.2022.20.7.NQ33474_____Neuro Quantologia 2022; 20(7):3831-3836

I. INTRODUÇÃO

As aplicações da Vehicular Ad Hoc Network (VANET) estão a aumentar diariamente, uma vez que a VANET pode chegar a áreas geográficas onde os humanos ou outros não podem ir, aumentando a necessidade de VANET. Algumas áreas amplamente utilizadas são a militar, a médica, etc. [1].

A VANET é constituída por pequenos nós com um pequeno processador, uma memória RAM e uma pequena bateria não recarregável. Os sensores são instalados em qualquer área geográfica para adquirir os dados do ambiente e enviar a informação recolhida para o nó de ligação ou para a estação de base (BS). Os seres humanos podem utilizar os dados recolhidos para diferentes processos [1,2]. Os sensores implantados continuam a sentir o esgotamento da bateria e morrem no ambiente implantado.

A arquitetura da pilha de protocolos das VANET consiste nas camadas física, de ligação de dados, de rede, de transporte e de aplicação. Os protocolos de encaminhamento das VANET são geralmente classificados em três tipos principais: encaminhamento plano, encaminhamento de grau e encaminhamento de posição. Nos últimos anos, foi efectuada investigação sobre a potencial colaboração na recolha e processamento de dados em nós sensores. O resultado são técnicas inovadoras para eliminar a ineficiência energética necessária para manter o tempo de vida da rede. Além disso, a pilha de protocolos deve facilitar os protocolos de encaminhamento das VANET para a descoberta de rotas eficientes do ponto de vista energético e a retransmissão de dados da fonte para o nó de drenagem [2]. A Fig.1 apresenta a arquitetura da VANET.

O encaminhamento é uma tarefa difícil em comparação com as redes móveis ad hoc ou celulares. O modelo de endereçamento global não se aplica às VANET devido ao grande número de nós membros. A manutenção de ID é também uma tarefa de grande importância num ambiente móvel [3]. Assim, a comunicação tradicional baseada no IP não é possível para as VANET. A natureza auto-organizadora da VANET é a caraterística mais acessível da VANET, mas requer uma bateria para cada formação.

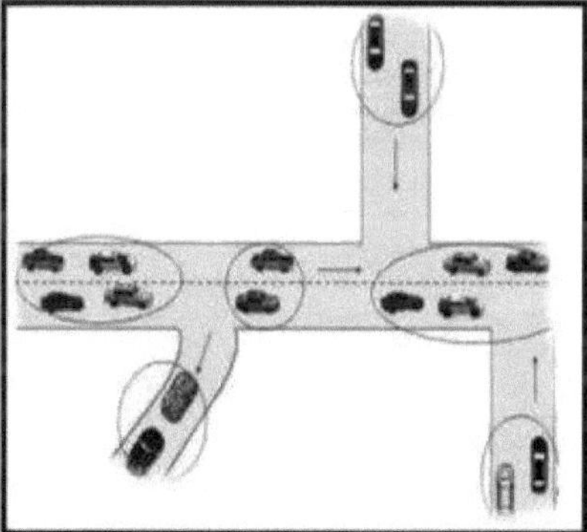

Figura 1. Diagrama esquemático dos agregados de veículos

Para criar um sistema de transportes inteligente, a VANET integra os poucos elementos das redes ad-hoc com e sem fios, comunicando entre os sistemas veículo-veículo e os sistemas de estrada. O principal objetivo da VANET é garantir a saúde e a proteção das pessoas através de informações sobre acidentes e informações sobre o tráfego, envolvendo os condutores rodoviários. Cada nó ou veículo possui um sistema VANET que forma imediatamente uma rede Adhoc e pode transmitir as mensagens solicitadas através da rede sem fios. Um veículo pode comunicar diretamente com outros veículos, o que se designa por comunicações V2V, ou pode comunicar com uma infraestrutura fornecida, como uma unidade de estrada (RSU), o que se designa por V2I (Vehicle-to-Infrastructure [2]).

No mundo atual, existem muitas aplicações VANET importantes. Essas utilizações vão desde os cuidados médicos críticos até ao conforto e ao lazer. As VANET têm de satisfazer as necessidades dos utilizadores em constante evolução e cumprir os requisitos tecnológicos e as arquitecturas disponíveis.

O encaminhamento adequado é uma das questões críticas na investigação sobre VANET. A manutenção e a exploração da rota para a transmissão de mensagens em redes multi-hop em VANET é difícil devido à natureza dos nós ad hoc móveis. A maioria dos protocolos de encaminhamento está disponível e é utilizada em diferentes condições de estrada

[4, 5]. As VANETs têm várias caraterísticas distintas das MANETs, tais como limitações do padrão da estrada, ausência de limites de tamanho da rede, topologia dinâmica, modelos de movimento e fornecimento ilimitado de energia. Todas estas caraterísticas tornaram impossível para a comunidade VANET estabelecer protocolos de encaminhamento bem sucedidos. O aspeto crítico são os nós móveis que se deslocam rapidamente [6].

Devido a essas diferenças, foram propostos muitos algoritmos novos. Para minimizar o consumo de energia, foram propostas muitas técnicas de encaminhamento. O trabalho proposto também se concentra em alcançar a eficiência energética da VANET.

A. Protocolo LEACH

O protocolo Low Energy Adaptive Clustering Hierarchy (LEACH) foi introduzido por Heinzelman et al.

Este protocolo é um dos principais protocolos utilizados para eleger o CH para cada ronda utilizando a sua função de limiar *T(ri)* na Eq. 1.

$$T(n) = \begin{cases} \frac{p}{(1 - p \times (r \bmod (\frac{1}{p})))}, & if\ n \in G \\ 0, & otherwise \end{cases} \quad (1)$$

caso contrário

Onde *p* representa a probabilidade de os nós se tornarem CH, *r* representa a ronda que terminou, *G* representa o conjunto de nós que não actuaram como CH nas últimas *1/p* rondas [7].

O LEACH segue um processo simples para a eleição do CH. A cada nó é atribuído um valor numérico entre 0 - 1 (Zero - Um). Após este processo, o valor atribuído é verificado com o valor limite e o nó que tiver um valor inferior ao valor limite é eleito como CH para essa ronda. Este é um processo contínuo para cada ronda. Nesta eleição, o nó que tem menos energia, o nó que está longe da BS e o nó que não mantém a centralidade num cluster podem tornar-se CH, o que leva a uma diminuição da eficiência da rede. Para evitar tais falhas, o esquema proposto segue a eleição do CH com a função de limiar modificada [6,7].

O PC-LEADV proposto centra-se na seleção do CH com base na distância e na energia residual do nó. A distância é considerada como a distância entre vizinhos e a distância entre BS.

A Secção II apresenta os trabalhos de investigação mais recentes de diferentes autores. A Secção III apresenta o PC-LEADV em pormenor e os resultados experimentais são discutidos na Secção IV. Por fim, a Secção V apresenta as conclusões.

II. TRABALHOS RELACIONADOS

Em [1] foi proposto um mecanismo chamado de passagem de mensagem em VANET através do protocolo LEACH. O trabalho centrou-se na entrega de dados da fonte para a BS. A ideia do trabalho proposto é passar a mensagem (dados detectados) através de uma rota definida. Este trabalho necessita de uma elevada taxa de entrega de pacotes, conseguida através da formação de uma técnica de encaminhamento eficaz. A técnica de formação de clusters proposta centra-se no desenvolvimento do cluster através da eleição de um nó CH com base numa métrica de distância. A distância é considerada entre o nó e o nó vizinho. Assim, o agrupamento é formado com vizinhos altamente acessíveis, e a transmissão de dados começa no trabalho proposto. O problema deste esquema é que a formação de clusters com um vizinho de elevado alcance é uma boa técnica, mas a energia residual do nó não é de todo considerada. O nó sem energia é simplesmente inútil para transmitir os dados.

Em [2], foi proposto um protocolo SEP (Stable Election Protocol) melhorado e eficiente em termos energéticos para VANET. O trabalho proposto melhora a eficiência energética da rede, selecionando o caminho de encaminhamento proficiente para entregar os dados detectados. O SEP concentra-se em encontrar o caminho mais curto da fonte para a BS e para os nós vizinhos. Os nós sensores são estáveis neste formato, pelo que é fácil selecionar uma rota adequada para a transmissão de dados. Este esquema centra-se no processo de descoberta de rotas para cada comunicação numa configuração estável. Este facto reduz o tempo de vida da rede devido à perda de energia para a descoberta de rotas.

Em [3] é apresentado um modelo de utilização de energia para VANET. A utilização de Particle Swarm Optimization (PSO) com Simulated Annealing (SA) produziu a melhor técnica de formação de cadeias para a formação de clusters. O consumo desigual de energia é reduzido através da formação de clusters sub-óptimos. O CH comunica através de uma técnica de desvanecimento multipercurso para o nó distante. Elimina a sobrecarga de comunicação na rede. A energia residual do nó não é considerada durante a transmissão de dados e a distância entre o nó de origem e o BS também não é mencionada.

Em [4] foi proposto um agrupamento eficiente através de um LEACH melhorado. A investigação centrou-se na eleição do CH, que detém maior energia residual do que o outro nó. Isto leva a eleger o melhor CH para o cluster, mas ainda assim, a comunicação entre os nós não é considerada neste esquema. Esta caraterística leva a uma menor taxa de entrega de pacotes. A necessidade básica da VANET é recolher dados do ambiente, o que é altamente afetado por uma menor taxa de entrega de pacotes.

Em [5] propôs-se um algoritmo Bat (BA) melhorado para o protocolo LEACH para uma transmissão de dados eficaz. Este algoritmo encaminha os dados através de um único caminho mais curto e mais rápido de comunicação **3833** entre o nó de origem e o destino para alcançar a BS o mais cedo possível. Além disso, o modelo proposto atinge um rácio de entrega de dados mais elevado do que os outros modelos. O tempo de vida da rede permanece instável devido ao processo ineficiente de eleição do CH.

III. TRABALHO PROPOSTO

O PC-LEADV proposto centra-se em dois processos principais. São eles,

- Eleição de CH e formação de clusters energeticamente eficientes
- Maior taxa de entrega de pacotes

As estratégias de agrupamento tradicionais nos nós das VANET podem não conseguir formar grupos de agrupamento eficientes e organizar veículos de agrupamento. É necessário desenvolver mais processos organizacionais tendo em conta o contexto das VANET. A disposição dos agrupamentos deve basear-se na estabilidade espácio-temporal das redes ad-hoc constituídas por nós móveis.

Componentes do cluster: A solução consiste em três partes, o cabeçalho do cluster, o gateway do cluster e o membro do cluster.

Cluster Head:- É o líder do cluster local que organiza a transmissão e a transmissão dos dados.

Gateway Cluster:-Um nó de cabeçalho sem cluster que acede ao nó adjacente e transfere dados entre clusters.

Um membro de um cluster: é geralmente referido como o nó de um cluster normal que participa no mesmo cluster sem qualquer interligação de clusters vizinhos [8-10].

O PC-LEADV realiza os processos acima referidos através da definição de dois parâmetros: distância e energia residual. A energia residual do nó é o primeiro parâmetro do esquema proposto, onde a energia é a principal restrição na eleição do CH. A eficácia da formação de clusters é medida com base no desempenho da rede, que é principalmente retido na energia do nó [11]. O nó sensor consome energia na deteção dos dados e encaminha-os para o CH. O CH eleito envia os dados para o CH ou BS mais próximo. O CH eleito deve ter uma energia elevada porque tem de agregar os dados e encaminhá-los para a BS, enquanto os nós apenas têm de entregar os dados detectados. Isto mostra que a energia residual é uma das principais restrições na eleição do CH. As fórmulas básicas para encontrar a energia residual na Eq.2.

$$Resi_{egy} = \frac{EGY_{current}}{EGY_{maximum}} \quad (2)$$

Onde $EGYcurrent$ especifica o volume atual da energia residual e $EGYmaximum$ especifica a energia máxima de um nó significa a energia de um nó quando está totalmente carregado. A fórmula acima indica que o nó com energia residual elevada será selecionado como CH.

A distância entre os nós vizinhos é obtida através da Eq. 3.

$$distance_{neigh} = 1 - \left[\frac{\sum_{i=1}^{N} distance_i}{N\ X\ distance_{max}}\right] \quad (3)$$

Onde $distanceneigh$ denota a distância entre os vizinhos, $distacnei$ denota a distância do nó i e $distancemax$ denota a distância máxima de um nó, e N indica o número de nós vizinhos.

O CH tem de comunicar frequentemente com a BS porque o CH tem de recolher os dados dos nós membros e encaminhá-los para a BS. Esta transmissão consome a energia do CH. Por conseguinte, o nó que actua como CH deve calcular a distância entre o CH e a BS. Uma distância menor melhorará o desempenho [12]. A distância é calculada de acordo com a Eq.(4).

$$BS_{dist} = \frac{Distance_{BS}}{Distance_{far}} \quad (4)$$

Onde, $DisBS$ denota a distância à BS e $Disfar$ denota a distância de um nó que está longe da rede.

Este documento propõe um algoritmo de alto nível para a seleção do CH no âmbito do protocolo MAC. O protocolo de encaminhamento VANET centra-se na localização, centrado nos dados e dependente da aplicação.

A investigação principal incide sobre o protocolo de encaminhamento de clusters em VANETS e examina as vantagens e desvantagens do protocolo atual pertencente a VANETS. Com base nos problemas do protocolo original, a seleção de cabeças de cluster, o processamento de nós especiais e os problemas de encaminhamento entre clusters, respetivamente, propôs um mecanismo melhorado de seleção de cabeças de cluster [13]. O algoritmo proposto é apresentado em pormenor na Fig. 2.

Finalmente, as Eq.2, Eq. 3 e Eq.4 são combinadas com a Eq. 1 para eleger o melhor CH para cada ronda.

Inicialização: *V = conjunto de veículos* 3834
$_{Nov}$ = número de veículos no agrupamento
$_{Si}$ = Velocidade do veículo em V

4 S_{avg} = *velocidade média de todos os veículos*

5 (x_i, y_i) = *coordenadas actuais do veículo*

6 *W1 = distância*

7 *W2 = número de mensagens recebidas*

8 *W3 = percentagem de perda de pacotes* ($0<W1, W2, W_s<1$ e $W1+W2+W3=1$).

9 $$Resi_{egy} = \frac{EGY_{current}}{EGY_{maximum}}$$

10 $$distance_{neigh} = 1 - [\frac{\sum_{i=1}^{N} distance_i}{N \; X \; distance_{max}}]$$

11 $$BS_{dist} = \frac{Distance_{BS}}{Distance_{far}}$$

12 $$CH_{elec} = \{\frac{EGY_{current}}{EGY_{maximum}} + [1 - [\frac{\sum_{i=1}^{N} distance_i}{N \; X \; distance_{max}}]] + \frac{Distance_{BS}}{Distance_{far}}\}$$

13 CH é eleito

14 Outros

15 CH é eleito com base na proposta $V_{j''}$

16 velocidade de um veículo Vy^{j} *calculada utilizando*

$V_i^m =$ *velocidade de um veículo i no agregado m*

$$\Delta V = \frac{\sum i \in V^m \, |V_i^m - V_j^m|}{Nov \times w_1(w_2 - w_3)}$$

17 Função de utilidade do CH em m

$$U_i^m = \frac{Nov^m, S_{avg}}{1 + e^{-S(\frac{S_{avg} \times w_2}{V_{(xi,y)} \times w_2})}}$$

18 A função de utilidade média é identificada

$$\Delta V_i^{m,n} = S_i \Delta S_{avg} w_2 + S_i \Delta Nov w_2$$

19 *CH é eleito*

Figura. 2 Algoritmo proposto

IV. RESULTADOS EXPERIMENTAIS

Os resultados são obtidos através da execução da simulação NS2, com 100 nós de 0 a 99 e especificando o nó 100 como BS com um tempo de simulação de 3600 segundos.

O quadro II apresenta o modelo de simulação utilizado para a análise proposta. Descreve os diferentes parâmetros de simulação.

TABELA II PARÂMETROS E ***VALORES*** DE SIMULAÇÃO

PARÂMETROS	***VALOR***
Canal	Canal sem fios
Antena	Omni/Direcional Antena
Protocolo MAC	IEEE 802.11
Protocolo de encaminhamento	AOMDV
N.º de nós	100
Simulador	NS 2,35
Tempo de simulação	600 seg
Protocolo	AOMDV
Estado do tráfego	Chegada contínua

A Fig. 3 mostra o rácio de entrega de pacotes da rede.

Rácio de entrega de pacotes: O rácio de entrega de pacotes é definido como o número de pacotes recebidos com êxito e o número de pacotes transmitidos. Aumenta devido à transmissão bem sucedida de pacotes pelos nós intermédios. A Fig. 3 mostra que a abordagem proposta aumenta em 56% em comparação com os métodos anteriores.

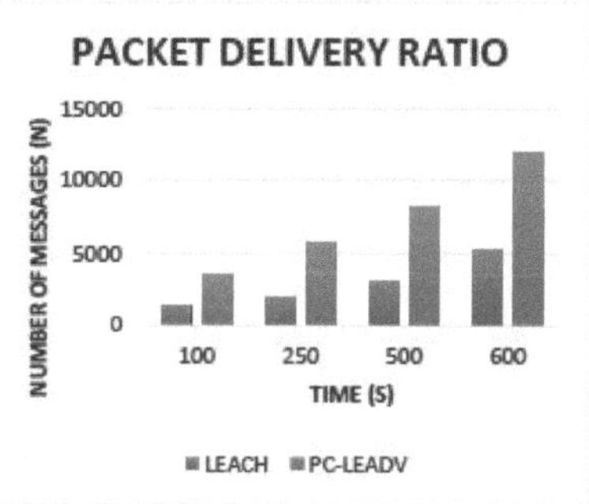

Fig. 3 mostra o rácio de entrega de pacotes da rede.

Consumo de energia remanescente: O consumo de energia é o melhor parâmetro para determinar a proficiência dos trabalhos propostos e existentes. O trabalho proposto atinge um consumo de energia 44% inferior ao dos esquemas existentes.

Fig. 4 mostra a energia média restante.

MÉDIA RESTANTE

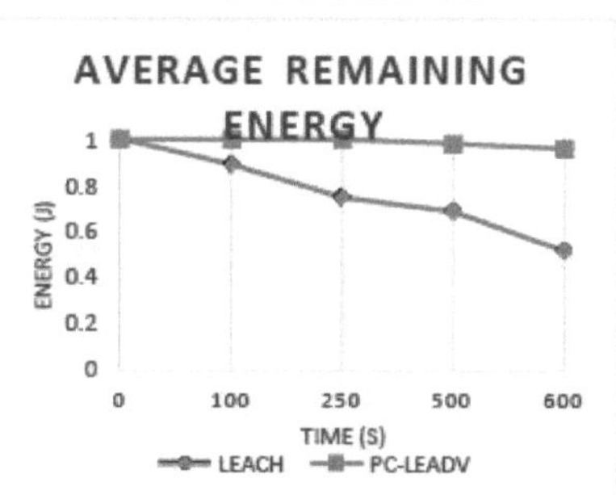

Figura.4 Energia remanescente média

No esquema proposto, o PC-LEADV tem um melhor desempenho na manutenção da energia restante, da taxa de entrega de pacotes e de um bom número de nós vivos do que as abordagens existentes, provando assim que o PC-LEADV obtém eficiência energética. A rede torna-se estável em comparação com os modelos existentes durante um determinado período. Finalmente, a eficiência energética aumenta o tempo de vida da VANET.

Fig. 5 mostra o número total de nós vivos durante o tempo de simulação. O trabalho proposto PC- LEADV mantém 44% de melhor proficiência do que o protocolo LEACH e suporta um máximo de 95 nós vivos.

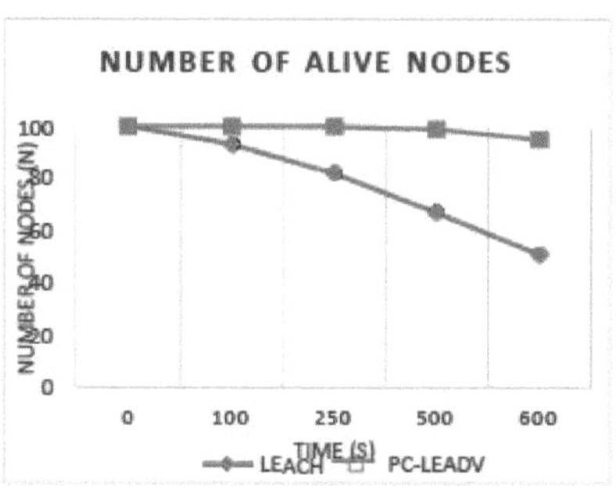

Figura. 5 Número de nós activos

V. CONCLUSÃO

O algoritmo de agrupamento VANET funciona através da combinação de nós móveis em grupos denominados clusters. De acordo com um conjunto de regras, a escolha de um nó designado por chefe de agrupamento (CH) entre o agrupamento e a restante rede é a mesma que a do ponto de acesso à infraestrutura sem fios. Dependendo da especificação, as funções básicas do chefe de agrupamento variam, tal como o mecanismo pelo qual é selecionado. O algoritmo de agrupamento utilizado para ligar os nós do agrupamento deve, idealmente, ser robusto em relação à instabilidade dos nós e às alterações imprevisíveis da topologia da rede e do agrupamento e garantir uma comunicação estável entre a VANET e o resto da rede. Assim, as VANETs precisam de modelos eficientes em termos energéticos para sobreviver. O esquema proposto PC-LEADV fornece um modelo melhor para uma rede eficiente em termos energéticos. Este modelo elege o CH com base na energia residual, na distância entre o CH e a BS e na distância entre o nó e os membros. O resultado da simulação mostra que a metodologia proposta é melhor do que os métodos existentes.

REFERÊNCIAS

1. Akyildiz, I. F., Su, W., Sankarasubramaniam, Y., & Cayirci, E. (2002). Um estudo sobre redes de sensores. *IEEEcomunicações revista*, *40*(8), 102-114.

2. Bharany, S., Sharma, S., Badotra, S., Khalaf, O. I., Alotaibi, Y., Alghamdi, S., & Alassery, F. (2021). Esquema de agrupamento com eficiência energética para redes ad-hoc voadoras usando um protocolo LEACH otimizado. Energias, 14(19), 6016.

3. Mosadegh, H., & Farzaneh, N. (2021, outubro). SCDS: um protocolo de agrupamento seguro usando a teoria Dempster-Shafer para VANET na cidade inteligente. Em 2021 11ª Conferência Internacional de Engenharia da Computação e Conhecimento (ICCKE) (pp. 13-18). IEEE.

4. Kumar, N., Kumar, V., & Verma, P. K. (2022). A comparative study of the energy-efficient advanced LEACH (ADV-LEACH1) clustering protocols in heterogeneous and homogeneous wireless sensor networks. Em Cyber Security and Digital Forensics (pp. 433-444). Springer, Singapura.

5. Amirthalingam, K. (2016, outubro). Lixiviação melhorada: Um leach modificado para rede de sensores sem fio. Em 2016 IEEE Conferência Internacional sobre Avanços em Aplicações Informáticas (ICACA) (pp. 255258). IEEE.

6. Krishnakumar, A., & Anuratha, V. (2017, março). Uma seleção de cabeça de cluster com eficiência energética do protocolo LEACH para redes de sensores sem fio. Em 2017, Conferência Internacional sobre Tecnologias Electrónicas Nextgen: Silicon to Software (ICNETS2) (pp. 57-61). IEEE.

7. Krishnakumar, A., & Anuratha, V. (2016, janeiro). Pesquisa sobre algoritmo de agrupamento balanceado de carga com eficiência energética baseado em tempo de convergência variável para redes de sensores sem fio. Em 2016, 3ª Conferência Internacional sobre Sistemas Avançados de Computação e Comunicação (ICACCS) (Vol. 1, pp. 1-5). IEEE.

8. Krishnakumar, A., & Anuratha, V. (2019). Protocolo LEACH eficiente em termos de energia com amplificação de potência múltipla para redes de sensores sem fio. Em Computação Pervasiva: A Networking Perspective and Future Diretions (pp. 103-110). Springer, Singapura.

9. Al Sohan, M. F. A., Nahar, A., & Bin-Faisal, M. S. (2021). LEACH-S2: Uma breve abordagem sobre uma proposta de roteamento LEACH com eficiência energética. International Journal of Advanced Networking and Applications, 13(2), 49314938.

10. Alsabah, M. K. J., Trabelsi, H., & Jerbi, W. (2021, março). Pesquisa sobre Clustering em redes VANET. Em 2021 18ª Conferência Internacional Multi-Conferência sobre Sistemas, Sinais e Dispositivos (SSD) (pp. 493-502). IEEE.

11. AlAhwal, A. M., & Mahmoud, R. A. (2021). Avaliação de desempenho e discriminação de protocolos de roteamento AODV e AOMDV VANET com base na técnica RRSE.

12. Waseem, R. M., Khan, F. Z., Ahmad, M., Naseem, A., Jhanjhi, N. Z., & Ghosh, U. (2021). Avaliação de desempenho do AOMDV em simulações VANet realistas e eficientes. Comunicações pessoais sem fios, 1-20.

13. Kushwaha, U. S., Dixit, M. K., & Singh, A. K. (2022, janeiro). Decisão inteligente AOMDV (AOMDV-ID) para minimizar o atraso de roteamento para VANETs diversos. Em 2022 Conferência Internacional para o Avanço da Tecnologia (ICONAT) (pp. 1-6). IEEE

Printed by Books on Demand GmbH, Norderstedt / Germany